Maier/Spaniens Weg zur Demokratie

TRANSFINES

Herausgegeben von Manfred Mols,
Dieter Nohlen und Peter Waldmann

Band 5

Spaniens Weg zur Demokratie

Lothar Maier

1977

Verlag Anton Hain · Meisenheim am Glan

CIP-Kurztitelaufnahme der Deutschen Bibliothek

Maier, Lothar
Spaniens Weg zur Demokratie. – Meisenheim am Glan:
Hain, 1977.
(Transfines; Bd. 5)
ISBN 3-445-01555-4

Herstellung: Hain-Druck KG, Meisenheim/Glan
Printed in Germany
ISBN 3-445-01555-4

VORWORT

Die vorliegende Arbeit entstand als Dissertation im Fachbereich Sozial- und Verhaltenswissenschaften der Universität Tübingen und wurde von Professor Klaus von Beyme betreut.

Zum Zustandekommen der Arbeit haben viele spanische und deutsche Freunde beigetragen. Unter ihnen habe ich an erster Stelle Raúl Morodo zu danken, der mir viele wertvolle Anregungen gab und wichtiges Material zugänglich machte. Bei der Materialsammlung unterstützten mich zahlreiche Militanten der demokratischen Opposition in Spanien, z.T. unter schwierigen Bedingungen.

Meine Freunde Karl Kuhn, Gert Keller, Ansgar Häfner, Teresa Müller, Christoph Schumacher und Georg Pfauter veranlaßten mich in vielen Gesprächen zur kritischen Reflexion und Überarbeitung mancher Aussagen und Ansätze. Karl Kuhn besorgte darüber hinaus die Übersetzungen aus dem Schwedischen (die Übersetzungen aus dem Spanischen, Französischen, Englischen, Portugiesischen und Italienischen stammen vom Verfasser).

Daß die Arbeit nach ihrer Fertigstellung ohne Verzögerung ediert werden konnte, verdanke ich den Herausgebern der Transfines-Reihe, insbesondere dem Einsatz von Professor Dieter Nohlen.

Stuttgart, im August 1977

Lothar Maier

INHALTSVERZEICHNIS

I. EINLEITUNG

Das politische System Spaniens - oberhalb wie unterhalb der Illegalitätsschwelle - erfreute sich während langer Zeit nur geringer Aufmerksamkeit der Politikwissenschaft. Noch 1971 konnte Klaus v. Beyme feststellen, Spanien sei ein "von der politikwissenschaftlichen Forschung vergessenes Land"[1]. Die wenigen Arbeiten, die bis dahin zum Thema erschienen waren, eröffnen allesamt mit dem Beklagen dieses Zustands. Eine dünne Crème von Spanienforschern (Stanley Payne, Juan Linz u.a.) beherrschten jahrzehntelang unangefochten das Gebiet und genossen entsprechend großes Prestige. Die Zurückhaltung der ausländischen Beobachter mag darin begründet liegen, daß Spanien nach dem Zweiten Weltkrieg vollends auf den Stand einer drittklassigen Macht mit politischer Friedhofsruhe herabgesunken war; was in der Politik kaum eine Rolle spielt, spielt auch in der Politikwissenschaft keine. Das Schweigen spanischer Forscher lag hingegen daran, daß sie jener Friedhofsruhe teilhaftig wurden, die das Desinteresse der Ausländer hervorrief. Zwar kam es nicht dahin, daß die Politikwissenschaft schlechthin mit dem Ende des Bürgerkrieges in Spanien zum Erliegen gekommen wäre; das Regime beeilte sich sogar, in Gestalt des "Instituto de Estudios Politicos" ein wissenschaftliches Zentrum zu schaffen, dessen Beiträge in der Anfangszeit rein apologetisch waren, später juristisch neutral, aber mit eindeutig profranquistischem Charakter. So konnte auch die größte politikwissenschaftliche Publikation, die vom "Instituto" herausgegebene "Revista de Estudios Politicos" zur Erforschung des spanischen Systems kaum etwas beitragen. Im Grunde galten unmittelbar nach dem 1. April 1939 alle Inhalte und Methoden von Politologie und Soziologie in Spanien als systemfeindlich und wurden unterdrückt, sofern sie nicht propagandistische Form annahmen. Es spricht aber für den Entwicklungsstand, den die spanische Gesellschaft schon damals erreicht hatte, daß das Regime es sich nicht glaubte leisten zu können, diese Wissenschaften generell für subversiv zu erklären (wie es z.B. die chilenische Junta 1973 tat). Mit der raschen wirtschaftlichen Entwicklung seit Beginn der fünfziger Jahre wuchs auch für den Staat die Notwendigkeit, seine Planungsmaßnahmen wissenschaftlich zu untermauern, und die Soziologie kam zu neuen Ehren. Der vollen Entwicklung von Soziologie und Politologie stand jedoch lange Zeit, trotz ihrer erwiesenen herrschaftstechnischen Nützlichkeit, ihre tatsächliche oder vermeintliche Gefährlichkeit im politischen Bereich gegenüber. Von daher die ambivalente Haltung des Regimes gegenüber diesen Wissenschaften und deren fortdauernde Rückständigkeit in Spanien (so wurde z.B. noch bis vor kurzem an keiner spanischen Universität ein soziologisches Vollstudium angeboten). Die Forschung war gespalten: Das notwendige Herrschaftswissen beschafften spezielle - private oder staatliche (z.B. in den Großbanken) - Institute, den Universitäten blieb die Funktion kontrollierter Kritik und die der Nachwuchslieferung.

Das leistete an einigen Universitätsinstituten der Bewahrung ungesund idyllischer Zustände Vorschub; noch 1972 konnte Amando de Miguel in der ihm eigenen Art feststellen:

"Im Gegensatz zu dem, was in den Vereinigten Staaten geschieht (publish or perish), könnte in Spanien die Devise der Universität lauten 'Si publicas, pereces' (wenn du veröffentlichst, kommst du um)."[2] Die Zahl der solcherart ungeschriebenen oder unveröffentlichten Arbeiten ist vermutlich Legion; ein dem Verfasser bekannter spanischer Politologe zog es während des Ausnahmezustands 1969 vor, als er stündlich mit Verhaftung rechnen mußte, sein umfangreiches Archiv und seine Projektstudien zu einer Arbeit über die spanische Linksopposition zu verbrennen.

Die erste politikwissenschaftliche Zeitschrift, die internationalen Standard erreichte und bis zur Grenze des Möglichen systemkritische Inhalte zu transportieren suchte, war das seit 1969 von Carlos Ollero und Raúl Morodo herausgegebene "Boletin de Ciencia Política". Interessant ist in diesem Zusammenhang sicher der wissenschaftliche Lebenslauf eines der beiden Herausgeber, Carlos Ollero. Er avancierte vom Direktor des Instituto de Estudios Politicos in den 50er Jahren zum Repräsentanten des Linksflügels der spanischen Christdemokratie und gilt heute als einer der Wegbereiter der systemkritischen spanischen Politikwissenschaft.

Das Erstarken der spanischen Opposition in den letzten Jahren führte zu einer vermehrten Beschäftigung ausländischer Autoren mit der politischen Entwicklung in Spanien. Vor allem nach dem Putsch in Portugal 1974 und dem sich abzeichnenden Niedergang der Diktatur in Spanien rückte der größere der beiden iberischen Staaten wieder stärker ins Blickfeld der politikwissenschaftlichen Forschung. Dennoch - oder gerade wegen der Aktualität - wies der Großteil der in deutscher Sprache erschienenen Literatur sehr stark engagiert-propagandistische Züge auf und beschäftigte sich in der Regel mit Teilgebieten (so z.B. die Arbeiten zur Gewerkschaftsbewegung von Franz/Tovar und Rathfelder/Stein/Vogel oder die ideologiekritische Arbeit von Werner Krauss). Eine Gesamtanalyse ist seit der 1971 erschienenen Arbeit v. Beymes nicht mehr veröffentlicht worden.

Der Schwerpunkt der vorliegenden Arbeit liegt deshalb zu einen auf einer systematischen Darstellung derjenigen politischen Kräfte, die die demokratische Opposition in Spanien bis heute (September 1977) getragen haben, zum anderen soll aber auch aufgezeigt werden, daß die oppositionellen Aktionen durch die ökonomisch-politischen Gegebenheiten im autoritären Staat begünstigt wurden. In diesem Sinne reicht die Anwendbarkeit mancher grundsätzlicher Aussagen sicher über den Franquismus hinaus und besteht auch für andere autoritäre Systeme, sofern sie sich ökonomisch mehr oder weniger rasch entwickeln.

II. DER FRANQUISMUS - EIN FASCHISTISCHES REGIME?

1. Unklarheit des Faschismusbegriffs

Im Sprachgebrauch breiter Kreise der politischen Publizistik (auch der wissenschaftlichen) ist es üblich geworden, vom "faschistischen Spanien" zu sprechen. Dabei erfolgt der Gebrauch des Faschismusbegriffs im Falle Spaniens fast stets apriorisch und unreflektiert. Definitionen werden von den meisten Autoren, die sich in diesem Sinne über Spanien äußern, nicht gegeben und könnten im Grunde auch nur die konträren Positionen der verschiedenen faschismustheoretischen Richtungen widerspiegeln, sich also auf jeweils unterschiedliche und nicht selten widersprüchliche Indikatoren für die Feststellung des faschistischen Charakters der politischen Systemstrukturen stützen. Hinzu kommt, daß das Etikett "Faschismus" in der politischen Diskussion - zumeist in agitatorischer Absicht - jedem reaktionären Regime und jeder klassischen Militärdiktatur aufgeklebt wird. Trotz der wachsenden Unschärfe des Terminus Faschismus als wissenschaftlichem Begriff sollen nachfolgend einige Aspekte seiner Anwendung auf den Fall Spaniens untersucht werden - weniger, um der Kontroverse um den Begriff einen weiteren Absatz hinzuzufügen, als vielmehr in der Absicht, eine zunächst grobe Einordnung der vom Regime des Generals Franco geschaffenen politischen Strukturen zu ermöglichen.

Zu der Unklarheit des Faschismusbegriffs hat viel beigetragen, daß er schon aus historischen Gründen weniger konkret und aussagekräftig sein kann als andere politische Richtungs- und Systembezeichnungen wie Liberalismus, Konservatismus oder Kommunismus. Unter dem Eindruck der Zerschlagung der beiden faschistischen Hauptmächte (Deutschland und Italien) hielten es nach 1945 alle vergleichbaren Regimes, einschließlich des spanischen, für geraten, sich andere Bezeichnungen zuzulegen und sich gegebenenfalls gar als demokratisch auszugeben[1]. Konservative Faschismusforscher nehmen diesen Etikettenwechsel gern zum Anlaß, den faschistischen Staatstypus ausschließlich auf die Achsenmächte begrenzt zu sehen und damit das Jahr 1945 als Endpunkt der Entwicklung des Faschismus anzunehmen[2]. Dem kommt entgegen, daß die Bezeichnung "Faschist" zu einem gängigen Schimpfwort geworden ist und in der politischen Polemik nicht selten einen eher diskriminierenden als explizierenden Charakter erhält. Jeder nennt jeden "Faschist", aber keiner will es sein. Selbst die größte faschistische Partei der Gegenwart, die der italienischen Neofaschisten, verbirgt sich lieber hinter den Bezeichnungen "Movimento Sociale Italiano" oder "Destra Nazionale" (Nationale Rechte). In Spanien ist es nicht anders: Mit Ausnahme einiger recht kleiner Sektiererzirkel wie Blas Pinars "Fuerza Nueva" oder der Jugendorganisation CEDADE (Circulo Español de Amigos de Europa)[3] will die Ultrarechte nicht mehr als faschistisch verstanden werden. Selbst die ideologisch treuesten Epigonen José Antonios in der Falange (so z.B. in den "Circulos José Antonio" oder

"Circulos Ruiz de Alda"[4]) ziehen es vor, sich andere Adjektive wie national, radikal, sozial usw. beizulegen, nicht aber faschistisch[5].

2. Falange - eine faschistische Einheitspartei?

Als unverzichtbares Kriterium für faschistische Herrschaft erscheint uns die Existenz einer antisozialistischen, auf die Zerstörung der Arbeiterbewegung zielenden Einheitspartei oder zumindest einheitlichen Bewegung mit totalitärem Machtanspruch, die sich auf Massengefolgschaft stützt und die Sprache, Organisationsformen und Symbole der Arbeiterbewegung in Verbindung mit Leitbildern und Wertvorstellungen früherer Gesellschaftsformationen benutzt, aber in die Struktur der herrschenden Produktionsverhältnisse nicht eingreift.

Als eine solche Einheitspartei konnte FET y de las JONS niemals gelten, vom späteren "Movimiento" ganz zu schweigen. Zuviel gegensätzliche politische Kräfte waren in dieser Superstruktur des franquistischen Regimes zusammengezwungen worden, als daß eine ähnlich verbindliche und ideologisch stringente "Parteilinie" wie im Nationalsozialismus oder im italienischen Faschismus hätte durchgesetzt werden können.

Zur Abgrenzung gegenüber dem Faschismus attestiert auch Linz[6] dem autoritären Regime Spaniens einen begrenzten, nicht verantwortlichen politischen Pluralismus und das Fehlen einer geschlossenen Ideologie.

a) Politische Hauptströmungen des Franquismus

Amando de Miguel[7] schlüsselt diesen begrenzten Pluralismus in neun verschiedene politische Strömungen auf:

- Militärs (deren Hauptrepräsentant Franco selbst ist).
- "Primorriveristas" (Anhänger der Entwicklungsdiktatur des Generals Miguel Primo de Rivera (1923-1931) wie z.B. der frühere Außenminister Jordana mit korporativistischen Vorstellungen und oftmals technisch-apolitischer Mentalität).
- Traditionalisten. Sie sind weitgehend identisch mit der carlistischen Bewegung. Zusammen mit den Katholiken leisteten sie den härtesten Widerstand gegen totalitaristische Bestrebungen, insbesondere gegen Versuche Serrano Súñers, Staatsorgane der Partei zu unterstellen. Profilierte heutige Vertreter sind Iturmendi (Ex-Cortes-Präsident) und Oriol y Urquijo (ehem. Justizminister). Das Justizministerium ist traditionelle Pfründe der Traditionalisten.
- Monarchisten. Sie sind heute aufgespalten in regierungstreue "Juancarlistas" und halboppositionelle "Donjuanistas". Die erste Linie vertritt - mit Einschränkungen - Luca de Tena, die zweite Areilza und, im Exil, Calvo Serer.
- Falangisten, zu denen neben den eigentlichen faschistischen Scharfmachern auch der "intellektuelle falangistische Liberalismus" (de Miguel) zählt, also Tovar, Ridruejo,

Laín usw.

- Katholiken. Neben den Falangisten einflußreichste Fraktion.
- Integristen. Historisch gesehen der Ultra-Flügel der Traditionalisten. Zeichnen sich durch Antiliberalismus, Bigotterie und fanatische Intoleranz aus. Vertreten u.a. durch Arias Salgado, Carrero Blanco und Julio Rodriquez.
- Technokraten (der Regierungsflügel des Opus Dei).
- Techniker. Keine heterogene Gruppe, halbliberal. Hauptbestandteil des Kabinetts Arias Navarro.

Da sich diese "9 Familien" nicht in der Einheitspartei auflösten, sondern ihre eigene, mehr oder weniger homogene Struktur und Organisation beibehielten, kam der Partei auch als Rekrutierungsinstrument für die politische Elite nur geringe Bedeutung bei.

b) Stellenwert im System

In Anlehnung an die von Linz[8] genannten Kriterien für die Bedeutung der Einheitspartei kann festgestellt werden, daß die Mitgliedschaft in Falange/Movimiento weder als geeignetes Sprungbrett für eine Karriere in der Verwaltung gilt noch ihrem Träger besonderes Prestige einbringt. Die Mitgliederzahl der Falange erreichte niemals die Höhe der deutschen oder italienischen Partei, bewegte sich vielmehr nach anfänglichem sprunghaften Ansteigen in dem Zeitraum 1942-1962 konstant um die 900.000-Marke[9]. Da das Generalsekretariat der "Bewegung" seit Mitte der sechziger Jahre keine Mitgliederzahlen mehr veröffentlicht, darf angenommen werden, daß diese eher gesunken als gestiegen sind. Auch die Präsenz von Parteizellen in anderen Institutionen (besonders Verwaltung, Wirtschaft und Erziehung) war gering, und der Aufbau von Schulungszentren als ideologischen "Kaderschmieden" wurde vom Movimiento (wegen seiner heterogenen Zusammensetzung und der stets defensiven Position der Flangisten darin) nur in bescheidenem Umfang betrieben. Und da wenig Mitglieder eben auch wenig Kontrolle bedeuten, geht Linz[10] so weit, die "Bewegung" als "a skeleton organization of second rate bureaucrats..., only one more element in pluralism" zu bezeichnen. Er stellt außerdem fest, der Franquismus stütze sich eher auf eine Mentalität denn auf eine Ideologie, weil die einzige legitime Interpretation von Francos sozialem und politischem Leitbild - die "wahre christliche Gesellschaft" - nur von der Kirche geleistet werden könne, also von einer Institution, die sich letztlich außerhalb der Kontrolle des Regimes befinde. Diese Auffassung erscheint jedoch angesichts der kaum entwirrbaren Verflechtung von Staat und Kirche zumindest für die vierziger Jahre nicht unproblematisch.

Die Gefolgschaft Francos gegenüber der politischen und sozialen Doktrin der Kirche fand dort ihre Grenze, wo sie das funktionale Erfordernis des "begrenzten Pluralismus" (Linz) in Frage gestellt hätte. Es ist eines der wesentlichen Kennzeichen des Franquismus, daß Franco selbst niemals den Anspruch erhob, die Ideologie des Regimes in verbindlicher Weise zu formulieren, und sich statt dessen mit einer Vielzahl ideologischer Elemente umgab, ohne sich mit einem davon ganz zu identifizieren[11]. So zögerte er auch keineswegs, sich gegen die Kirche zu wenden, als diese zu Anfang der 70er Jahre begann, gewisse Positionen und Mechanismen des Regimes in Frage zu stellen[12]. So lassen sich das Wesen, die Ideologie und Mentalität des Franquismus letzten Endes eher negativ bestimmen als positiv, eher aus dem, was der Franquismus nicht war und nicht sein wollte, als aus dem, was er vorgab zu sein[13]. Entsprechend gibt auch Ramón Tamames bei der Darstellung des verbindlichen politischen Credos der Repräsentanten des Regimes mehr negative als positive Definitionen. Tamames[14] faßt diese allgemeine politische Doktrin des Franquismus - soweit sie überhaupt feststellbar ist - folgendermaßen zusammen:

a) Ablehnung des allgemeinen Wahlrechts als Quelle der Souveränität und Bestellung der wenigen repräsentativen Institutionen im Wege des "organischen Wahlrechts".
b) Ablehnung der traditionellen Gewaltenteilung im Sinne Montesquieus (Trennung von Exekutive, Legislative und Judikatur).
c) Außerordentliche Vollmachten des Caudillo.
d) Freiheiten der Rede, Versammlung und Vereinigung nur innerhalb eng abgesteckter Grenzen.
e) Vorrang der wirtschaftlichen Interessen des freien Unternehmertums und Minimisierung der Staatsintervention
f) Anspruch auf fortschrittliche Sozialpolitik, verbunden mit der Einbindung der Arbeiter in eine Gewerkschaftsorganisation, die an die Regierung gebunden ist.
g) Blindes Vertrauen in die Sicherheitsorgane (notfalls in die Streitkräfte) als Garanten der Ordnung gegenüber der Subversion.

c) Das Selbstverständnis der Falange

Ein Blick auf das Selbstverständnis der Ideologen des Systems zeigt jenes "halbherzige Bekenntnis zum Faschismus" (v. Beyme), über das die Falange selbst in ihrer "Kampfzeit" nicht hinauskam. José Antonio selbst versuchte sich deutlich von der Ideologie Hitlers und Mussolinis abzusetzen, auch wenn er die von ihnen repräsentierte Staatsform bewunderte[15]. Auch die "Chefideologen" des Franquismus wie F. García Valdecasas oder Juan Beneyto Pérez, die nach dem Triumph von 1939 noch durchaus die Nachbarschaft des Systems mit den faschistischen Mächten Deutschland und Italien betont hatten, gingen ab 1943, als die militärische Niederlage der Achsenmächte sich abzeichnete, allmählich dazu über, wieder mehr die Wesensverschiedenheit dieser Systeme einerseits und des Franquismus andererseits hervorzuheben. In dieser Wendung, die mit der Ablösung des profaschistischen, auf den Sieg der Achsenmächte setzenden Flügels der Regierung (repräsentiert durch Serrano Súñer) einherging[16], spiegelt sich besonders deutlich der apologetische Charakter, die ganze Auftragsfunktion der falangistischen Ideologie, die, weit entfernt, eine verbindliche Richtschnur für das politische Handeln zu sein, je nach den Erfordernissen der innen- und vor allem außenpolitischen Entwicklung auf die Bedürfnisse des Regimes zurechtgebogen wurde. Möglicherweise haben die zahlreichen und oft abrupten Wendungen ihrer politischen Doktrin der Falange mehr geschadet als ihr Unvermögen, sich in der Regierung durchzusetzen.

In diesem Zusammenhang ist auch zu berücksichtigen, daß die meisten und wichtigsten theoretischen Arbeiten falangistischer Ideologen erst nach dem Ende des Bürgerkriegs entstanden, und damit nach der Niederlage der Falange José Antonios (der selbst kein einziges theoretisches Werk von Rang hinterließ) gegen die konservativen Kräfte der Bürgerkriegskoalition. Den etwas naiven Charakter des Denkens von José Antonio und die relative intellekturelle Kümmerlichkeit des spanischen Faschismus unterstreicht auch Nellessen[17].

3. Die Kirche als Partner des Regimes

Daß trotz der offensichtlichen Unzulänglichkeiten der falangistischen Organisation das Regime in den ersten Jahren seines Bestehens auf vielen Gebieten das Bild faschistischer Gleichschaltung bot, ist zu einem nicht geringen Teil das Verdienst der katholischen Kirche. Zwischen dem autoritären Staat und der Kirche war nach dem Bürgerkrieg ein Verhältnis der wechselseitigen Abhängigkeit entstanden, das über die bloß privilegierte Position einer Staatskirche weit hinausging. Man könnte versucht sein, von einem System dezentralen, delegierten Faschismus zu sprechen, in dem konkurrierende, aber gleichgeschaltete Machtträger die Funktion der faschistischen Einheitspartei übernehmen, stünden dem nicht die nicht-modernen Inhalte klerikaler Politik entgegen.

Tatsächlich war es der Kirche gelungen, im Franco-Staat aus der Rolle eines reinen Überbaubestandteils, eines Hilfsorgans zur Beschaffung von Legitimität, herauszutreten und bis ins Zentrum der politischen Macht vorzustoßen. Schon 1939 konnte Kardinal Gomá y Tomás befriedigt erklären: "Wir befinden uns in völliger Übereinstimmung mit der nationalen Regierung, die niemals einen Schritt ohne meinen Rat unternimmt, den sie immer befolgt."[18] Bei der Erteilung kirchlichen Rates ließ man es freilich nicht bewenden: Das Regime schanzte der Kirche eine Fülle exekutiver Befugnisse zu, von denen die Kirche vorher kaum zu träumen gewagt hatte. Es kam nach und nach zu einer solchen Verfilzung staatlicher und kirchlicher Insitutionen, daß beide sich gleichsam als einheitlicher Organismus ausnahmen. Den Gleichklang beider Machtträger vermittelte allerdings nicht die falangistische Ideologie, sondern das, was Juan Linz die Mentalität des autoritären Staates nennt.

Unter den zahlreichen Privilegien und Monopolen, die die Kirche von Franco forderte und erhielt, war die Kontrolle fast des gesamten Bildungswesens zweifellos am bedeutsamsten[19]. Sie erstreckte sich nicht nur auf das Schulwesen, sondern auch auf alle Zweige akademischer Forschung und Lehre. So blieben z.B. gewisse theologische Kenntnisse während der ganzen vierziger Jahre Voraussetzung für den Erwerb eines akademischen

Grades[20]. Eine wichtige Funktion kam auch den kirchlichen Jugendverbänden zu, die jenen Teil der Jugend auf das Regime einschworen, den die falangistische "Frente de Juventudes" nicht erfassen konnte. Die kirchlichen Presseorgane bleiben als einzige von der Zensur ausgenommen. Im Alltag wurden die Priester systematisch als Denunzianten und als Sittenwächter mit polizeiähnlichen Befugnissen eingesetzt. Nicht zuletzt brachte die Kirche eine alles bisher Dagewesene weit in den Schatten stellende Sexualrepression in Gang, die sie auch heute noch nach Kräften zu verteidigen sucht, insbesondere über ihre Vertreter in den Zensurbehörden. Mit anderen Worten: Sie sprang helfend auf den vielen Gebieten ein, die die faschistische Partei nicht erreichten konnte, aber in absolutem Gleichklang mit ihr. Der Staat belohnte diese Mühe reichlich: Die zahllosen, in der Zeit des Hungers und der Elendsquartiere entstandenen prunkvollen Kirchen und luxuriösen Bischofspaläste legen dafür ein beredtes Zeugnis ab.

Das Bild der bedingungslos regimetreuen Kirche, deren Priester und Bischöfe auf alten Zeitungsfotos vorwiegend mit zum faschistischen Gruß erhobenem Arm zu sehen sind, änderte sich erst, als vor dem Hintergrund massiver wirtschaftlicher und ökonomischer Umwälzungen in den fünfziger Jahren sich auch in der Kirche modernistische Fraktionen herausbildeten, die mit der repressiv-reaktionären Politik der alten Kirchenhierarchie nicht mehr konform gingen. Das Opus Dei zählt ebenso dazu wie oppositionelle Arbeiterpriester, wenn auch aus unterschiedlichen Motiven.

4. Formen und Funktion des Terrors

In seiner historischen Rede vor dem VII. Weltkongreß der Kommunistischen Internationale charakterisierte Georgi Dimitrow den Faschismus als "offene terroristische Diktatur der reaktionärsten, am meisten chauvinistischen, am meisten imperialistischen Elemente des Finanzkapitals"[21]. Ohne die übrigen Elemente dieser Definition übernehmen zu wollen (die m.E. mehr wegläßt als anführt und eigentlich am Kern des Phänomens Faschismus - der Mobilisierung der Unterschichten gegen ihre eigenen Interessen - vorbeigeht), scheint die Formel "offene terroristische Diktatur" für den Franquismus der vierziger Jahre unbedingt zutreffend. Keine andere Rechtsdiktatur in Europa hatte in Friedenszeiten eine derart blutige Repressionsbilanz aufzuweisen wie der Franquismus im ersten Jahrzehnt seines Bestehens. Zwar konnte das System im Zuge der Konsolidierung seiner Macht in den fünfziger Jahren allmählich von der physischen Vernichtung seiner Gegner zu subtileren Formen der Repression übergehen, bewies aber bei verschiedenen Gelegenheiten immer wieder seine Fähigkeit und Bereitschaft, auf die alten, brutalen Formen der direkten Repression zurückzugreifen[22].

Daß nach dem Sieg der antirepublikanischen Koalition im Jahre 1939 nicht mit einer versöhnlichen Haltung der neuen Herren zu rechnen war, lag angesichts der Erbitterung, mit der beide Seiten gekämpft hatten, auf der Hand. Als das Regime aber daranging, in einem beispiellosen Vernichtungsfeldzug noch mehr politische Gegner auf "legale" Weise planmäßig zu beseitigen, als während des Bürgerkrieges auf dem Schlachtfeld gefallen waren, wunderten sich sogar seine faschistischen Verbündeten[23]. Jackson[24] weist darauf hin, daß von den etwa 580.000 Getöteten (die ursprüngliche Schätzung von 1 Million Opfern des Bürgerkrieges erwies sich als zu hoch gegriffen) der größte Teil nicht bei Kampfhandlungen ums Leben gekommen sei, sondern während und nach dem Bürgerkrieg exekutiert wurde oder an den Entbehrungen der Gefangenschaft starb. Die meisten Historiker stimmen darin überein, daß der Anteil des nationalistischen Lagers an dieser Mordbilanz den der Republikaner bei weitem übertrifft. Jackson gibt die Zahl der noch während des Krieges von Falangisten und Militär Ermordeten mit rund 200.000 an; eine der höchsten Schätzungen der von den Republikanern begangenen Morde - die von Hugh Thomas[25] - nennt 60.000 Opfer.

Das Ausmaß der Gewaltakte seitens der Nationalisten nahm nach dem Ende der Kampfhandlungen keineswegs ab. Dafür spricht die enorm hohe Zahl der politischen Gefangenen: Nach Angaben von Gallo[26] sprachen die Kriegsgerichte in der Provinz Madrid 130.000, in Badajoz über 100.000 Urteile. Gallo hält es für möglich, daß die Gesamtzahl aller nach Kriegsende inhaftierter Republikaner sich auf 1,5 Millionen belief. Georgel[27] nennt etwas niedrigere Zahlen; seinen Angaben zufolge hat sich der Gefangenenstand von 1939 bis 1944 etwa folgendermaßen entwickelt:

1939	250.719
1940	213.373
1941	139.990
1942	95.601
1943	46.661
1944	28.077

Gallo[28] zitiert den Spanien-Korrespondenten von Associated Press, Charles Foltz, der auf der Basis offizieller Angaben des Justizministeriums die Zahl der Hinrichtungen von April 1939 bis Juni 1944 mit 192.684 angibt; eine Zahl, in der die vielen Morde der Falangisten und die Erschießungen ohne Gerichtsverfahren (bei Kriegsende, oder später "auf der Flucht") noch nicht enthalten sind. Der italienische Außenminister Ciano gab nach seinem Spanienbesuch Mitte 1939 an, die Zahl der Hinrichtungen betrage in Madrid täglich 200-250, in Barcelona 150 und in Sevilla 80[29]. Ein Vertreter der profranquistischen Geschichtsschreibung, H.G. Dahms[30], versucht diese Aussage mit der Bemerkung zu relativieren, Ciano habe die Zahlen "nur vom Hörensagen" gekannt. Statt dessen pflichtet er Thomas bei, der für das Jahr 1939 "nur" 9.000 Hinrichtungen angibt. Zu der Zahl der Hingerichteten ist noch die der politischen Gefangenen hinzuzurechnen, die an den Folgen der Haft starben, darüber liegen jedoch keine verläßlichen Zahlen vor. Die unvorstellbar elenden Lebensbedingungen der Häftlinge und die systematische Benachteiligung ihrer Angehörigen bei der Lebensmittelzuteilung lassen den Schluß zu, daß der Hunger als planmäßiges Vernichtungsinstrument neben die Erschießungskommandos trat. Es lag nicht allein an der gesunkenen Lebensmittelproduktion (die Anhänger des Regimes litten keinen Mangel), daß die Zahl der Tuberkulosekranken gegen Ende des 2. Weltkriegs fast 4 Millionen erreicht haben soll[31].

Wer aus den Konzentrationslagern entlassen wurde, kam zunächst in "kontrollierte Freiheit" (libertad vigilada), d.h. er mußte sich wöchentlich bei der Polizei melden, konnte damit rechnen, auch noch nach Jahren plötzlich und ohne Angabe von Gründen wieder festgenommen zu werden und hatte kaum Aussicht auf Arbeit. Das Klima der Furcht und Unsicherheit, des Ausgeliefertseins an eine niemandem verantwortliche Staatsmacht, wurde dadurch noch weiter verstärkt[32].

a) Das Exil als indirekte Repression

Schließlich gehören in die Repressionsbilanz des Franquismus noch die exilierten Republikaner, die im Ausland (vorwiegend in Frankreich) starben. Die Massenflucht republikanischer Militärs und Zivilisten seit Februar 1939 wurde von Franco nicht nur geduldet, sondern bewußt gefördert. Sie hielt auch nach der Besetzung des gesamten Territoriums der Republik durch die Insurgenten noch einige Zeit an. Frankreich stand diesem Exodus völlig unvorbereitet gegenüber. Man hatte zwar mit 6-7.000 Emigranten gerechnet und für diese Anzahl Auffanglager eingerichtet; tatsächlich wälzte sich aber aus Katalonien eine Flüchtlingslawine nach Frankreich, angesichts derer die französischen Behörden den Kopf verloren. Die "Exilados" wurden in schnell geschaffene Lager (das größte davon ein eingezäunter Strandabschnitt bei St. Cyprien) gepreßt, in denen die Lebensbedingungen nicht viel besser waren als in den Lagern Francos. Vilanova[33] bezifferte die Zahl dieser Flüchtlinge, unter Berufung auf offizielle Zählungen des französischen Innenministeriums, auf 527.843 Personen. Zwar gelang es dem sofort nach dem Ende des Bürgerkrieges im französischen Exil gegründeten Servicio de Evacuación de Republicanos Españoles (SERE), noch vor dem Einfall der Naziwehrmacht etwa 150.000 Exilados nach Lateinamerika zu bringen[34], vorzugsweise nach Mexiko, das sie sehr gastfreundlich empfing und rasch integrierte[35] - aber in den Konzentrationslagern der Vichy-Regierung und der Deutschen (Mauthausen) starben allein bis 1942 etwa 70.000 Menschen[36].

b) Gefangenenstand und politische Prozesse nach 1945

Die verbesserte außenpolitische Situation, der allmähliche wirtschaftliche Aufschwung und das Abklingen bewaffneter Widerstandsaktionen erlaubten es dem Regime, den hohen Gefangenenstand seit Anfang der fünfziger Jahre langsam zu senken. 1966 nannte der damalige Informationsminister Fraga Iribarne die seiner Ansicht nach niedrige Zahl von

1.329 politischen Gefangenen[37]. Auch die Zahl der Hinrichtungen ging stark zurück. Die seit Ende der sechziger Jahre verstärkte und breitenwirksamere Aktivität der Opposition brachte jedoch wieder ein Ansteigen des Gefangenenstands. Auch die Zahl der politischen Prozesse ist sprunghaft angestiegen: Allein im Jahr 1973 wurden 4.835 Verfahren gegen Regimegegner durchgeführt, davon 2.013 vor dem berüchtigten, inzwischen aufgelösten politischen Sondergericht "Tribunal de Orden Público" (TOP)[38].

c) Anwendung der Folter

Eines der zentralen Instrumente der Repression blieb seit Gründung des franquistischen Staates unverändert in Anwendung: die Folter. Kaum eine Diktatur in der Welt hat so konsequent und so skrupellos diese entmenschlichste Form der Herrschaftssicherung angewandt wie der Franquismus. Die Formen der Tortur mögen sich seit 1939 gewandelt haben; sie führten nicht mehr zwangsläufig zur Zerstörung des Körpers und der physischen Gesundheit des Opfers. Die später wissenschaftlich angeleiteten Folterknechte des Franquismus verfügten über Methoden, die keinerlei äußerlich erkennbare Folgen der Tortur mehr hinterlassen und somit auch vor Gericht nicht bewiesen werden konnten. An die Weltöffentlichkeit drangen zumeist nur die "Betriebsunfälle" der Politischen Geheimpolizei "Brigada Politico Social" (BPS) und der "Direccíon General de Seguridad" (DGS), so z.B. das mehrmals beobachtete Hinausstoßen von Gefangenen aus Fenstern der DGS-Gebäude in Madrid und Bilbao oder der unerwartete Tod von Gefangenen während der Tortur.

Die Folter erfolgte nach Maßgabe der politischen Zugehörigkeit des Opfers: Angehörige der ETA z.B. oder bestimmter linksextremistischer Gruppen (FRAP, LCR, ORT) mußten in jedem Falle damit rechnen, gefoltert zu werden, während Sozialisten und Gewerkschaftler Chancen besaßen, davonzukommen. Die Aussagen ehemaliger politischer Gefangener über Folterungen füllen Bände; allein dem "Centro de Informacíon y Solidaridad con Espana" (CISE) in Paris liegen Tausende von Dossiers vor[39]. Ziel der Folter war nur selten die Erpressung irgendwelcher Geständnisse, sie war Selbstzweck. Ihre Wirkung lag gerade darin, daß sie bekannt wurde. Das Wissen darum, in der Haft wahrscheinlich mißhandelt zu werden, setzte die psychologische Schwelle für die Aufnahme oppositioneller Aktivitäten von vornherein sehr hoch an. Man wird annehmen dürfen, daß der von der Folter ausgehende psychische Terror zur Stabilisierung des Regimes nicht weniger beigetragen hat als andere Formen der Repression[40].

Das Auftreten der Folter als universelles Phänomen, ihre weltweite und zunehmende Verbreitung, läßt sie freilich auch nicht als typisches Merkmal faschistischer Herrschaft erscheinen. So gewiß die Folter ein funktionales Requisit terroristischer Herrschaft ist, so wenig begründet sie allein den Faschismus.

5. Alternative Konzepte. Der Begriff des autoritären Regimes

Zusammenfassend kann festgestellt werden, daß der "reife" Franquismus der sechziger und siebziger Jahre wichtige Kriterien für faschistische Herrschaft nicht erfüllte. Die faschistische Einheitspartei (soweit es sie überhaupt je gegeben hat) ist spätestens seit ihrer Umwandlung in die "Nationale Bewegung" (1966) in einen zahnlosen, halb nostalgischen Akklamationsverein verwandelt worden; die Kirche als Bestandteil eines dezentralen, delegierten Faschismus war weitgehend vom Regime abgefallen; von der völligen Ausschaltung des Klassenkampfs konnte seit der schrittweisen Legalisierung des Streiks auch nicht mehr gesprochen werden; statt Massenmobilisierung erzeugte das Regime Apathie, und auch Terror ist keine spezielle Eigenschaft faschistischer Systeme. Dabei übersehen wir keineswegs, daß der Franquismus in seiner Anfangszeit starke faschistische Bestrebungen entwickelte, aber eben zu schwach blieb, um ein genuin faschistisches Herrschaftssystem aufbauen zu können; sich vielmehr je nach der innen- und vor allem außenpolitischen Entwicklung bestimmte Strukturelemente faschistischer Systeme auslieh und sie mehr oder weniger unvollkommen in das eigene autoritäre System einbaute. Insofern wird man auch ernst Nolte[41] nicht folgen können, wenn er faschistoide Züge des spanischen Systems auch in dessen Frühzeit leugnet und den Franquismus als "von Anfang an konservatives Regime" bezeichnet. Daß man ihm attestiert, er sei nicht faschistisch, macht den Franquismus freilich nicht besser. Es setzt aber voraus, den Begriff Faschismus nicht als Werturteil, sondern als politische Klassifikation zu gebrauchen.

Als alternative Konzepte zur Klassifizierung des spanischen Systems bieten sich die Begriffe Entwicklungsdiktatur und autoritäres Regime an. Der in den sechziger Jahren aufgekommene Begriff der Entwicklungsdiktatur stellt die wirtschaftliche Modernisierung als zentrales Kriterium heraus. Für den Franquismus trifft dieser Begriff allerdings erst auf einer relativ späten Entwicklungsstufe zu (etwa seit dem Erfolg des 1. Entwicklungsplans), und auch dann nur partiell - soweit das Regime in Erkenntnis des propagandistischen Nutzens dieses Begriffs seine Legitimitätsgeltung zusätzlich zu den traditionellen Wertvorstellungen auf wirtschaftspolitische Erfolge stützte. Von der spanischen Staatsrechtslehre wurde dieser Terminus allerdings noch in einem weiteren Sinne gebraucht. Fernández-Carvajal[42] nennt die Periode des kontinuierlichen Rückzugs des bewaffneten Arms der Staatsmacht aus dem sich normalisierenden bzw. demokratisierenden politischen Leben ebenfalls Entwicklungsdiktatur.

Den Aspekt des Rückzugs der Armee aus der unmittelbaren politischen Verantwortung stellt auch S.E. Finer[43] in den Vordergrund. Finer nennt für einen solchen Rückzug vier Voraussetzungen:

1. Der vom Militär eingesetzte politische Führer muß diesen Rückzug selbst einleiten.
2. Der Staatschef muß in der Lage sein, ein Regime aufzubauen, das ohne militärische Stützung funktionsfähig ist.

3. Dieses Regime muß den Streitkräften positiv gegenüberstehen, ihre Privilegien wahren und ihre tradierten Abneigungen (z.B. gegen den katalanischen Separatismus) respektieren.
4. Das Militär muß ausreichendes Vertrauen in den politischen Führer besitzen, um sich in die Kasernen zurückziehen zu können.

In diesem Sinne charakterisiert Finer den Franquismus als "Duales Militärregime", in dem das Militär nicht unmittelbar politisch interveniert und sich auf passive Stützfunktionen beschränkt[44].

Bedenkt man die Vielfalt der politischen Strömungen und der Herrschaftsinstrumente, auf die der Franquismus sich stützt, erscheint eine Klassifizierung, die ausschließlich auf das Kriterium militärische Intervention oder Nicht-Intervention in der Politik bzw. auf das Spannungsverhältnis zwischen dem militärischen und dem zivilen Zweig des Regimes abhebt, nicht zureichend und in ihrem analytischen Wert zu begrenzt.

Eine andere für die Deutung des franquistischen Systems wichtige analytische Möglichkeit enthält das von Linz vorgeschlagene Konzept des "autoritären Regimes", von dem auch hier ausgegangen werden soll. Linz[45] definiert autoritäre Regimes als politische Systeme mit begrenztem, nicht verantwortlichen politischen Pluralismus: ohne ausgearbeitete, das politische Handeln leitende Ideologie (aber mit kennzeichnenden Mentalitäten); ohne intensive oder extensive politische Mobilisierung (ausgenommen auf bestimmten Stufen ihrer Entwicklung); und in denen eine Führerpersönlichkeit (gegebenenfalls auch eine kleine Gruppe) die Macht innerhalb schlecht definierter, aber durchaus angehbarer Grenzen ausübt".

Linz sieht die Führerpersönlichkeit nicht unbedingt als entscheidenden Faktor des autoritären Regimes an. Ohne die Bedeutung der Person General Francos für den Zusammenhalt der seit 1939 herrschenden Machtkoalition in Spanien zu schmälern, wird man in diesem Sinne sicher feststellen können, daß auch Franco nur ein Element des Franquismus war, aber nicht der Franquismus. Die Vielzahl dieser Elemente und der Umstand, daß sie sich auch nach jahrzehntelanger Diktaturherrschaft in unveränderter, wenn nicht sogar gestärkter, organisatorischer Geschlossenheit erhalten haben, bestätigt auch die These von Poulantzas[46], wonach die politischen Fraktionen der Großbourgeoisie, sofern sie am Vorabend der Diktatur genügend entwickelt und ausdifferenziert waren, mit dem Faschismus häufig gerade deshalb Regierungsbündnisse eingehen, um ihn abzublocken.

III. ANMERKUNGEN ZUR POLITISCHEN KULTUR SPANIENS

1. Konventionelle Kriterien

Wegen der bekannten politischen Restriktionen, denen alle politikwissenschaftliche Forschungstätigkeit in Spanien unterworfen war, konnte auch die politische Kultur Spaniens bisher nicht zum Gegenstand einer systematischen Untersuchung gemacht werden. Auch für diesen Bereich gilt die Feststellung Amando de Miguels, die Armeen der Franquismusforscher befänden sich noch in ihren Winterquartieren[1]. Vor allem der Mangel an entsprechenden Umfrageergebnissen hat zur Folge, daß die Anwendung der Kriterien, die von der Politischen Soziologie für die Analyse der "civic culture" eines Landes entwickelt wurden, auf den Fall Spanien zu Ergebnissen führt, die notwendig etwas spekulativen Charakter besitzen[2].

Ungeachtet des von Antonio Machado geprägten Wortes von den "Zwei Spanien" "Españolito que vienes al mundo / Te guarde Dios / Una de las dos Españos / Ha de helarte el corazón..."), das im wesentlichen die soziale Konfliktstuation in der ersten Hälfte des 20. Jahrhunderts charakterisiert, stellt sich die politische Kultur Spaniens, historisch gesehen, geschlossener dar als die manches anderen europäischen Nationalstaats, besonders derjenigen, die erst im jetzigen oder vorigen Jahrhundert entstanden. Es genügt der Hinweis auf die seit rund 500 Jahren andauernde staatliche Einheit Spaniens, die sich seit den katholischen Königen in einem so gut wie unverändert gebliebenen Territorium ausdrückt, in einer einheitlichen Staatsreligion und, nicht zuletzt, einer einheitlichen Sprache (des Kastilischen), die nach und nach die Regionalsprachen und -dialekte verdrängte. Das wichtigste Vehikel der staatlichen Einheit war von Anfang an die Staatsbürokratie, die in Spanien schon früh einen Grad an Ausdifferenzierung und einen Umfang erreichte, den selbst England und Frankreich erst Jahrhunderte später erreichten. Schon im 15. Jahrhundert war ein lückenlos abgestufter bürokratischer Apparat aufgebaut worden, der von der Regierungsspitze bis hinunter auf die Ebene der Gemeinderäte, in denen die "Corregidores" die Interessen der Krone durchsetzten, das Land fest im Griff hielt[3] und latente zentrifugale Kräfte ausschaltete. Die frühere Weltmachtstellung Spaniens und die Kolonisierung ganzer Kontinente trug ein übriges zum Entstehen eines ausgeprägten Nationalgefühls bei.

Faßt man die politische Kultur eines Landes als abhängige Variable in einem Entwicklungsprozeß, der systemische Qualitäten aufweist[4], so ist offensichtlich, daß die tiefgreifenden sozioökonomischen Wandlungen, die sich seit den fünfziger Jahren in Spanien vollzogen, trotz der relativen Starrheit der politischen Mechanismen auch auf diesem Sektor zu starken Veränderungen führten. Gerade die demokratische Opposition hat sich diese Wandlungen zunutze gemacht und sie in einem dialektischen Prozeß in immer stärkerem Maße beeinflußt.

Wie wir noch sehen werden, entsprach in der spanischen Politik die Ablehnung pragmatischer Konzepte und die Einnahme ausschließlich rationalistisch-prinzipienorientierter Standpunkte, die Regime und Opposition bis in die fünfziger Jahre hinein gleichermaßen eigneten, einer ökonomischen Formation, die heute nicht mehr besteht. Im Lager des Regimes war bezeichnenderweise jene Fraktion, die am stärksten auf eine liberalere Wirtschaftspolitik drängt - also das Opus Dei -, zugleich die erste Gruppe, die sich im Umgang mit den Dissidenten weniger unnachgiebig gab[5]. Dabei ist freilich zu berücksichtigen, daß die vom Opus ausgebildeten Technokraten ihrerseits im Schoß einer religiös-dogmatischen Gruppe von Verschwörern entstanden, also in einem anderen geistigen Boden wurzeln als die französischen oder deutschen Technokraten.

Im Lager der Opposition vollzog sich der Lernprozeß aus den sich rasch wandelnden sozio-ökonomischen Randbedingungen rascher und gründlicher. Die wachsende Neigung, sich zu arrangieren und von kompromißlos-ideologischen Positionen zugunsten politisch wirksamer Bündnisse Abstand zu nehmen, läßt sich auch quantitativ belegen: Nach Angaben von Lorenzo[6] bestanden seit 1948 in Spanien zeitweilige nicht weniger als 150 selbständig organisierte Oppositionsparteien und -gruppen. Mittlerweile kann man das Spektrum der relevanten oppositionellen Parteien und politischen Aggregate auf 5-6 begrenzen. Die wachsende Kompromißbereitschaft der demokratischen Opposition schlug sich nicht nur in der Bündnispolitik der Parteien nieder, sondern auch in ihrer inneren Zusammensetzung. So gelang z.B. der Kommunistischen Partei (PCE), einen Teil des links von ihr operierenden politischen Potentials wieder in ihre Organisation zu integrieren[7]. Eine andere maßgebliche Komponente der "Junta Democrática", die Sozialisitische Volkspartei (PSP), ist sogar selbst das Resultat eines allmählichen Zusammenrückens zahlreicher, ursprünglich selbständiger, lokaler sozialistischer Gruppen.

2. Formen politischer Partizipation

Die starke Einschränkung der politischen Einflußmöglichkeiten im Franquismus führte zu der vom Regime beabsichtigten, verbreiteten Apathie und Resignation, aber auch zu einem ausgeprägten Bewußtsein breiter Massen hinsichtlich des Ausmaßes der eigenen Entfremdung von den Institutionen des Systems.

Eine 1968 durchgeführte Repräsentativumfrage unter Personen im Alter von 15 bis 30 Jahren - also Jugendlichen im weitesten Sinne - förderte ein starkes Gefühl des Ausgeliefertseins und der Machtlosigkeit gegenüber den Institutionen zutage[8]. Auf die Frage: "Welches Maß An Einfluß glaubst du auf das politische Geschehen des Landes zu haben? Glaubst du gar keinen, geringen, ausreichenden oder zu großen Einfluß auf den Gang der spanischen Politik zu haben?" ergingen folgende Antworten:

	Total	Kein Einfl. %	Geringer Einfl. %	Ausr. Einfl. %	Zuviel Einfl. %
Total	(1.931 Personen)	69	15	5	-
Geschlecht:					
männlich	(978)	69	18	5	-
weiblich	(953)	70	13	4	-
Tätigkeitsbereich:					
Landwirtschaft	(145)	64	11	2	-
Industrie	(381)	71	16	4	-
Dienstleistung	(647)	71	15	4	-
Studenten	(425)	71	20	6	-
Selbständige	(278)	69	7	3	-
Andere/ Keine Antwort	(55)	66	16	5	-

Das Bewußtsein der eigenen politischen Einflußlosigkeit drückt sich bei vielen Angehörigen der jüngeren Generation in einem erklärten Desinteresse an Politik aus. Torregrosa zufolge[9] ergab die o.a. demoskopische Untersuchung bei der Frage: "Interessierst du dich für Politik?" folgendes Bild:

	Total	Sehr inter. %	Ziemlich inter. %	Wenig inter. %	Kein Inter. %	Keine Antw. %
	(1.931 Personen)	4	15	30	48	3
Geschlecht:						
männlich	(978)	5	18	32	43	2
weiblich	(953)	3	11	28	54	4

Dabei ist allerdings zu berücksichtigen, daß der Politikbegriff in der Fragestellung nicht weiter problematisiert wurde. Das in den Antworten zum Ausdruck gekommene Desinteresse "an Politik" kann nicht ohne weiteres als Indifferenz gegenüber politischen Problemen im weitesten Sinne interpretiert werden, weil Politik nach geltendem Sprachgebrauch eben nur die Politik des Regimes und seiner Institutionen sein konnte. Die in den letzten Jahren der Diktatur stark angestiegene Konfliktivität zahlreicher gesellschaftlicher Sektoren berechtigt vielmehr zur Annahme, daß die Indifferenz nicht "der" Politik galt, sondern einer ganz bestimmten Politik - dem, was das Regime darunter verstand. So gesehen, kann nicht von einer absoluten Entpolitisierung gesprochen werden. Diese Schlußfolgerung legt gerade auch ein, in derselben Untersuchung wiedergegebenes Meinungsbild nahe, das (nach dreißig Jahren Diktatur!) auf eine bemerkenswert breite demokratische und antiautoritäre Grundhaltung der spanischen Jugend hindeutet. Auf die Frage, ob sich alle zusammen und jeder einzelne um die Politik des Landes kümmern und für sie verantwortlich sein, oder ob eine bestimmte Gruppe bzw. Person die Macht ausüben und für die anderen entscheiden solle, ergingen folgende Antworten[10]:

	(1)	(2)	(3)	Keine Antwort
	%	%	%	%
Total	47	13	18	22
Geschlecht:				
männlich	51	13	15	21
weiblich	42	13	21	24
Tätigkeitsbereich:				
Landwirtschaft	28	12	20	40
Industrie	53	9	17	21
Dienstleistungen	43	15	20	22
Studenten	66	16	11	7
Selbständige	29	11	25	35
Andere/ Keine Antwort	42	15	18	25
Einkommen der Familie:				
unter 5000 Pts. mtl.	30	5	20	45
5000-10000 Pts. mtl.	41	12	21	26
10000-15000 Pts. mtl.	53	15	19	13
15000-20000 Pts. mtl.	55	17	17	11
20000-25000 Pts. mtl.	66	11	13	10
über 25000 Pts. mtl.	71	14	10	5

(1) Wir sollten uns alle um die Politik kümmern und dafür verantwortlich sein.

(2) Eine bestimmte Gruppe soll die Macht haben und für uns entscheiden.

(3) Ein bestimmter Mann soll die Macht haben und für uns entscheiden.

Es kann nicht überraschen, daß bei Angehörigen derjenigen Berufsgruppen, die vom ökonomischen Wandel in den vergangenen Jahren am stärksten betroffen waren (Industriearbeiter, Dienstleistungsberufe, Studenten/Schüler), das demokratische Potential besonders groß ist und bei diesen drei Gruppen das nichtdemokratische quantitativ übertrifft. Dieses Ergebnis läßt sich noch mit einer stetig wachsenden Zahl weniger allgemeiner und mehr zielgerichteter Umfragen belegen. Als Beispiel sei die von Cambio 16 im April 1975 durchgeführte Umfrage in Bilbao angeführt, die ein unerwartetes Maß an Ablehnung gegenüber der für ihren autoritären Amtsstil bekannten Oberbürgermeisterin Pilar Careaga de Lequerica aufzeigte[11]. Darin sprachen sich - ein zu Lebzeiten Francos an Meuterei grenzender Vorgang - 58 % der Befragten für den unverzüglichen Rücktritt Pilar Careagas aus (der einige Wochen später auch tatsächlich errolgte). Die bis dahin übliche Praxis, die Bürgermeister durch den Innenminister zu ernennen, billigten 2 % der Befragten, während 82 % sich für die Direktwahl der Ortsvorstände aussprachen.

Der geringe Umfang realer (vor allem legaler) Partizipation verbarg ein sehr viel größeres Maß an Bereitschaft zur politischen Partizipation, sofern nur sinnvolle Möglichkeiten dafür gegeben sind. Ein parlamentarisch-demokratischen Maßstäben entsprechender Umfang an Partizipation war indes nicht erreichbar ohne Lizenzierung aller politischen Parteien; andererseits aber konnte die Opposition, und dies war lange Zeit ihr Dilemma, die für die Durchsetzung entsprechender Umstrukturierungen nötige organisatorische Stärke unter den Bedingungen des Parteienverbots nicht erreichen[12]. Den Parteien kam entgegen, daß schon die letzte, von Franco ernannte Regierung unter Führung von Arias Navarro einige Lernprozesse der "modernen" Fraktionen des Regimes bezüglich funktionaler Partizipation sichtbar machte, was vor allem in der Zulassung der "Assoziationen" zum Ausdruck kam.

3. Externe Faktoren des Wandels

Ebenso wie im Bereich der Wirtschaft kann es für die politische Kultur eines Landes keine wirkliche Autarkie geben. Die rasche Entwicklung der Kommunikationsmittel läßt Versuche autoritärer Regimes, sich von dem abzuschirmen, was anderswo geschieht, sinnlos erscheinen[13]. Dieser Logik konnte sich auch der Franquismus nicht entziehen - trotz Verteufelung alles Ausländischen und der rigidesten Zensur, die ihn lange Zeit hindurch kennzeichneten. Auch in Spanien war, parallel zur ökonomischen Entwicklung, der Wandel im Bereich der Information und des "Marktes der Ideen" besonders sinnfällig. Stellvertretend für die Geschichte der spanischen Zensur seinen hier zwei Momentaufnahmen wiedergegeben: Vilar[14] berichtet, unter der Herrschaft des Informationsministers Arias Salgado (1937-1962) habe sich noch zu Beginn der fünfziger Jahre ein Student, der die Kühnheit besaß, in der Bibliothek einen Band Voltaire entleihen zu wollen, darauf gefaßt machen müssen, unter strengen Ermahnungen abgewiesen zu werden. Arias Salgado, der "Theologe der Information", hatte sich diesen Ehrentitel durch die Ansicht erworben, jede politische Frage sei im Grunde eine theologische Frage[15].

Am Ende der Amtszeit des 1974 entlassenen, für die Maßstäbe des Regimes relativ liberalen Informationsministers Pío Cabanillas konnte in Madrid immerhin ein Band Ausgewählte Werke Josef Stalins erscheinen, und eine spanische Marx-Gesamtausgabe war in Vorbereitung.

Die vermehrte Teilnahme Spaniens an der Weltkommunikation schlug sich freilich nicht nur im teilweise liberalisierten Buch- und Zeitschriftenwesen nieder[16], sondern auch im direkten Kontakt zu Ausländern. Hier ist in erster Linie der Tourismus zu nennen, der - vor allem in den sechziger Jahren - exorbitante Wachstumsraten aufwies. Wurden noch 1959 schon ganz respektable 4 Millionen Touristen registriert[17], so stieg diese Zahl bis 1973 auf 34,5 Millionen und entsprach damit etwa der Einwohnerzahl Spaniens[18]. Trotz der regionalen Begrenztheit des Tourismus (Küstengebiete und einige wenige Städte im Landesinnern) und des zumeist oberflächlichen Kontakts der Bevölkerung mit den ausländischen "Gästen" konnte eine solche Völkerwanderung nicht ohne Auswirkungen auf die Wertvorstellungen der "Gastgeber" bleiben. Noch stärker mag der Einfluß gewesen sein, den die jährlich etwa 100.000 in die EG-Länder strömenden Arbeitsemigranten auf traditionelle Normen und Denkformen nahmen, wenn sie nach durchschnittlich 5 Jahren wieder nach Spanien zurückkehrten[19]. Viele von ihnen hatten in den Aufnahmeländern freie Gewerkschaften und das Funktionieren der formalen Demokratie kennengelernt und maßen nach ihrer Rückkehr manche Erscheinungen der spanischen Realität daran.

Last not least gehört in diesen Zusammenhang die psychologische Wirkung bestimmter politischer Ereignisse in den Nachbarländern, die den von Kavanagh[20] beschriebenen "demonstration effect" auf die spanische Öffentlichkeit hatten. Vor allem der Umsturz vom 25. April 1974 in Portugal bedeutete für Spanien ein politisches Erdbeben, das allenfalls mit der Niederlage der Achsenmächte im Jahr 1945 verglichen werden kann[21]. Auch der fast zur gleichen Zeit erfolgte Sturz des griechischen Obristenregimes, die Bildung der Linksunion in Frankreich und ihr Beinahe-Wahlsieg sowie die spektakuläre Niederlage der Democrazia Cristiana beim Referendum über die Ehescheidung in Italien hinterließen tiefe Spuren in der öffentlichen Meinung Spaniens. Die nichtfaschistische Rechte begann intensiv nach Alternativen zu Politik der "mano dura" zu suchen, die dem augenfälligen Machtzuwachs der demokratischen Kräfte Rechnung tragen sollten. Ein Ergebnis dieser Suche war die Bildung der "Politischen Vereinigungen" (Asociaciones) noch im letzten Lebensjahr des "Caudillo".

Unter der Oberfläche hatte sich die Politische Kultur Spaniens stärker verändert, als die starren politischen Institutionen und die offizielle Ideologie glauben machen konnten. In den von der Opposition kontrollierten gesellschaftlichen Sektoren (wie z.B. den Gewerkschaften) lernten mehr und mehr Spanier demokratische Normen akzeptieren und anwenden. Die bis jetzt feststellbaren Wandlungsprozesse berechtigten jedenfalls zu der Hoffnung, daß die Zeit der sich unversöhnlich gegenüberstehenden "Zwei Spanien" endgültig zu Ende gegangen ist.

IV. OPPOSITION IN AUTORITÄREN STAATEN ALS POLITISCHE KATEGORIE

Der Begriff "Opposition" als Bezeichnung eines institutionellen Phänomens und darüber hinaus als Kennzeichnung einer Form politischen Verhaltens hat seinen Ursprung in der Geschichte des britischen Parlamentarismus[1]. Auch in anderen parlamentarisch-demokratischen Staaten blieb der Begriff eng mit der Institution Parlament verbunden; die Legitimität seiner Anwendung auf nichtparlamentarische Formen des Konfliktaustrags wurde auch von der Politikwissenschaft vielfach bezweifelt oder erst gar nicht erwogen[2]. Auch nach dem Aufkommen des Terminus "Außerparlamentarische Opposition" gegen Ende der sechziger Jahre haftete noch allen Formen oppositionellen Handelns, dessen Ort nicht die verfassungsmäßigen Institutionen waren, der Ruch des Unechten, wenn nicht gar Illegitimen an. So konnte man sich oft nur schwer entschließen, die illegalen Oppositionsgruppen in autoritären oder faschistischen Staaten auch so zu nennnen, behalf sich im Falle Spaniens mit "Regimegegnern", "Rotspaniern" (ohne indes die Franquisten "Blauspanier" zu nennen) oder schlicht "Kommunisten". So verfehlt es wäre, aus der Terminologie allein schon ein politisches Werturteil oder eine Parteinahme für oder gegen die behandelten Forschungsobjekte - also die autoritären Regimes - herauszulesen, so deutlich ist doch auch die Neigung mancher Autoren, die Selbstdarstellung dieser Regimes als Einheitsfrontstaaten mit breitestem politischen Konsens und ohne nennenswerte Opposition für bare Münze zu nehmen, zumindest aber sie dem eigenen Sprachgebrauch zugrunde zu legen. Ionescu/-Madariaga[3] geben dafür ein Beispiel, wenn sie schon in der Kapitelüberschrift jene autoritären Regimes, deren oppositionelles Potential sie untersuchen, als "oppositionslose Staaten" kategorisieren.

Zweifellos setzt die Anwendung des Begriffs Opposition auf autoritäre Staaten die Aufgabe zahlreicher Kriterien voraus, die für den parlamentarisch-demokratischen Staat konstitutiv sind: Die nicht institutionalisierte (illegale oder bestenfalls geduldete) Opposition hat regelmäßig keine Chance, die Regierung im Wechsel abzulösen, ist ihr, was das Faktische anbetriefft, in keiner Weise ebenbürtig und stimmt mit ihr gerade in den Grundfragen nicht überein[4]. Dennoch erscheint die Verwendung des Oppositionsbegriffs für den autoritären Staat sinnvoll, weil die Opposition auch dort drei grundlegende Kriterien erfüllen muß, die für demokratische wie autoritäre Staaten gleichermaßen Gültigkeit besitzen[5]:

- Sie muß die Funktion einer Interessenvertretung für angebbare soziale Schichten und/oder politische Richtungen übernehmen können.
- Sie muß in zureichendem Umfang die Öffentlichkeit über ihre Ziele und Aktivitäten informieren können, und
- sie muß fähig sein, eine glaubwürdige Alternative zum bestehenden politischen System zu formulieren und darzustellen.

In allen diesen Punkten unterscheidet sich das Konzept der Opposition gegen autoritäre Herrschaft wesentlich von dem des Widerstandes. Da der Streit um die Unterscheidung dieser beiden Begriffe gerade in jüngster Zeit wiederaufgelebt ist und über den rein terminologischen Charakter hinaus zwei antagonistische Positionen in bezug auf die Strategie des Kampfes gegen die Diktatur bezeichnet, soll hier kurz darauf eingegangen werden.

1. Opposition oder Widerstand?

Im herkömmlichen Sprachgebrauch ist Widerstand diejenige politische Handlungsweise, die nicht nur alle politischen und sozialen Zielsetzungen, sondern auch alle Institutionen im autoritären System angreift, also keinen der politischen Kanäle des Systems benutzt bzw. benutzen kann, um die eigenen politischen Inhalte zu transportieren und sich darin legal oder halblegal zu organisieren. Die Unmöglichkeit legalen oder auch nur tolerierten oppositionellen Handelns läßt die Gewaltanwendung zur zentralen Kategorie des Widerstandes werden und u.U. zur einzig massenwirksamen Form der Artikulation systemfeindlicher Auffassungen. Widerstand ist daher die typische Form der politischen Auseinandersetzung in totalitären Regimes, die keinerlei politischen Manövrierraum außerhalb des "offiziellen" Bereichs dulden und in denen eine organisierte Opposition, die über den Rahmen konspirierender Kleingruppen hinausgeht, praktisch inexistent ist.

Opposition setzt dagegen schon eine gewisse Handlungsfreiheit zumindest eines Teils der divergierenden Kräfte voraus. Handlungsfreiheit soll dabei verstanden werden als hinreichende Organisations- und Kommunikationsfähigkeit gegenüber dem Regime, gleichgültig, ob sie im Zuge der Schaffung von Gegenmacht entstanden ist - also gegen den Widerstand des Regimes durchgesetzt - oder vom Regime als "Freiraum" zugestanden wurde; letzteres gewöhnlich im Rahmen einer antizipatorischen Befriedungsstrategie, wie sie z.B. Papadopoulos in Griechenland in der letzten Zeit seiner Herrschaft versuchte[6]. Hndlungsfreiheit divergierender politischer Kräfte stellt sich - insbesondere hinsichtlich der prinzipiellen Ungesichertheit jeglicher politischen "Freiräume" in der Diktatur - u.U. nicht so sehr als eine Frage des Weniger oder Mehr an Legalität dar, sondern des Weniger oder Mehr an Repressionsakten, denen die oppositionellen Organisationen ausgesetzt sind. So waren im Franquismus z.B. stets die Linkskatholiken weniger verfolgt als die Sozialisten, die Sozialisten weniger als die Kommunisten, die Kommunisten weniger als die ETA usw., wiewohl ihnen allen das Merkmal der Illegalität gemeinsam blieb. Ein weiteres Kennzeichen, das Opposition vom Widerstand unterscheidet, ist die Fähigkeit und Bereitschaft der Opposition, in die legalen institutionellen Kanäle des Systems einzudringen und in ihnen Gegenmachtpositionen aufzubauen. Der Franquismus bietet für diese oppositionelle Strategie ein besonders anschauliches Biespiel; ist es doch der demokratischen Opposition gelungen, nach und nach ganze gesellschaftliche Sektoren wie z.B. die Gewerkschaftsorganisation (genauer gesagt, deren untere Ebene) oder die Berufsverbände der Ärzte, Rechtsanwälte etc. der Kontrolle des Systems weitgehend zu entziehen und zu ihrer eigenen Domäne zu machen. Dies setzt freilich voraus, daß die Opposition keine Strategie des totalen Konflikts gegenüber der Diktatur betreibt (d.h. zumindest auf alle Formen des bewaffneten Kampfes verzichtet), sondern dort mit dem Regime kooperiert, wo Kooperation der einzige Weg ist, ihre Basis zu verbreitern[7]. Ausgehend von den Erfahrungen des relativ erfolgreichen Kampfes der spanischen Opposition gegen das Franco-System ist der Ansicht Nikolinakos'[8] nicht zuzustimmen, wonach die Opposition im autoritären Staat nichts weiter zu leisten vermöge als politische Erklärungen abzugeben und damit die fehlende Funktion parlamentarischer Opposition zu erfüllen. Der Widerstand hingegen, den Nikolinakos als einzig effiziente Form des Kampfes ansieht, habe die Pflicht, das gesamte politisch-ökonomische System der Diktatur anzugreifen - andernfalls simuliere auch er die Existenz einer nicht vorhandenen parlamentarischen Opposition. Für den griechischen Widerstand (dem Nikolinakos im übrigen sehr geringe Wirksamkeit bescheinigt) mochte dies zutreffen, zumal das Obristenregime mit Ausnahme des letzten Jahres der Präsidentschaft Papadopoulos' praktisch keine "Risse" in seinem institutionellen System zeigte, auf die der Widerstand "Keile" hätte setzen können. Allerdings ist auch hier zu fragen, ob die geringe Effizienz des griechischen Widerstandes nicht eben darin begründet lag, daß er sich als Widerstand sah und nicht als Opposition, also zu sehr in der Attitüde der Verweigerung verharrte, anstatt alle, auch die geringsten, Möglichkeiten zu legaler oder halblegaler Arbeit auszunutzen und sein Potential auf diesem Wege zu vergrößern. Das Beispiel Spaniens zeigt, daß diejenigen Gruppen, die grundsätzlich alles angreifen und jede Mitarbeit in legalen Organen ablehnen, effektiv am wenigsten erreichten und dem Regime kein nennenswertes Zugeständnis im Sinne ihrer politischen Ziele abzutrotzen vermochten; vielmehr die Repression des Systems gegenüber allen Teilen der Opposition noch verstärkten (dies gilt besonders für ETA und FRAP). Die generelle Unfähigkeit solcher Gruppen, in komplex organisierten Gesellschaften wie der spanischen über reine Widerstandsaktionen hinaus schon in der Diktatur funktionsfähige Strukturen der Gegenmacht aufzubauen, ermöglichte ihnen auch nicht, eine glaubwürdige politische Alternative darzustellen. Sie trugen letzten Endes eher zur Zementierung der autoritären Machtstrukturen bei als zu deren Aufweichung.

2. Das Problem der Semi-Opposition

Die notwendig heterogen zusammengesetzte politische und soziale Basis jedes autoritären Systems erlaubt die Hypothese, daß nach längerem Bestehen dieser Systeme und gewisser Konsolidierung ihrer Macht die Widersprüche innerhalb der tragenden Gruppen des Regimes wieder so weit hervortreten, daß der ursprünglich monolithische Charakter (bzw. Schein) allmählichpluralistischeren Strukturen Platz macht. Dafür spricht nicht nur die Entwicklung in Spanien selbst, sondern auch in vergleichbaren Diktaturen wie Griechenland[9] und Portugal[10]. Selbst bezüglich der faschistischen Systeme in Deutschland und Italien nehmen einige Forscher an, sie hätten sich im Falle längerer Dauer ihres Bestehens den zentrifugalen Tendenzen, die den jeweiligen Machtkoalitionen innewohnten, nicht zu entziehen vermocht[11]. Dabei ist freilich zu berücksichtigen, daß genuin faschistische Systeme, die sich auf Massenmobilisierung stützen, das Ausscheren eines Bestandteils der Machtkoalition, der im Gruppenkampf zu kurz kam, eher vertragen können als autoritäre Systeme vom Schlage der spanischen, portugiesischen oder griechischen Diktatur, deren politische Basis von vornherein schmäler war als die der faschistischen Staaten. Daß die in Spanien 1936-39 formierte Rechtskoalition trotz heftiger Gruppenkämpfe und fortwährender Gewichtsverlagerungen unter den beteiligten Kräften mehr als zwei Jahrzehnte (bis Anfang der sechziger Jahre) ohne Abbröckeln wesentlicher Teile intakt blieb, mag nicht nur an dem Geschick Francos gelegen haben, die einzelnen Fraktionen gegeneinander auszuspielen und keine wirkliche Hegemonie einer dieser Fraktionen über die andere entstehen zu lassen, sondern auch daran, daß der außenpolitische Druck auf das Regime in dieser Zeit alle Rechtskräfte zwang, sich hinter dem Diktator zu scharen und ihre jeweiligen Maximalforderungen zurückzustellen.

Nachdem jedoch die Erosion des Regimes eingesetzt hatte und sich nacheinander die Linkskatholiken, der progressive Klerus, die sozialreformerischen Altfalangisten usw. vom Franquismus abzuwenden begannen, sah sich das Regime der Notwendigkeit konfrontiert, die enttäuschten Fraktionen auf dem Umweg über allerlei Privilegien (nicht zuletzt materieller Natur) von radikalen Positionen abzuhalten. Da man sie trotz ihrer begrenzt regimekritischen Haltung nicht in das übliche Gut-und-Böse-Schema pressen, d.h. nicht kriminalisieren konnte, ohne sie in das Lager der entschiedenen Regimegegner zu treiben, mußte eine politische Grauzone geschaffen werden, in der die gemäßigten Dissidenten relativ unbehelligt operieren konnten, zugleich aber an das Regime gebunden blieben. Zu der Bezeichnung "Opposition" mochte man sich diesen Dissidenten gegenüber nicht bereitfinden, blieb doch das Selbstverständnis des Regimes bis zum Tode Francos durch die Auffassung gekennzeichnet, die bestehenden Institutionen gewährleisteten eine ausreichende politische Repräsentation aller sozialen Schichten. Dafür wurde der Terminus "contraste de pareceres" (Kontrast der Meinungen) eingeführt und auch durch konkrete Zugeständnisse an die Dissidenten ausgefüllt[12], ohne daß deshalb die Fiktion des Fundamentalkonsens unter loyalen und dissidenten Gruppen aufgegeben werden mußte. Der Spielraum für die "kontrastierenden Meinungen" ließ sich dann je nach Bedarf einengen oder ausweiten, da die Verfassung (Ley Organica) von 1966 und die Gesetze weder Versammlungs- noch Koalitionsfreiheit garantieren und auch die "Pressefreiheit" in Fragas Gesetz von 1966 so unklar definiert blieb, daß sie vom Informationsministerium fast beliebig wieder eingeschränkt werden konnte[13]. Versuche der Dissidenten, im Parlament (den Cortes) eine Art rudimentärer parlamentarischer Opposition aufzubauen und der Ständeversammlung damit ein wenig den Charakter des reinen Jasagerparlaments zu nehmen, blieben erfolglos. So wurde z.B der liberale Monarchist Areilza 1970 vor der Wahl des "tercio familiar", der Familienabgeordneten in den Cortes, durch massiven Druck der Behörden veranlaßt, auf seine Kandidatur zu verzichten[14]. Gelegentliche kritische Stimmen zur Wirtschaftspolitik (die meist als verdeckte Attacken auf das Opus Dei fungierten und von Cortes-Prokuratoren (Abgeordneten) wie Labadie oder Fernández-Cantos erhoben wurden) oder zu Minderheitenfragen (für mehr Selbstbestimmungsrechte der Regionen machte sich wiederholt der baskisch-navarrische Prokurator Esperabé stark) konnten dieses Bild kaum verändern.

Dieses politische Mittelfeld, das dem Regime nicht mehr und der authentischen Opposition noch nicht zugerechnet werden kann, bezeichnet Juan Linz[15] als a-legale-Opposition udn definiert sie als "Gruppen, die weder vorherrschend noch an der Regierung beteiligt sind, aber danach streben, an der Macht teilzuhaben, ohne deshalb das Regime in Frage zu stellen." Kennzeichnend für viele dieser Gruppen war, daß sie unabhängig von ihrem jeweiligen politischen Einfluß und ihrer Beteiligung bzw. Nichtbeteiligung an der Regierung zu den wirtschaftlich herrschenden Kräften gehörten und sich für den Fall einer konsequenten Liberalisierungspolitik des Regimes gute Chancen für ihre Rückkehr in die Regierung ausrechnen konnten.

Im Falle Spaniens darf nicht übersehen werden, daß die Existenz der Semi-Opposition für das Regime in gewisser Hinsicht ausgesprochen nützlich war: Dem Regime erlaubte sie, seine "Liberalität" zu demonstrieren[16], und die Sem-Opposition blieb gezwungen, zur Erhaltung ihrer bescheidenen Freiräume weitgehende Rücksichten auf das Regime zu nehmen - Rücksichten, die es ihr erschwerten, sich als konkrete Alternative darzustellen und damit das wesentlichste Kriterium echter Opposition zu erfüllen. "Nicht selten ist eine gewisse Toleranz autoritärer Regimes gegenüber der mehr oder weniger organisierten a-legalen oder Semi-Opposition, eben wegen des Nutzens, den das Regime aus dieser Toleranz zieht. So gesehen, ist die Existenz dieser Opposition bisweilen kein Anzeichen für die Schwäche des Regimes, sondern ganz im Gegenteil ein Beweis seiner Stärke"[17].

Amando de Miguel[18] geht in der funktionalen Kritik der Semi-Opposition noch einen Schritt weiter, wenn er feststellt: "Viele Angehörige der sogenannten inneren oder Semi-Opposition waren erfolgreiche Zuarbeiter für das Überleben des Systems, indem sie fortwährend sehr subtile und begrenzte Wandlungen forderten, die nichts anderes bewirkten als die Verbesserung des Images eines sich langsam differenzierenden politischen Systems." Solche skeptischen Urteile lassen indes allzu leicht übersehen, daß ohne die graduellen Wandlungen im Bewußtsein der Massen und in der politischen Kultur Spaniens, an denen auch die Semi-Opposition nicht unwesentlich beteiligt war, eine gewaltlose Überwindung des Franco-Regimes nicht möglich gewesen wäre.

a) Zur Operationalisierung des Begriffs

Den Vorteilen, die das Konzept bietet, alle Arten von Mißvergnügten, die aus dem autoritären Regime hervorgehen, mit dem Begriff Semi-Opposition zu erfassen, steht die Schwierigkeit gegenüber, den Begriff soweit zu operationalisieren, daß eine Unterscheidung von Opposition und Semi-Oppostion mit ausreichender Schärfe möglich wird. Die Definition von Linz scheint dafür nicht klar genug, besonders hinsichtlich der Aussage, Semi-Opposition stelle das regime grundsätzlich nicht in Frage. Das Feld der Semi-Opposition würde nach dieser Definition zu stark eingeengt und der Begriff uneingeschränkt eigentlich nur noch zur Analyse von Fraktionskämpfen im Lager des Regimes (nicht innerhalb der Regierung!) geeignet. In der vorliegenden Arbeit soll daher von dem etwas weiter gefaßten Konzept ausgegangen werden, das Manuel Ramirez-Jiménez[19] vorgelegt hat. Danach setzt sich Semi-Opposition zusammen aus:

- Gruppen im Regime, die entgegen der Mehrheit eine bestimmte Politik fordern (z.B. mehr Verstaatlichungen oder mehr Wirtschaftsliberalismus);
- Gruppen, die noch der politischen Elite angehören, aber weiterreichende Ziele als das Regime verfolgen (z.B. Ablehnung der Diktatur als Dauerzustand und Forderung des Rückgangs auf frühere Herrschaftsformen (Katholiken), oder Fortsetzung der nationalsyndikalistischen "Revolution" (Falangisten);
- Gruppen oder Personen, die sich ursprünglich mit dem Regime identifizierten, aber wegen zu weitgehender evolutionärer Vorstellungen in seinem Establishment nicht mehr vertreten sind (z.B. die linkskatholische Fraktion Ruiz-Giménez).

Die Beschäftigung mit den Kräften der Semi-Opposition bedeutet keineswegs, daß in ihr eine eigenständige ideologische Qualität oder gar ein "dritter Weg" zwischen Autoritarismus und Demokratie zum Ausdruck kommt. Es darf nicht übersehen werden, daß große Teile dieser politischen Gruppierungen eher durch Opportunismus gekennzeichnet waren als durch eine verbindliche Ideologie. Das Schwergewicht unserer Darstellung wird deshalb auch auf den eigentlichen Triebkräften der politischen Entwicklung in Spanien liegen und nicht auf den Gruppen, die sich den vorherrschenden Tendenzen nur mehr oder weniger gut anpaßten.

3. Typologien der Opposition

Für die typologische Einteilung des gesamten oppositionellen Spektrums bietet sich zunächst das Verfahren des Aufgliederns nach der ideologischen Ausrichtung an, wie es z.B. Sergio Vilar[20] vorschlägt, also nach den vier großen politischen "Familien" Kommunisten, Sozialisten, Sozialdemokraten und Christdemokraten. Dieses Verfahren wird der komplexen Struktur der spanischen Opposition jedoch nur sehr begrenzt gerecht, weil es auf Parteien zugeschnitten ist und den Ort bzw. Umfang der Konfrontation mit dem Regime nicht ausreichend berücksichtigt bzw. zu stark an theoretischen Fragestellungen mißt.

Als historisch überholt darf auch die von Semprun[21] eingeführte, zweifache Unterscheidung zwischen innerspanischen Kräften und oppositionellen Organisationen im Exil gelten, sowie zwischen den traditionellen politischen Gruppierungen, die die Zeit des Bürgerkrieges beherrschten, und der sogenannten "Neuen Opposition". Semprun konstatiert selbst, daß die Abgrenzung zwischen Gruppen, die im Landesinneren, und solche, die im Exil arbeiteten, immer schwieriger wurde, weil es nur noch wenige Oppositionsparteien gab, die nicht auf beiden Sektoren arbeiteten.

Eine Einstellung, die auch die Semi-Opposition berücksichtigt und die Reichweite oppositionellen Handelns zum Hauptkriterium macht, findet sich bei Matínez-Cuadrado[22]:

1. Dissidente Opposition: Sie wird von Kräften gebildet, die entweder früher an der Macht teilhatten oder künftig daran teilzunehmen hoffen, ohne tiefgreifende institutionelle Wandlungen durchführen zu wollen.
2. Diskrepante Opposition: Die Diskrepanz betrifft einige grundlegende Fragen des politischen Systems, erstreckt sich aber nicht auf dieses insgesamt.
3. Demokratische Opposition: Sie will auf friedlichem Wege ein repräsentativ-demokratisches System etablieren (Martínez-Cuadrado zählt hierzu auch die Sozialisten und, mit Einschränkungen, die Kommunisten).
4. Revolutionäre Opposition: Sie zielt auf die revolutionäre Umgestaltung von Staat und Gesellschaft. Martínez Cuadrado nennt u.a. die ETA.

Bezieht Martínez-Cuadrado bereits die Semi-Opposition in seine Typologie ein, so geht Morodo[23] noch einen Schritt weiter und faßt als Opposition auch diejenigen Kräfte, die das System von rechts angreifen. "System" steht bei Morodo allerdings nicht nur für die politischen Institutionen der Diktatur, sondern für die gesamte politische und soziale Struktur Spaniens:

1. Opposition gegen die Regierung:
   - Der extreme Rechtsblock um Blas Piñar u.a., der die Restauration eines klassischen faschistischen Systems betreibt.
   - Die von der Expansion des Opus Dei und der Technokraten besonders stark betroffenen Altfalangisten.
   - Die rechtskonservativen Katholiken, die sich wegen ihrer aussichtslos gewordenen Position aus dem Kabinett zurückzogen (z.B. Silva Muñoz) und, teils von der Kirche unterstützt, kritische Haltungen einnahmen.
2. Opposition gegen das Regime: Sie umfaßt alle, die sich gegen die politische und soziale Struktur des Regimes wenden und bereit sind, demokratische Spielregeln zu akzeptieren (Kommunisten, Sozialisten, Linkskatholiken und Liberale).
3. Opposition gegen das System: Hierzu zählt Morodo alle Gruppen, die eine evolutionäre Strategie auch zeitweilig ablehnen und auf Gewalt und bewaffneten Kampf setzen (ETA, FRAP, Trotzkisten).

Freilich scheint auch diese Einteilung noch stark an dem traditionellen Begriff des "Politischen" orientiert, obwohl sie nicht mehr ausschließlich auf Parteien und Ideologien fixiert ist.

Die Erfassung aller Erscheinungsformen der spanischen Opposition setzt voraus, von den traditionellen politischen Subjekten wie Parteien teilweise abzugehen, weil sonst solche zentralen politischen Phänomene des Kampfes gegen die Diktatur wie die Arbeiterkommissionen oder der progressive Klerus nicht einbezogen werden können. Die Entwicklung solcher selbstorganisierten Gruppen ist zwar in Spanien relativ weit fortgeschritten, aber keineswegs ein besonderes Charakteristikum der spanischen Situation. Sie entspricht vielmehr dem auch anderswo zu beobachtenden Prozeß, daß immer mehr Bestandteile des produktiven wie des reproduktiven Sektors von allmählich breiter werdenden Teilen der Gesellschaft als fremdbestimmt erkannt und zu ändern gesucht werden - wobei dem Prozeß der Selbstorganisation meist die Erkenntnis vorausgeht, daß die traditionellen politischen Kräfte (also vornehmlich die Parteien) die Vertretung bestimmter emanzipatorischer Interessen nicht übernehmen können. Die spanische Situation zeigte nur insoweit eine gewisse Besonderheit, als die Parteien größere Anstrengungen als anderswo unternahmen, um die autonomen Bewegungen zu integrieren, nachdem sie sie als zentrale Komponenten des Kampfes gegen die Diktatur erkannt hatten. Ob diese partnerschaftliche Haltung der Parteien gegenüber den autonomen Organisationen (allen voran die Arbeiterkommission) nach Etablierung eines demokratischen Systems andauern wird, bleibt abzuwarten.

Unter Berücksichtigung dieser Gesichtspunkte soll im weiteren nach diesem typologischen Schlüssel verfahren werden:

- Demokratische politische Parteien (Kommunisten, Sozialisten, Christdemokraten)
- Autonom organisierte Bewegungen (Arbeiterkommissionen, Stadtteilkommissionen usw.)
- Ethnozentrisch organisierte, nach regionaler Autonomie strebende Gruppen
- Der fortschrittliche Teil des Klerus.

Die studentische Opposition wird nicht als gesonderte Kategorie behandelt, da in ihr grundsätzlich dieselben politischen Kräfte wirken wie in anderen sozialen Schichten.

V. POLITÖKONOMISCHE KONDITIONEN DER OPPOSITION IM AUTORITÄREN STAAT

Die Wirksamkeit oppositioneller Politik im autoriären Staat (vor allem hinsichtlich ihrer Mobilisierungsfähigkeit) hängt wesentlich von zwei Faktoren ab: einmal von der Fähigkeit der Opposition, "hautnah" entlang der von den sozio-ökonomischen Randbedingungen geprägten Bedürfnisstrukturen der Massen operieren zu können, und zweitens vom Umfang der Repressionen des Systems, wobei die Repressionsbereitschaft (nicht die Repressionskapazität!) ihrerseits von denselben sozio-ökonomischen Bedingungen bestimmt wird. Ein Abriß der wirtschaftlichen und demographischen Entwicklung in Spanien seit dem Ende des Bürgerkrieges soll dazu dienen, die Kraftlinien in diesem Bezugssystem nachzuzeichnen.

Die in Spanien besonders deutlich unterscheidbaren Phasen der ökonomischen und sozialen Entwicklung seit dem Beginn der Diktatur haben jeweils neue und eigenständige Formen der politischen Opposition hervorgebracht, ja, die Politik der maßgeblichen oppositionellen Organisationen geradezu vorgeprägt. Mit dieser Aussage soll keiner "vulgärmarxistischen" direkten Ableitung aller polititischen Strukturen aus der Ökonomie das Wort geredet werden. Es ist jedoch offenbar, daß keine große oppositionelle Organisation es sich erlauben konnte, die von den ökonomischen Gegebenheiten vorgezeichneten Formen politischen Handelns zu mißachten, ohne zur Bedeutungslosigkeit herabzusinken. Die Widerstandsfähigkeit und das Überleben solch großer Organisationen wie der Kommunistischen Partei, auch nach 40 Jahren gnadenloser Verfolgung, und das Auftauchen neuer politischer Kräfte (wie z.B. dem PSP) sind wesentlich als Folge der Wandlungsfähigkeit dieser Gruppen in bezug auf ihre politische Strategie zu interpretieren. Mit dieser Überlegung ist auch der Stellenwert vorgezeichnet, den der "subjektive Faktor", das voluntaristische Potential innerhalb der Oppositionsgruppen erhält. Sie macht erklärbar, warum z.B. eine der größten udn einflußreichsten politischen Bewegungen der Zeit vor dem Bürgerkrieg, der Anarchosyndikalismus, schon im ersten Jahrzehnt der Diktatur zu einer bedeutungslosen Sekte herabsank. Nicht etwa, weil seinen Militanten Enthusiasmus und Opferbereitschaft gefehlt hätten, sondern weil seine Organisationen - im wesentlichen die CNT - sich unfähig erwiesen, ihre Aktionsformen den Realitäten anzupassen und damit ihre politische Ziele vermittelbar zu machen. Geschichte und Phänomenologie der Opposition gegen den Franquismus sollen, ausgehend von dieser Hypothese, in drei großen Hauptetappen nachgezeichnet werden (1939-1950, 1951-1959 und 1959-1975).

1. 1939-1950: Alles oder Nichts?

a) Rückgang der Produktion

Wie nach ihrem dreijährigen "Kreuzzug" gegen die Republik nicht anders zu erwarten, standen die neuen Machthaber 1939 vor dem Trümmerhaufen der spanischen Wirtschaft. Alle wirtschaftlichen Sektoren waren von den Zerstörungen des Krieges gleichermaßen erfaßt worden und sanken in ihrer Produktion weit hinter den Vorkriegsstand zurück. Die Industrieproduktion betrug nur noch 72,3 % des Standes von 1929; das Pro-Kopf-Einkommen sogar nur 66,8 %[1]:

Indikatoren des wirtschaftlichen Niedergangs durch den Krieg (1929 = 100)

	1935	1939
Industrieproduktion	103,3	72,3
Agrarproduktion	97,3	76,7
Globales Nationaleinkommen	100,3	73,5
Pro-Kopf-Einkommen	94,6	66,8

Besonders schwer getroffen war die Industrieproduktion, weil fast alle großen Industriezentren (vor allem Katalonien, das Baskenland und der Großraum Madrid) zugleich Hauptkriegsschauplätze gewesen waren. Bestimmte Kreise der Ultrarechten setzten sich sogar für eine gezielte Reduzierung der Industrieproduktion ein[2], konnten sich mit solchen Entindustrialisierungsvorstellungen jedoch nicht gegen den rasch erstarkenden Unternehmerflügel im "Movimiento" durchsetzen, der sich um Demetrio Carceller und Juan March sammelte[3] und schon in den ersten Kabinetten Francos nach Kriegsende mit Ministern wie Arburúa, Peña Boeuf, Cavestany und Suanzes solide Repräsentation erlangte. Auch der Industriefraktion blieb zunächst freilich nicht viel mehr, als die Verwaltung des Mangels zu organisieren; das anvisierte Wiederaufbauprogramm, für dessen Realisierung man auf die Hilfe der Achsenmächte gesetzt hatte, machte wegen der Ausdehnung der Kriegshandlungen auf ganz Europa seit 1939 kaum Fortschritte. Das Außenhandelsvolumen sank auf weniger als die Hälfte des Standes von 1935 und erreichte den Vorkriegsstand erst wieder in den fünfziger Jahren[4]:

Auswirkungen der Kriegszeit und des internationalen Boykotts auf den spanischen Außenhandel:

Jahr	Index des Exportvolumens	Index des Importvolumens
1935	100	100
1941	46	45
1945	68	47
1948	73	70
1950	98	64

Zu den Kriegszerstörungen, die neben den Produktionsstätten selbst natürlich auch das Transport- und Nachrichtenwesen schwer betroffen hatten, gesellte sich schon bald ein spürbarer Mangel an Fachkräften. Vor allem unter den mehr als 500.000 Republikanern, die bei Kriegsende ins Exil gingen, befanden sich zahlreiche Angehörige der technischen Intelligenz. Am deutlichsten wurde dieser Mangel im Bildungswesen: So fehlten z.B. in den nordspanischen Provinzen durchschnittlich 60 % der Lehrer; in Asturien, Aragon und in der Provinz Salamanca waren nicht weniger als 50 % von ihnen als Republikaner erschossen worden[5]. Die Lehrkörper der beiden wichtigsten Universitäten, Madrid und Barcelona, hatten praktisch in ihrer Gesamtheit Spanien verlassen[6].

Die Entindustrialisierungstendenz spiegelte sich deutlich in der Verteilung der aktiven Bevölkerung in den Wirtschaftssektoren wider. Nach einem kontinuierlichen Anstieg der Zahl der in der Industrie Beschäftigten seit 1910 war deren Anteil 1940 gegenüber dem Jahr 1930 um knapp 5 % zurückgegangen, während gleichzeitig der Anteil der in der Landwirtschaft Beschäftigten um 5 % anstieg[7].

Verteilung der aktiven Bevölkerung nach Sektoren in %

Jahr	Landwirtschaft	Industrie	Dienstleistungen
1910	66	16	18
1920	57	22	21
1930	45,5	26,5	28
1940	50,5	22	27,5

Vom allgemeinen Niedergang wurden indessen nicht alle Branchen der Industrie gleichermaßen erfaßt. Das Autarkiestreben der Falangisten, die Forderung der Militärs nach einer leistungsfähigen nationalen Rüstungsindustrie und der Ausbau des Eisenbahnwesens[8] bewirkte eine relativ gute Auslastung der Kapazitäten in bestimmten schwerindustriellen Bereichen. So stieg z.B. die Kohleförderung von einem Jahresmittel von 6,93 Millionen Tonnen im Zeitraum 1931-1935 auf 10,9 Millionen im Zeitraum 1940-1945[9]; die Erzeugung elektrischer Energie wurde von 2.801 Millionen kWh 1936 auf 3,95 Millionen kWh 1940 gesteigert[10].

b) Absinken des Lebensstandards

1939 begann für Spanien jenes Jahrzehnt, das man heute als "los años del hambre" (die Hungerjahre) bezeichnet. Der Mangel war allgemein und drückend, er zwang vor allem die Massen der Arbeiter und Angestellten dazu, noch weit unter dem zu leben, was Broué/-Témime[11] in bezug auf die Lebensverhältnisse der Vorkriegszeit das "standardisierte Elendsniveau" nennen.

Zehntausende verließen die Städte, die sie nicht mehr ernährten, und suchten wieder Arbeit und Brot auf dem Land. Sie fanden meist keines von beidem: Die Grundbesitzer hatten in allen Gebieten, die von der Agrarreform der Republik betroffen waren, eine wahre "Gegenreform" eingeleitet, deren kaum verhüllter Rachecharakter zum teilweisen Zusammenbruch der landwirtschaftlichen Produktion führte[12]. Der daraus entstehende schwere Mangel an Lebensmitteln begünstigte die Ausbreitung des "estraperlo", des schwarzen Marktes, dessen Phantasiepreise für Agrarprodukte noch mehr an den schmalen Börsen der arbeitenden Bevölkerung zehrten[13].

Wie wir gesehen haben, sank das gesamte Nationaleinkommen von 1936-1939 um 27 %. Von dem solchermaßen um mehr als ein Viertel geschrumpften Kuchen schnitten sich die Sieger des Bürgerkrieges jedoch ein ebenso großes Stück ab wie vor dem Krieg: Während die Löhne noch lange Zeit nach Kriegsende per Gesetz auf dem Stand von 1936 fixiert blieben, waren die Lebenshaltungskosten auf fast das Doppelte gestiegen[14].

Diese, unter ungeheuren sozialen Kosten erzwungene Mehrwertschöpfung ermöglichte zwar den Kapitaleignern jene bescheidene Akkumulation, die Voraussetzung für die rasche ökonomische Entwicklung seit Ende der vierziger Jahre war (soweit sie nicht in den Konsum ging), sie verschärfte aber den Klassengegensatz noch weit über das Maß der Vorkriegszeit hinaus. Das erklärt, weshalb die Sieger nicht an Aussöhnung mit ihren Gegnern denken durften. Über den bloßen militärischen Sieg, die Vernichtung der Republik hinaus sahen sie sich von Anfang an gezwungen, die Bevölkerung in eine rechtlich-polizeiliche Zwangsjacke zu schnüren und auch die geringste abweichende Haltung zu kriminalisieren.

c) Der Repressionsapparat

ca) Justizwesen

Gemäß dem autoritären Selbstverständnis des "neuen Staates" wurden zunächst alle

Parteien und Gewerkschaften der Republik verboten und die Zugehörigkeit zu ihnen unter Strafe gestellt (im "Gesetz über die politischen Verantwortlichkeiten" vom Sommer 1939). Die Exekution wurde dem "Nationalgericht in Sachen der politischen Verantwortung"[15] übertragen, dem Grundstock einer allmählichen sich immer weiter verzweigenden, teils zivilen und teils militärischen Sondergerichtsbarkeit[16]. Den bis dahin mit provisorischen Kriegserlassen arbeitenden Militärgerichten wurde 1943 die "Ley sobre Rebelión Militar" (Gesetz über Militärrebellion) und 1945 der "Codigo de Justicia Militar" (Militärgesetzbuch) in die Hand gegeben[17].

Beide Gesetze hatten die Funktion, die Zuständigkeit der Militärjustiz in politischen Strafsachen auch über das Ende des Bürgerkrieges hinaus festzulegen. 1947 - acht Jahre nach dem Ende des Krieges! - wurde vom Staatschef schließlich das berüchtigte "Decreto-Ley de Represión del Bandidaje y Terrorismo" erlassen, das allmählich zum Hauptinstrument der juristischen Repression wurde[18]. Von bloßen regimekritischen Äußerungen bis hin zum Streik konnte mit diesem Gesetz fast jede oppositionelle Regung erfaßt werden. Schon in der Präambel heißt es bezeichnenderweise: "Die Vergehen des Terrorismus und des Banditentums, die die schwersten Arten von Vergehen der Nachkriegssituation darstellen, erfordern spezielle Maßnahmen der Unterdrückung, deren Schwere den Vergehen entspricht, die sie zu bekämpfen suchen..."[19].

Angedroht werden die Todesstrafe und langjährige Gefängnisstrafen (bis zu 30 Jahren). Die schlimmsten Auswüchse dieses Gesetzes (z.B. bei der Verfolgung von Streiks) wurden erst bei einer Novellierung im Jahr 1960 beseitigt. Die hohen Strafen blieben jedoch unverändert: So wurde u.a. 1963 das kommunistische ZK-Mitglied Grimau damit zum Tode verurteilt und hingerichtet, 1975 - kurz vor Francos Tod - fünf linksextreme Regimegegner. Gefängnisstrafen bis zu 20 Jahren wurden noch bis 1975 für oppositionelle Tätigkeit verhängt (z.B. gegen Marcelino Camacho). Die Regierung Arias, letzte der Diktatur und erste der Monarchie, machte auch 1976 noch keine Anstalten zur Aufhebung dieses wahrhaft terroristischen Gesetzes.

cb) Polizei und Armee

Parallel zum Justizwesen vollzog sich der Aufbau eines praktisch unüberwindlichen bewaffneten Machtapparates. 1946 setzte er sich folgendermaßen zusammen:

- Die reguläre Armee umfaßte 500.000 Mann, darunter rund 300.000 ausländische Freiwillige, die als besonders zuverlässig galten[20]. Die Angehörigen der Streitkräfte - auch der Guardia Civil - hatten Vorrang bei der Lebensmittelzuteilung sowie der Kleidungs- und Wohnraumbeschaffung.
- Die Guardia Civil zählte 112.000 Mann, die der Diktatur ebenfalls bedingungslos ergeben waren[21].
- Die politische Polizei umfaßte etwa 8-10.000 Mann und war hervorragend ausgebildet (besonders diejenigen Abteilungen, die der Direccion General de Seguridad

unterstellt waren).
Diese bewaffneten Formationen verfügten zusammen über 62 % des Staatshaushaltes; die Kredite für das gesamte Polizeiwesen waren 1946 höher als die Budgets der Ministerien für Landwirtschaft, Industrie und Handel zusammengenommen[22].

Hinzu kamen spezielle Verbände bewaffneter Falangisten, die sogenannten Brigadillas de la Guardia Civil, die nach eigenem Ermessen Regimegegner terrorisieren und, wie häufig geschehen, ungestraft töten konnten. Sie wurden unterstützt von den Servicios de Investigación Falangistas, einer Spitzelorganisation, die Daten zur zentralen Registrierung verdächtigter Personen sammelte.

Alles in allem verfügte Franco am Ende des 2. Weltkrieges über einen Gewaltapparat, der stärker war als je zuvor und der es ihm erlaubte, umstürzlerischen Aktivitäten mit größter Gelassenheit entgegenzusehen. Die Unüberwindlichkeit dieses Apparates war es schließlich, die die Opposition veranlaßte, Strategien zu konzipieren, in denen jede Konfrontation mit der bewaffneten Macht ausgeschlossen oder zu vermeiden gesucht wurde.

d) Die Strategie der Opposition

da) Der Beginn der Illegalität

Von den maßgeblichen politischen Organisationen der Republik hatte es mit Ausnahme der Kommunisten keine verstanden, vor dem Fall Madrids und der restlichen republikanischen Zone rechtzeitig einen "Apparat" einzurichtne, der unter den Bedingungen der Illegalität sofort hätte weiterarbeiten können. Dies trifft in besonderem Maße auf die bürgerlichen republikanischen Parteien (z.B. ARDE), aber auch auf den dem Trotzkismus nahestehenden POUM (Partido Obrero de Unificación Marxista) zu. Diesen Parteien ist es nach dem Bürgerkrieg nicht mehr gelungen, überhaupt wieder in Spanien Fuß zu fassen; sie sanken zu reinen Exilparteien herab. Die fehlende Basis im Inneren führte diese Parteigruppen bald dazu, die fiktive Weiterexistenz der Republik und ihrer Institutionen mit besonderem Eifer darzustellen. Auch die Sozialisten hatten nach dem 1. April 1939 - dem Ende des Bürgerkriegs - jede Verbindung mit ihren im Innern verbliebenen Kadern verloren; es gelang ihnen erst Anfang der 40er Jahre, einige Kontakte von Südfrankreich aus wiederherzustellen, ohne jedoch einen wirklichen illegalen Apparat aufbauen zu können. Es waren überwiegend Jugendliche, die unter der Bezeichnung "Movimiento Socialista" in einigen Städten arbeiteten und in lockerer Beziehung zu der im Vichy-Frankreich ebenfalls verfolgten PSOE-Organisation standen. Diese Gruppen wurden 1942 von der Polizei zerschlagen, womit erneut jeglicher Kontakt mit dem Exil verloren ging. Erst 1944 konnt die PSOE-Führung wieder einige Kader im Innern sammeln[23]. Die einzigen Kräfte, die noch Reste eines einsatzfähigen Apparates mit Verbindungen zum Ausland besaßen, waren Kommunisten und Anarchisten. Zwischen ihnen kam es allerdings in den ersten Jahren des Franco-Regimes zu keiner Zusammenarbeit, da beide Gruppen sich infolge des Putsches der von den Anarchisten unterstützten Junta Casado in den letzten Kriegstagen in tiefer Feindschaft gegenüberstanden[24]. Dies änderte sich erst beim Wiederaufleben der Guerilla im Jahr 1942, der sich auch die noch übriggebliebenen Reste der CNT-Organisation anschlossen.

db) Verzweiflungsaktionen

Die Reste der organisierten demokratischen Opposition sahen sich im ersten Jahrzehnt nach dem Bürgerkrieg einer sozialen und politischen Situation gegenüber, die nicht als veränderbar gelten konnte. Das erwirtschaftete Mehrprodukt war so gering, daß die herrschenden Klassen sich zu seiner Aneignung jeder denkbaren Brutalität bedienen mußten und selbst damit kaum ihren sozialen "Status quo" halten konnten. Jeder Versuch, eine auch nur geringfügige materielle Besserstellung der hungernden Unterschichten zu erreichen, mußte eine unmittelbare Schlechterstellung der besitzenden Schichten bedeuten. Verteilungskämpfe fanden nicht statt, weil es praktisch kein Wachstum gab. Jede oppositionelle Regung mußte den Herrschenden unter diesen Umständen als Versuch erscheinen, ihnen die ganze Macht zu entreißen. Dieses Alles-oder-Nichts-Denken schlug sich auch in den Aktionen der Opposition nieder. Es ging bei Widerstandsaktionen niemals um die Durchsetzung dieser oder jener ökonomisch-politischen Einzelforderungen, sondern stets um das politische und soziale System als Ganzes. So stellte die Politik der Opposition insgesamt den Versuch dar, den Bürgerkrieg nach seinem formalen Ende mit verzweifelten Mitteln doch noch zu gewinnen. Viele der in diesen Jahren durchgeführten Widerstandsaktionen erwiesen sich schon auf den ersten Blick als wahnwitzig; sie waren eher Dokumente der individuellen Verzweiflung ihrer Urheber, denn Bestandteile eines strategischen Konzepts. Stellvertretend für viele dieser Aktionen seien hier zwei Beispiele wiedergegeben:

- 1939 wollte in Barcelona eine Gruppe von 35 halbwüchsigen Jungen und Mädchen der Juventudes Socialistas Unificadas (JSU) "ein Signal setzen", indem sie den berüchtigten Militärrichter Gabaldón ermordeten. Sie wurden alle 35 gefaßt und erschossen[25].
- 1941 plante eine Gruppe Madrider Studenten, etwa 1.000 Bewaffnete zusammenzubringen und damit einige strategisch wichtige Punkte der Stadt zu besetzen. Man wollte versuchen, sich dort 24 Stunden zu halten, in der Hoffnung, die Bevölkerung werde sich der Revolte anschließen. Das Vorhaben wurde aufgegeben, nachdem die meisten seiner Urheber durch Denunziation der Polizei in die Hände fielen[26].

Im gewerkschaftlichen Bereich sah es nicht viel anders aus. Sofern Arbeitskämpfe überhaupt zustande kamen, hatten sie mehr politischen als ökonomischen Charakter. Sie flammten plötzlich und unerwartet auf, verliefen (auf beiden Seiten) äußerst gewalttätig und versanken nach kurzer Zeit wieder in Totenstille - bis zum nächsten Konflikt. Als Beispiel dafür mag der 1947 vom PSOE und der UGT organisierte Streik im Baskenland gelten, der in der Provinz Vizcaya rund 75 % der Arbeiter erfaßte und mehrere Wochen andauerte, aber keines seiner eigentlichen Ziele erreichte[27].

dc) Die Guerrilla

Seinen deutlichsten Ausdruck fand das Alles-oder-Nichts-Denken, die Hoffnung, den Krieg auf wunderbare Weise doch noch gewinnen zu können, in der Guerilla, die die Kommunistische Partei seit 1942 - nach der Landung der Alliierten in Nordafrika - in größerem Umfang organisierte. Die PCE-Führung ging zunächst von der Erwartung aus, Franco werde doch noch in den Krieg gegen die Alliierten eintreten, für diesen Fall sollte die Guerrilla in Spanien ähnliche Funktionen im Vorfeld offener Kriegshandlungen übernehmen wie die Résistance in Frankreich. Bestimmten Berichten zufolge soll die spanische Guerrilla von Großbritannien zeitweilig aus der Luft mit Material versorgt worden sein; nachweisen läßt sich das allerdings nicht. Die bloße Existenz der Guerrilleros war für Großbritannien allerdings insoweit von Vorteil, als diese für Franco einen Unsicherheitsfaktor darstellten, der ihm den Entschluß zur Neutralität zweifellos erleichterte. Bei einem Kriegseintritt auf Seiten der Achsenmächte hätte er mit starker Zunahme der Guerrilla-Kampftätigkeit rechnen müssen, wodurch ein Großteil seiner Streitkräfte paralysiert worden wäre.

Der Schwerpunkt der Guerrillakämpfe lag jedoch nicht im 2. Weltkrieg, sondern erst in den Jahren 1945-46, als man hoffte, die Alliierten und die UN zur Intervention gegen Franco zwingen zu können. Die 8.275 registrierten Aktionen der Guerrilleros im Zeitraum 1943-51 verteilen sich wie folgt:

Jahr	Zahl der Überfälle	Verluste der Guerrilleros
1943	929	332
1944	1.069	450
1945	1.181	680
1946	1.558	963
1947	1.463	1.107
1948	1.030	826
1949	574	534
1950	250	255
1951	194	236

Die Guardia Civil verzeichnete in diesem Zeitraum 256 Tote. Als Helfer der Guerrilleros wurden 19.407 Personen festgenommen[28]. Das Hauptziel der Guerrilleros - eine Verbindung des Kampfes in den Bergen mit großangelegten Streikbewegungen in den Städten herzustellen - konnte zu keinem Zeitpunkt erreicht werden, da die Arbeiter gegenüber der

Guerrilla indifferent blieben und in den Fabriken noch kaum neue Kader gebildet waren[29].

Nach der milden UN-Resolution von 1947, in der Franco nicht unmittelbar bedroht wurde, und der zunehmend profranquistischen Haltung der USA flaute die Kampftätigkeit ab, um 1951 ganz aufzuhören.

Die Einstellung der Guerrilla erfolgte auf sowjetischen Druck hin. Santiago Carrillo berichtet von einer Zusammenkunft mit Stalin im Jahr 1948, bei der dieser der PCE-Delegation "vorschlug", die Guerrilla aufzugeben und in den faschistischen Gewerkschaften und Massenorganisationen zu arbeiten - für die PCE-Funktionäre, auch aus dem Munde Stalins, damals ein ungeheuerlicher Vorschlag[30]. Immerhin hatte Stalin richtig erkannt, daß mit dem Beginn des Kalten Krieges mit einer Intervention der Westmächte in Spanien nicht mehr zu rechnen war und die Vereinigten Staaten an "stabilen" Verhältnissen in Spanien hinfort stärker interessiert waren als an demokratischen. Der PCE folgte dieser Erkenntnis erst spät, aber dafür gründlich.

Es wäre verfehlt, dem PCE wegen der zu langen Fortsetzung des bewaffneten antifaschistischen Kampfes Analyseunfähigkeit anzulasten. Wie wir gesehen haben, war unter den gegebenen politischen und ökonomischen Umständen die ausländische Intervention (an die andere Exilparteien noch Jahre danach glaubten), verbunden mit einem Aufstand im Inneren, zumindest bis 1947 der einzig vorstellbare Weg zum Sturz der Diktatur in einer völlig starren und unbeweglichen innenpolitischen Situation. Es darf aber nicht übersehen werden, daß die Guerrilla andererseits dazu beitrug, jene Bürgerkriegsatmosphäre zu konservieren, die sich für die Politik des Regimes als so nützlich erwies.

2. 1951-1959: Der wirtschaftliche Take-Off

a) Das Ende der Ökonomie des Mangels

Nach rund zehn Jahren des Mangels und der Hoffnungslosigkeit bahnte sich gegen Ende der vierziger Jahre der erste größere Wendepunkt in der ökonomischen und politischen Geschichte des Franquismus an. Die wirtschaftliche Erstarrung in der ersten Dekade des Franco-Regimes begann sich zu lösen; demographische Wandlungen großen Umfangs ermöglichten neue Analysen der sozio-ökonomischen Entwicklung und damit - zunächst noch zaghaft - neue Strategien der politischen Opposition; eine Reihe großer Streikbewegungen unterbrach die Friedhofsruhe, die bis dahin geherrscht hatte.

Die allmähliche Lockerung der ausländischen Boykottmaßnahmen seit 1948 und erste Kredite (insbesondere aus dem peronistischen Argentinien) kamen vor allem der Industrie zugute, deren Produktion 1949 erstmals wieder den Vorkriegsstand (1935) erreichte. Die Agrarproduktion erholte sich etwas langsamer und erreichte den Vorkriegsstand - nach zwei ungewöhnlich guten Ernten - erst wieder 1952[31]. Das neue Kabinett, das nach den Streikbewegungen von 1951 gebildet wurde, lockerte die seitherige Autarkiepolitik etwas, ohne indessen ganz von ihr abzugehen. Die guten Ernten von 1951 und 1952 erlaubten eine Liberalisierung des Marktes (Aufhebung der Lebensmittelrationierung 1951) und führten zum Entstehen zahlreicher neuer Klein- und Mittelbetriebe, da die steigenden Agrarexporte erstmals wieder nennenswerte Devisenmengen ins Land brachten[32].

b) Form und Umfang staatlicher Akkumulation

In klarer Erkenntnis, daß das nationale Unternehmertum zu schwach und zu risikoscheu war, um eine verstärkte Industrialisierung Spaniens aus eigener Kraft zustande zu bringen, hatte der falangistische Flügel des Regimes schon im Jahr 1941 die Gründung des Instituto Nacional de Industria (INI) durchgesetzt. Es war dem italienischen Istituto per la Ricostruzione Industriale (IRI) nachgebildet und wurde nach und nach zum zentralen Faktor der spanischen Wirtschaft. Seine vorrangige Aufgabe bestand darin, diejenigen Industrien aufzubauen, die das Privatkapital wegen ihres enormen Kapitalbedarfs nicht errichten konnte (die Schwerindustrie im allgemeinen und bestimmte Fortschrittsindustrien), aber auch die Übernahme von Industrien, die nicht mehr oder noch nicht profitabel waren (wie z.B. der Kohlebergbau) und sich deshalb außerhalb der Interessen- (sprich Investitions-)sphäre der privaten Anleger befanden. Auch solche nicht profitablen Ausgaben wie die für wissenschaftliche Forschung[33] oder Langzeitinvestitionen, deren Rentabilität erst lange nach der Inbetriebnahme erreicht wird, z.B. Energieversorgung, überließ das spanische Privatkapital gerne dem Staat, um sie dann, wenn sie rentabel geworden waren, wieder zu reprivatisieren[34]. Vor allem in den fünfziger Jahren beherrschte das INI unangefochten solche zentralen ökonomischen Sektoren wie Stahlerzeugung, Petrochemie, Verkehrswesen, Schiffbau u.a.m.; sein Anteil am Gesamtkapital aller industriellen Gesellschaften Spaniens soll zeitweilig bis auf 1/4 gestiegen sein[35], um später wieder abzusinken. So liegt die Bedeutung des INI, das in der legitimatorischen Rhetorik des Regimes stets einen hervorragenden Platz einnahm und als Paradepferd franquistischer Entwicklungspolitik galt, weniger in dem prozentualen Anteil der von ihm kontrollierten Unternehmen am Bruttosozialprodukt, als vielmehr in seiner allgemeinen Schrittmacherfunktion für die spanische Industrie. Unter diesem Gesichtspunkt müssen auch die Warnungen liberaler Kritiker des INI vor einer Überschätzung seiner Funktion gesehen werden:

"Der Umfang der INI-Beteiligung an der Gesamtheit industrieller Investitionen war eher bescheiden im Vergleich zu öffentlichen industriellen Investitionen in anderen europäischen Ländern. Zwischen 1943 und 1960 repräsentierten die INI-Investitionen einen Jahresdurchschnitt von ungefähr 15 Prozent aller spanischen Industrieinvestitionen. Dem gegenüber beliefen sich die staatlichen industriellen Investitionen in Österreich auf 47 %, in der Türkei auf 45 %, in Großbritannien auf 32 %, in Frankreich auf 31 %, in Holland auf 25 % und in Belgien auf 20 % im gleichen Zeitraum."[36]

Tatsächlich betrug 1970 der Anteil des INI an der gesamten Industrieproduktion nur noch 9 % und am Export 5,3 %[3]. Bezogen auf die vierziger und, mehr noch, die fünfziger

Jahre, muß jedoch klar gesehen werden, daß ohne das Potential staatlicher Steuerung im Industriesektor, also ohne das INI, die autarkistische Wirtschaftspolitik der Falangisten nicht möglich gewesen wäre. Die Raten der Staatsinvestitionen in Spanien mögen gegenüber denen in anderen europäischen Ländern sich nicht beeindruckend ausnehmen; sie müssen aber einer Ausgangslage (1939) gegenübergestellt werden, in der es einen staatlichen Sektor praktisch nicht gab und selbst solche, für die wirtschaftliche Entwicklung entscheidend wichtigen Bereiche wie Kohle und Stahl, Eisenbahnen, Energieversorgung und Telefonwesen in privater Hand waren. Zudem hätte das Regime nicht schon zu einem Zeitpunkt, zu dem rasche Industrialisierung nicht eben der zentrale Punkt in seiner Programmatik war, sich auf maximalen staatlichen Einfluß in der Wirtschaft versteift, wenn damit nicht auch ein Element des "Klassenkampfes von oben" verbunden gewesen wäre. Diese Interpretation faschistischer, staatsinterventionistischer Wirtschaftspolitik findet sich - stellvertretend für viele linke Faschismuskritiker - auch bei Reinhard Kühnl[37]: "Das faschistische System zieht einen weit größeren Teil des Sozialprodukts an sich als die vorhergehenden Formen des bürgerlichen Staates. Es steigert damit das wirtschaftliche Gewicht des Staates, der als Auftraggeber und Umverteiler zentrale Bedeutung erlangt und diese politisch dazu benutzt, seine Macht zu vergrößeren, und sozialökonomisch, die unteren und mittleren Klassen zu berauben." Solche Überlegungen haben offenbar auch profilierte Vertreter der radikalen Linken in Spanien zu einer deutlichen Überschätzung der Möglichkeiten veranlaßt, die das INI der staatlichen Wirtschafts- und Sozialpolitik bietet. Claudín[38] z.B. vertrat schon Mitte der sechziger Jahre die These, die Kontrolle des INI durch eine sozialistische Regierung bedeute automatisch den Beginn der sozialistischen Revolution, weil der Staat größter Eigentümer von Produktionsmitteln sei.

Schließlich muß angemerkt werden, daß die höchsten Wachstumsraten der spanischen Nachkriegswirtschaft nicht in der eigentlichen Blütezeit des INI (und damit der extrem staatsinterventionistischen und autarkistischen Wirtschaftspolitik der Falange) erzielt wurden, sondern erst nach der Liberalisierung des Marktes (also nach 1959) und der stärkeren Durchsetzung privatwirtschaftlicher Prinzipien in der staatlichen Wirtschaftspolitik. Auf die Dürftigkeit und Unbrauchbarkeit des falangistischen Entwicklungskonzepts weist in diesem Zusammenhang auch Anderson[39] hin: "Falangistisches Wirtschaftsdenken war mehr eine Sache leidenschaftlicher Überzeugung als wohlformulierte wirtschaftliche Theorie und konnte dem ökonomischen Entscheidungsprozeß stets nur wenig Richtlinien geben."

c) Vom Agrar- zum Industriestaat

Noch 1950 konnte Spanien mit einer Industriearbeiterschaft von 2.754.162 Personen[40] als vorindustrieller bzw. Agrarstaat gelten. Die Verteilung der aktiven Bevölkerung zwischen den Sektoren Landwirtschaft, Dienstleistung und Industrie verlagerte sich jedoch rasch zugunsten des letzteren: Bereits 1955 zählte die Industriearbeiterschaft 4.481.000 Personen, hatte sich also fast verdoppelt. In diesen Jahren begann auch die beschleunigte Landflucht, die bis heute weite Gebiete des spanischen Südens entvölkert hat. Das Ausmaß der Landflucht hat beständig zugenommen: Von 1950-1960 verließen jährlich im Durchschnitt 58.000 Personen das Land und zogen in die Städte, 1960-65 waren es jährlich rund 100.000 und 1965-70 waren es bereits 164.000 Personen. Entsprechend läßt sich heute konstatieren, daß die große Mehrheit aller in städtischer Umgebung lebenden Spanier in ländlichen Gebieten geboren wurden oder Eltern haben, die ursprünglich auf dem Lande lebten[41]. Die Mehrzahl der Abwanderer strömte in die großen Industriezentren Kataloniens, des Baskenlandes und der Region von Madrid. Die Einwohnerzahl Madrids stieg innerhalb von 20 Jahren von 1 auf 3 Millionen; Arbeitervorstädte wie Vallecas, wo vor 20 Jahren noch Schafe weideten und heute 500.000 Menschen wohnen, wurden in zehn Jahren aus dem Boden gestampft.

Bei diesen Zahlen darf nicht übersehen werden, daß der eingetretene soziale und wirtschaftliche Wandel im wesentlichen rein quantitativer Natur war. Zu einem ähnlichen Teil handelte es sich bei den Wachstumsraten der 50er Jahre (im industriellen Bereich) sogar nur um die volle Auslastung der vorhandenen Produktionskapazitäten, nicht aber um echte Neuinvestitionen. So war nach 1958 festzustellen, daß z.B. drei Viertel der metallindustriellen Produktionsstätten aus der Zeit vor 1930 stammte; die Erneuerung dieses veralteten Materials hätte die aus eigenen (nationalen) Mitteln kaum aufbringbare Summe von 5 Milliarden Ptas. erfordert[42]. In der Textilindustrie sah es nicht besser aus: Nur 15 % der Produktionsanlagen stammten aus den Jahren nach 1941; die Ersetzung des musealen Maschinenparks erforderte Investitionen in Höhe von rund 12 Mrd. Ptas.[43]. So unterstreicht auch Morán[44], daß es sich bei den ökonomisch-sozialen Veränderungen der fünfziger Jahre wohl um Wachstum, keineswegs aber um Modernisierung handelte: "Wachstum ist eine rein quantitative Realität ohne qualitativen Wandel: Die Produktionsziffern steigen, während der Rest der gesellschaftlichen Wirklichkeit gleich oder fast gleich bleibt. Modernisierung setzt wirklichen Wandel voraus, der freilich ... längere Zeit auf einen Teil der Gesellschaftsstruktur beschränkt bleibt. Modernisierung entspricht dem Stadium der Bildung einer dualen Gesellschaft."

Ebenso dünn wie die technologische war auch die finanzielle Basis des Aufschwungs der fünfziger Jahre. Da größere Auslandskredite fehlten[45] und das Steueraufkommen nicht ausreichte, die ehrgeizigen Industrialisierungspläne seit 1951 zu finanzieren, andererseits aber auch die private Kapitalakkumulation wegen der geringen Spartätigkeit sich nicht entwickelte (was wiederum den extrem niedrigen Löhnen zuzuschreiben war[46]), blieb nur die eine, "bewährte" Möglichkeit, aus diesem Teufelskreis auszubrechen: die inflationäre Geldschöpfung über die Notenpresse.

Dieses, anfangs schmerzlose, System der Kapitalakkumulation in Verbindung mit einem Arbeitsrecht, das der Bildung von Klassenbewußtsein bei den Arbeitermassen entgegenstand (Verbote von Streiks, aber auch das faktische Verbot, einen einmal eingestellten Arbeiter wieder zu entlassen, das der autarkistisch-sozialreformerische Flügel der Falange durchgesetzt hatte) und verschiedenerlei soziales Blendwerk wie z.B. der PIO (Fondo Nacional para la Realización del Principio de Igualdad de Oportunidades, aus dem z.B. Berufsfortbildungskurse finanziert wurden) hielten die Arbeitnehmer ruhig. Das System brach 1957 zusammen, als die Inflation zu galoppieren begann und durch den Kaufkraftschwund eine Überproduktionskrise eintrat[47], deren Folgen schließlich zum Stabilisierungsplan und zur währungs- und wirtschaftspolitischen Neuorientierung seit 1959 führte.

d) Die Opposition stellt sich um

Etwa seit 1948 begannen die spanischen Kommunisten, dem Vorschlag Stalins folgend, mit einer Art Doppelstrategie: Zum einen setzte man noch immer auf einen plötzlichen Zusammenbruch des Regimes - etwa im Gefolge eines Aufstands, eines Generalstreiks oder bewaffneter Aktionen -, glaubte aber im Grunde schon nicht mehr wirklich daran. Andererseits praktizierte man, zunächst noch sehr zaghaft, eine Politik der Mitarbeit in den "vertikalen" Gewerkschaften des franquistischen Staates.

Daß die Fortsetzung des bewaffneten Kampfes über das Jahr 1947 hinaus auf einer falschen Analyse speziell der internationalen Lage beruhte und die Einstellung der Guerrilla viel zu spät erfolgte, konstatiert auch der PCE-Generalsekretär Santiago Carrillo[48]. Immerhin muß dem PCE zugestanden werden, daß er als erste unter den Oppositionsparteien die Hoffnung auf eine Intervention der Westmächte zugunsten eines demokratischen politischen Systems in Spanien aufgab, während andere Parteien dieser Chimäre noch bis weit in die fünfziger Jahre hinein nachhingen[49].

Die Politik der Mitarbeit in den falangistischen Staatssyndikaten wurde nicht nur mit der desolaten internationalen Situation begründet, sondern auch damit, daß inzwischen, zehn Jahre nach dem Ende des Bürgerkrieges, eine neue Generation von Arbeitern herangewachsen war, die nicht resignierte und sich nicht mehr primär als Verlierer des Bürgerkrieges sah. Ein erster Erfolg dieser neuen Politik stellte sich schon 1950 ein, als bei den Syndikatswahlen erstmals einige - natürlich noch getarnt auftretende - kommunistische Betriebsräte gewählt wurden[50]. Über die Richtigkeit des hier eingeschlagenen Weges schien sich die Parteiführung indes noch keineswegs sicher: Parallel zur Mitarbeit in der CNS wurde auch die PCE-Richtungsgewerkschaft OSO (Oposición Sindical Obrera) weiterbetrieben. Sie wollte u.a. dafür sorgen, daß das Feld außerhalb der Staatssyndikate nicht ausschließlich von der sozialistischen UGT beackert wurde und für den Fall eines plötzlichen Endes der Diktatur wenigstens der organisatorische Rahmen einer kommunistischen Gewerkschaft bereitstand. Die Erfolge der OSO blieben denkbar gering, da sie sich weitgehend auf anonyme Aktionen (Flugblätter, Plakate usw.) beschränken mußte, um ihre Kader nicht zu decouvrieren.

Eine große Rolle bei der Umstellung der Oppositionsparteien auf Strategien des gewerkschaftlichen Kampfes spielten die Unruhen in Barcelona 1951, die fast das Format eines lokalen Generalstreiks erreichten. Ausgerechnet während des II. Nationalkongresses der CNS traten in der Katalanischen Hauptstadt 300.000 Arbeiter - vorwiegend der Textilindustrie - in den Ausstand und organisierten einen sehr wirksamen Boykott der öffentlichen Transportbetriebe, die kurz zuvor ihre Tarife erhöht hatten[51]. Das Fanal von Barcelona zündete bald im ganzen Land: Im Baskenland traten am 22. April rund 250.000 Arbeiter in den Ausstand und auch in Madrid fand einen Monat später erstmals der Verkehrsmittelboykott, eine der für spanische Arbeitskämpfe so typischen Formen des Protests, Anwendung[52]. Der Erfolg dieser Aktionen lehrte die Kommunisten und Sozialisten, daß die Devise fortan nicht mehr der Aufstand sein konnte, sondern das "geduldige Bohren harter Bretter", die Einstellung auf einen langen und mühseligen Kampf um das Vertrauen der Massen.

Je weniger utopisch sich die Nahziele der Kommunistischen Partei ausnahmen und je mehr sie der Ausdruck unmittelbarer, kurzfristiger ökonomischer Forderungen der Industriearbeiterschaft waren, desto erfolgreicher konnten die Militanten des PCE sie vermitteln. So bekam die Partei z.B. die Genugtuung, daß die zentralen gewerkschaftlichen Forderungen des V. Parteitages von 1954 (Mindestlöhne mit gleitender Skala, Achtstundentag, gleicher Lohn für gleiche Arbeit usw.) so breite Unterstützung der Arbeiter und der Gewerkschaftler erhielten, daß sie schließlich sogar Eingang in den Forderungskatalog des III. Nationalkongresses der Staatsgewerkschaft CNS fanden[53].

da) Veränderungen der Sozialstruktur und die Politik der Kommunisten

Soziale Konflikte werden erst dann manifest, wenn eine Situation als veränderbar angesehen wird. Als veränderbar können aber nur Situationen gelten, die sich mehr oder weniger rasch entwickeln.

Eine sichtbare und für den Einzelnen unmittelbar spürbare ökonomische Entwicklung setzte in Spanien erst um das Jahr 1950 herum ein und führte auch sogleich zu einer deutlich gestiegenen Konfliktbereitschaft der abhängig Beschäftigten, besonders in der Industrie.

Diese Tendenz wurde zwar etwas abgeschwächt durch die Landflucht und die rasch steigende Urbanisierung; während der ersten großen Wachstumsphase der Städte blieben die vom Lande hereingeströmten Arbeitskräfte noch so in der Anonymität und Unpersönlichkeit ihrer neuen Umgebung gefangen, daß sie gewerkschaftlich und politisch nur schwer zu mobilisieren waren. Kennzeichnend für diese Phase[54] war ein hohes Maß von Nichterscheinen am Arbeitsplatz, häufiger Wechsel desselben, geringe Arbeitsdisziplin und schwach ausgebildetes Pflichtbewußtsein[55]. Die am Arbeitsplatz auftretenden Konflikte und Schwierigkeiten wurden von den neu Zugewnaderten zunächst als individuelles Problem betrachtet, als persönliche Auseinandersetzung zwischen dem einzelnen Beschäftigten und seinem Arbeitgeber bzw. Vorgesetzten.

Andererseits führte aber gerade die Kollektivität dieser Situation nach und nach vom individuellen Widerstand zum kollektiven Konflikt.Vielfach wurde dem Einzelnen erst durch das Leben in der Großstadt klar, welches Maß an sozialer Ungleichheit bestand und welche materiellen und geistigen Güter ihm vorenthalten wurden - dazu genügte unter Umständen schon ein Schaufensterbummel. Die Stadt riß das Individuum nicht nur aus seinen vormaligen Sozialbeziehungen, sondern meist auch aus dem alten, ländlichen Normensystem[56], sie eröffnete ihm neue Möglichkeiten und Formen der Kommunikation. Kurz, das städtische Leben ebenso wie die Arbeit in anonymen Großbetrieben war geeignet, breiten Schichten erstmals die Allgemeinheit ihrer Probleme aufzuzeigen und sie deren Lösung in kollektiven Aktionen suchen zu lassen.

Diesem Bedürfnis nach Verbesserung ökonomischer und sozialer Situationen in lokalem Rahmen, das jedoch noch keineswegs als Bereitschaft zum Kampf gegen das gesamte politisch-ökonomische System angesehen werden konnte, kamen die spanischen Kommunisten (weniger die durch innere Querelen stark behinderten Sozialisten) mit ihrer praxisnahen gewerkschaftlichen Arbeit entgegen. Je mehr sie in dieser Arbeit aufgingen, desto klarer wurde ihnen, daß der einzige Weg zum Sturz der Diktatur über die langsame Schaffung von sozialem Bewußtsein und den mühsamen Aufbau von Basisorganisationen aller arbeitenden Schichten führte.

Das Regime stand dieser Entwicklung zunächst mit geteilten Erwartungen gegenüber. Zum einen hatten seine weitsichtigeren Repräsentanten - insbesondere in der CNS - durchaus erkannt, daß die rasche wirtschaftliche Entwicklung und ggf. Gewährung einer gewissen "Ellbogenfreiheit" für dissidente Interessenvertretungen die Konfrontation mit der demokratischen Opposition zumindest teilweise auf ökonomische oder sozialpolitische Einzelfragen verlagern, also abschwächen konnte. Zum anderen wollte sich der bis 1958 in der Regierung dominierende ultrarechte Flügel nicht zu solchen Experimenten bereitfinden und bestand auf der Fiktion von der "sozialen Harmonie", repräsentiert durch die Institutionen des Regimes, verließ sich also im Zweifelsfall lieber auf die Repression[57]. Es zahlte sich für das Regime nicht aus: Arbeitskämpfe blieben zwar selten, nahmen aber meist ungewöhnlichen Umfang und gelegentlich geradezu bedrohliche Formen an. Während der Lohnkämpfe von 1956, an denen erstmalig auch sympathisierende Intellektuelle und Studenten in größerer Zahl teilnahmen, wurden in Madrid sogar Barrikaden gebaut[58].

Die Kommunisten veranlaßte die Breite der Arbeitskämpfe, aber auch die brutale Repression der Franquisten, zu dem Trugschluß, doch noch in einer einzigen großen Anstrengung das Regime zu Fall bringen zu können. Sie wurden in dieser Auffassung bestärkt durch das Auftauchen neuer politischer Formationen, vor allem des Linkskatholizismus, der seine erste und wichtigste Heimstatt in der Hermandad Obrera de Accion Católica (HOAC) fand, die bisher zum Lager des Regimes gehört hatte.

Schon jetzt zeichnete sich ein gewisses Streben der Kommunisten ab, den Christdemokraten eines Tages als ebenbürtiger Partner und moderne Massen- statt Kaderpartei gegenübertreten zu können[59].

Beide Tendenzen - die Hoffnung auf das Bündnis mit den Christdemokraten und die auf einen plötzlichen Sturz der Diktatur - fanden ihren Ausdruck in der Politik der "Reconciliación Nacional" (Nationale Wiederversöhnung). Einem als "Tag der nationalen Versöhnung" für den 5. Mai 1958 propagierten Generalstreik war jedoch, mit Ausnahme vereinzelter Streiks und einem Verkehrsmittelboykott in Barcelona, kein Erfolg beschieden. Die HOAC, der PSOE, UGT und CNT waren kurz zuvor aus der Aktionseinheit ausgetreten, weil sie befürchteten, als Wasserträger der Kommunisten benutzt zu werden. Noch schlechter klappte es ein Jahr später: Zum 18. Juli 1959 (dem Jahrestag des "Alzamiento" von 1936 und franquistischen Nationalfeiertag) hatte der PCE mit verschiedenen anderen Gruppen (diesmal auch dem FLP und linkskatholischen Gruppen) zum "Nationalen Generalstreik" (Huelga Nacional Pacifica) aufgerufen. Trotz intensiver Vorbereitung war der Erfolg diesmal noch geringer, weil die Verbündeten des PCE sich durch diverse politische Manöver der Kommunisten übergangen fühlten und sich erneut zurückzogen[60].

Je mehr die Politik des PCE auf gewerkschaftliche Arbeit mit vorwiegend ökonomischer Zielsetzung abgestellt war und je mehr das Regime durch die stürmische Entwicklung der Produktivkräfte in den 60er Jahren sich gezwungen sah, diesen gewerkschaftlichen Bestrebungen gewisse Freiräume einzurichten, desto unrealistischer wurde freilich das politische Generalstreik-Konzept der Kommunisten.

Parallel zum Wiederaufstieg der Kommunisten und teilweise auch der Sozialisten als treibende Kräfte der sozialen Konflikte vollzog sich der Niedergang der Anarchisten und der republikanischen Linken. Die Anarchisten setzten unverändert auf bewaffneten Kampf, ohne ihn zu führen (sieht man einmal von einigen Bombenlegern der CNT ab, die dem franquistischen Repressionsapparat in Abständen die gewünschte Bestätigung für die Notwendigkeit seiner Ausnahmegesetze und -maßnahmen lieferten) und verpaßten den Anschluß an die wiedererstehende Arbeiterbewegung. Die Republikaner fuhren fort, in Mexiko ihre Exilregierung zu betreiben, die außer der fortdauernden Anerkennung durch das Gastland keine Erfolge zu verbuchen hatte. Seit dem Austritt der Sozialisten und Kommunisten aus der "Regierung" im Jahr 1947 führte dieses Organ nur noch ein Schattendasein; dies obendrein auf einer wackligen Rechtsgrundlage[61]. So konnte Fuentes schon für den Anfang der fünfziger Jahre feststellen: "Die CNT und die Republikaner verschwanden praktisch von der politischen Landkarte Spaniens."[62]

3. 1959-1975: Wachstum und Interessenvertretung

a) Der Stabilisierungsplan und die Entwicklungspläne

Bis 1957 hatte sich die ökonomische und vor allem währungspolitische Gesamtlage derart zugespitzt, daß der Zusammenbruch der Staatsfinanzen drohte. Kapitalflucht größten Stiles und fehlende Auslandkredite kennzeichneten die Situation: Fehlendes Vertrauen inländischer Wirtschaftskreise in die Wirtschaftspolitik des Regimes und Druck des Auslandes (teilweise über die OECD) bewogen Franco 1957, die Leitung der entscheidenden Ressorts Handel und Finanzen den Falangisten zu nehmen und flexibler scheinenden Kräften aus dem Opus Dei in die Hände zu legen. Alberto Ullastres, führender Wirtschaftstheoretiker des Opus, wurde Handelsminister, der Direktor des opus-eigenen "Banco Popular", Mariano Navarro Rubio, erhielt das Finanzressort und Laureano Lopez-Rodó (Opus-Verwaltungsrechtler) wurde technischer Generalsekretär im Amt des Regierungschefs (Presidencia del Gobierno). Sie begannen alsbald mit der Umorientierung des autarkistischen Systems auf marktwirtschaftliche Normen, die in den anderen europäischen Staaten Geltung besaßen. Das Mittel dazu war der 1959 vorgelegte "Stabilisierungsplan", dessen Ziele Gewaltbremsung der Inflation durch drastische Abwertung der Peseta, Liberalisierung des Arbeitsrechts, Planung einer ausgeglichenen Wirtschaftsentwicklung und - langfristig - die Integration Spaniens in die EG waren[63].

Die - beabsichtigte - Folge des Stabilisierungsplans war zunächst ein starkes Absinken von Nachfrage und Produktion, verbunden mit ansteigender Arbeitslosigkeit, das bis 1961 anhielt[64]. Erst 1962 konnte die Rezession, nicht zuletzt mit Hilfe massiver Auslandskredite, überwunden werden und ging schließlich, nach abgeschlossener Umstrukturierung der spanischen Wirtschaft, in unerwartet hohe Wachstumsraten über. Aus den gesamten Wachstumsraten der sechziger Jahre ergibt sich ein jährliches Durchschnittswachstum von 7,6 %; dies stellt nach Japan mit durchschnittlich 9,8 % die höchste

Entwicklung des Bruttoinlandsprodukts 1960-70 in %[65]

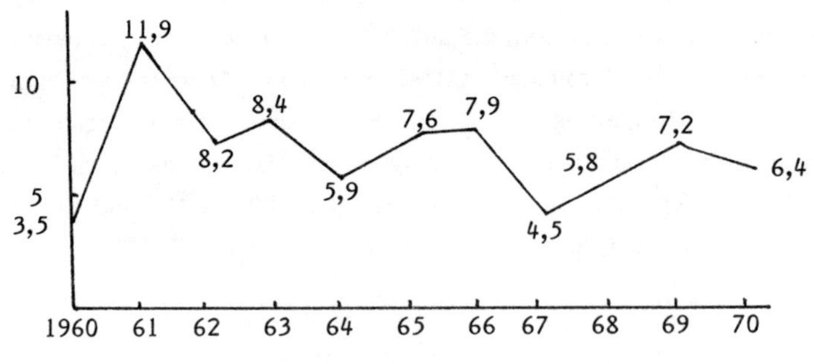

Wachstumsrate der westlichen Welt dar[66].

Zentrales Instrument der staatlichen Steuerung der Wirtschaft waren seit 1964 die "Entwicklungspläne" mit jeweils vierjähriger Laufzeit. Sie betrafen nicht nur die Produktionssphäre, sondern auch andere Sektoren wie z.B. das Bildungswesen, dessen Struktur vermehrt auf die Bedürfnisse der Wirtschaft ausgerichtet wurde. Neben dem systematischen Einsatz des Staatshaushalts zur Unterstützung der Planziele enthielten die Pläne kaum unmittelbar wirksame Lenkungsinstrumente und sollten die Wirtschaft eher mit politischen Mitteln zur Befolgung der im Plan vorgesehenen ökonomischen Zielvorgaben bewegen[67]. Als besondere Schwierigkeit stellte sich dabei schon bald die Unzulänglichkeit der dem Plan zugrundeliegenden Statistiken heraus. Das "Instituto Nacional de Estadistica (INE)" hatte gleichermaßen mit der Rivalität anderer Ministerien, wie mit zu ungenauen Erhebungsmethoden der lokalen statistischen Ämter zu kämpfen[68]. Viele unvorhergesehene Nebenfolgen der Pläne sind auch heute noch auf Mängel in der Statistik zurückzuführen. Wie in allen Ländern mit unzulänglicher amtlicher Statistik wurde in Spanien diese Lücke teilweise von den Banken ausgefüllt. Noch heute rangieren so die Jahresberichte ("Estudios Económicos") des Banco Central gleichrangig neben denen des INE. Dem kommt allerdings auch die besondere Konzentration im Bankwesen zustatten, auf die später noch eingegangen werden soll[69]. Neben den daraus resultierenden Planungsrestriktionen konstatiert Anderson[70] auch eine mangelnde Steuerungskapazität im Bereich der Institutionen des Regimes selbst, die auf mangelnder oder gänzlich fehlender Abstimmung zwischen den Planungsinstanzen und den ausführenden örtlichen Behörden beruht. Die Exekutive entschied fast stets aufgrund der Statistik mit ihren angeführten Mängeln, Gutachten und Expertenmeinungen, ohne viel Wert auf Interessenrepräsentation zu legen[71].

Das entscheidende Ergebnis der Entwicklungspläne war ohne jeden Zweifel die Konzentration der wirtschaftlichen Energien auf den industriellen Sektor unter starker Vernachlässigung der Landwirtschaft. Ohne diese Prioritätensetzung wären die dargestellten Wachstumsraten nicht zu erzielen gewesen und hätten sich Wirtschaft und Gesellschaft Spaniens nicht in einer Weise umgeformt, die letztlich Voraussetzung des demokratischen Wandels blieb. Einige Züge dieser Wandlungsprozesse sollen hier skizzenhaft nachgezeichnet werden.

b) Die Kapitalkonzentration

Es gehört zu den Besonderheiten der spanischen Wirtschaft, daß die Konzentration trotz relativ niedrigeren Entwicklungsstandes im Vergleich zur Bundesrepublik oder den EG-Ländern allgemein sehr weit fortgeschritten ist. Diese Situation ist zum Teil auf die Politik des INI zurückzuführen, das systematisch Minderheitsbeteiligungen an Privatunternehmen erwarb und sie dann zu Fusionen zwang, um ihre Kapitaldecke zu verbreitern, zum Teil aber auch auf die Monopolstruktur des Kreditwesens. Schon 1936 wurde ein "Status quo der Banken" gesetzlich eingeführt, der die Gründung neuer Bankinstitute verbot und trotz gewisser Modifikation im Jahr 1963 im wesentlichen fortbesteht[72]. Das gesamte Kreditwesen wird von 7 untereinander verflochtenen Großbanken dominiert, die nach Angaben von Tamames 70 % aller Fremdeinlagen der Privatbanken kontrollieren[73]. Auch außerhalb der Großbanken ist die Verflechtung weit fortgeschritten; von den insgesamt 112 existierenden Banken unterhalten 49 untereinander engste Beziehungen[74]. In der Industrie sieht es ähnlich aus: 1970 vereinigten 0,1 % aller Gesellschaften mehr als 3/4 aller industriellen Neuinvestitionen[75]. "Auf diese verschiedenen Arten und Weisen reduziert sich die wirkliche 'Machtelite' auf ca. 100 'Familien', welche (1966) 1.324 Aktingesellschaften - das sind 8,27 % aller existierenden - kontrollierten. Sie verfügen über Gesamtaktiva im Wert von 220.477,7 Millionen Ptas., was 78,96 % aller Aktiva entspricht."[76]

c) Auslandsinvestitionen

Da nach der Wirtschaftsreform von 1959 das Interesse der Unternehmer an einer raschen Steigerung der Produktivität unzureichend schien (nicht zuletzt wegen des Fehlens bestimmter Rationalisierungsanstöße aus dem Bereich der Beziehungen zwischen Kapital und Arbeit), sollte diese Lücke durch ausländisches Kapital gefüllt werden. Vor 1959 war der Anlagenwert ausländischen Kapitals in Spanien sehr gering[77], er stieg jedoch nach der Freigabe des Gewinntransfers und der Einräumung von Beteiligungsmöglichkeiten an spanischen Firmen von mehr als 50 % sprunghaft an[78]:

Jahr	Direkt-investitionen	Börsen-investitionen	Total
1960	36	11	47
1961	36	18	54
1962	23	48	71
1963	41	87	128
1964	78	72	150
1965	116	54	170
1966	128	55	183
1967	186	50	236
1968	143	34	177

Der Jahresbericht des "Banco Central" für 1974 gibt die ausländischen Investitionen für 1973 mit 489 Millionen Dollar an[79]. Im ersten Halbjahr 1971 beliefen sich die gesamten Auslandsinvestitionen auf 5,3 Mrd. Ptas. Sie verteilten sich wie folgt nach Herkunftsländern in Millionen Ptas.[80]:

USA	916
Schweiz	913
Großbritannien	897
Bundesrepublik	866
Frankreich	694
Holland	618

Allein von den 300 größten Unternehmen der USA unterhalten 156 Tochtergesellschaften in Spanien. Deren Zahl belief sich 1970 auf 387, davon gehörten wiederum 46 zu den 200 größten Unternehmen in Spanien[81].

Ein auf lange Sicht besonders bedenklicher Aspekt dieser Überfremdung ist die starke Abhängigkeit von ausländischem "Know how" und Patenten. Allerdings ist die technologische Abhängigkeit der Tochterfirmen ausländischer Konzerne in Spanien von ihren Muttergesellschaften nicht die einzige Ursache dafür; auch die sträfliche Vernachlässigung der wissenschaftlichen Forschung durch die Regierungen Francos spielt hier eine Rolle. Nennenswerte staatliche Auflagen für die Unterhaltung von Forschungsabteilungen ab einer bestimmten Betriebsgröße gab es zudem kaum. Ein Gewährsmann des Verfassers berichtete von der "Forschungsabteilung" der Madrider Niederlassung eines multinationalen Konzerns: Sie besteht aus einem Büro, in dem ein Diplom-Chemiker als einzige Beschäftigung regelmäßig die Fachliteratur las.

Die Aufwendungen für "Royalties" (im wesentlichen für industrielle Patente) beliefen sich im Jahr 1974 auf 260 Millionen Dollar[82]. Daß es sich um eine Einbahnstraße handelt und diesen Ausgaben keine nennenswerten Einnahmen gegenüberstehen, braucht kaum betont zu werden.

Der verbreiteten Unruhe über diesen Ausverkauf der spanischen Industrie an Auslandskonzerne gab schon 1969 der Cortes-Abgeordnete Fernández-Cantos in einer Anfrage an die Regierung Ausdruck. Darin hieß es eingangs[83]:

"1. Es ist eine fortschreitende wirtschaftliche Kolonisierung Spaniens im Gang, die unwiderruflich sein kann und die Nation stark beunruhigt.

2. Als Gründe werden u.a. genannt:

a) Die fortschreitende Kontrolle unserer Unternehmen durch ausländisches Kapital,

b) unsere ungeheuren Zahlungen ans Ausland für 'technische Hilfe' und 'Royalties', und

c) die unzulängliche Unterstützung, die unserer wissenschaftlichen und technischen Forschung gewidmet wird und das Fehlen anderer notwendigen Abwehrmaßnahmen."

Zwar wurde in den letzten Jahren die Neuansiedlung von Industrien, die von ausländischem Kapital kontrolliert werden, überwiegend nur noch dann genehmigt, wenn die betreffenden Firmen zum Bereich der sogenannten "Fortschrittsindustrien" zählten und über gewisse

Exportkapazitäten verfügten; auch die Besteuerung der Gewinne und Dividendentransfers wurde etwas angehoben[84]. Dennoch konnte das "Handelsblatt" 1975 feststellen, daß Spanien "als Investitionsland weiter interessant"[85] bleibt.

d) Export von Waren...

Das Interesse für das Investitionsland Spanien schlägt sich deutlich auch in der spanischen Außenhandelsbilanz nieder. Sie war seit der neuen Wirtschaftspolitik Anfang der sechziger Jahre durch zwei Grundzüge geprägt: sehr geringe Deckungsquote der Importe durch die eigenen Exporte und ungewöhnlich hoher Anteil der Investitionsgüter an den gesamten Importen. Als Folge der falangistischen Autarkiepolitik ist der Anteil des Außenhandels am Nationaleinkommen zwar noch immer wesentlich geringer als in den EG-Staaten, aber doch seit 1960 kontinuierlich im Steigen begriffen. Allein von 1961-69 erhöhte er sich von 11 auf 24 Prozent[86]. Das Verhältnis von Importen zu Exporten in dieser Dekade stellte sich folgendermaßen dar[87]:

Jahr	Importe Mill. Dollar	Veränd. in %	Exporte Mill Dollar	Veränd. in %	Saldo Mill. Dollar	Veränd. in %	Import-Deckungsquote
1961	1092	51,4	709	-2,2	-383	12633,3	64,9
1962	1569	43,6	736	3,8	-833	117,4	46,9
1963	1955	24,5	735	=	-1220	46,4	37,5
1964	2258	15,4	954	29,7	-1304	6,8	42,2
1965	3018	33,1	966	1,2	-2052	57,3	32,0
1966	3590	18,9	1253	29,6	-2337	13,8	35,0
1967	3483	-3,7	1384	10,4	-2099	-11,2	39,7
1968	3522	1,1	1589	14,8	-1933	-8,5	45,0
1969	4233	20,2	1900	19,6	-2333	20,0	44,8
1970	4747	12,1	2387	25,6	-2360	1,2	50,2

Die Import-Deckungsquote, die 1973 noch 54 % betragen hatte, sank als Folge der Ölkrise 1974 wieder auf bedrohliche 46 % ab[88]. Bedrohlich auch deshalb, weil die beiden anderen Einnahmequellen, die bis 1973 die Handelsbilanz ausgleichen halfen, also der Tourismus und die Lohnüberweisungen der Arbeitsemigranten, seit 1974 ebenfalls rückläufig sind (s.u.). Die Folge ist eine deutlich ansteigende Staats-Verschuldung und eine hohe Inflationsrate[89]:

1971	7,0 %
1972	9,5 %
1973	14,0 %
1974	18,0 %
1975	25,0 %

Die enorme Verteuerung der Erdölimporte seit Ende 1973 verlangsamte das Tempo der Industrialisierung erheblich: Bis 1973 war der sehr hohe Anteil der Investitionsgüter an den Importen das besondere Kennzeichen der spanischen Handelsbilanz gewesen. Dieser Anteil sank von beachtlichen 40,27 % 1973 auf nur noch 32,96 % 1974 ab[90]. Das Wachstum ging von 8 auf weniger als 5 % zurück.

Die Umstrukturierung, die die spanische Wirtschaft seit 1960 erfahren hat, läßt sich am besten in einer Gegenüberstellung der Export- und Importvolumen, aufgeschlüsselt nach Produktionszweigen, nachzeichnen[91].

Unter den Außenhandelspartnern nehmen die europäischen Staaten im allgemeinen und die EG-Länder im besonderen nach wie vor den wichtigsten Rang ein. Eine Gegenüberstellung der Zahlen von 1973 und 1974 zeigt einen auffallenden Rückgang des Handelsvolumens mit den hochindustrialisierten Regionen (den Lieferländern von Produktionsgütern) und ein entsprechendes Ansteigen dieses Volumens mit den ölproduzierenden Staaten (besonders spektakulär im Falle Libyens und Saudi-Arabiens).

	Importe		Exporte	
	1973	1974	1973	1974
EUROPA	53,3	45,2	60,8	61,7
EG	42,9	35,9	47,9	47,4
E.F.T.A.	7,6	6,4	8,3	8,2
C.O.M.E.C.O.N.	2,0	2,2	2,2	2,9
Rest Europas	0,8	0,7	2,4	3,2
AMERIKA	25,3	23,8	23,8	21,4
Vereinigte Staaten	16,1	15,5	13,8	11,7
Canada	1,0	0,9	1,1	1,2
Cuba	0,6	1,1	0,8	0,9
A.L.A.L.C.	7,0	5,7	6,8	6,4
Rest Amerikas	0,6	0,6	1,3	1,2
ASIEN	13,6	22,4	5,5	6,7
Japan	2,6	2,3	1,4	1,5
Saudi-Arabien	5,2	12,4	0,1	0,2
Rest Arabiens	5,8	7,7	4,0	5,0
AFRIKA	7,0	7,9	8,8	9,0
Marokko	0,6	0,7	1,0	1,1
Ägypten	0,2	0,1	0,4	0,3
Libyen	0,7	1,8	1,0	1,6
Rest Afrikas	5,5	5,3	6,4	6,0
OZEANIEN	0,7	0,7	0,1	0,1
Australien	0,6	0,6	0,7	0,8
Rest Ozeaniens	0,1	0,1	0,1	0,1
ANDERE	0,1	-,-	0,3	0,3
Gesamt	100,0	100,0	100,0	100,0

In den Zahlen zum Export von Industrieprodukten schlägt sich die rasche Umwandlung Spaniens in einen modernen Industriestaat nieder. Beeindruckend nimmt sich dabei insbesondere die Steigerung des Anteils der Exporte von Produktionsgütern aus (von 10 % im Jahr 1959 auf 34 % 1974).

da) ... und von Menschen

Die Auswanderung war in der neueren spanischen Geschichte stets ein bewährtes Ventil, mit dem sozialer Druck abgelassen werden konnte, der aus der ökonomischen Rückständigkeit und der extrem ungleichen Besitzverteilung resultierte. Während sie sich in früheren Zeiten jedoch ausschließlich nach Lateinamerika richtete, wurden nach 1959 die EG-Staaten ihr mit Abstand wichtigstes Ziel.

Die temporäre Auswanderung in die EG-Staaten hatte zwar schon in den fünfziger Jahren mit noch vergleichsweise bescheidenen Zahlen eingesetzt, stieg aber erst mit dem Stabilisierungsplan von 1959 sprunghaft an. In der von den Stabilisierungsmaßnahmen augelösten wirtschaftlichen Rezession wurden vor allem Überstunden und Zusatzprämien gestrichen, die beim spanischen "Mindestlohn"-Tarifsystem häufig bis zu 50 % des Gesamtlohnes ausmachen. Die Folge war ein Ausweichen vieler, unter das Existenzminimum gedrückter Arbeitnehmer zu den attraktiveren Arbeitsplätzen in Frankreich oder der Bundesrepublik[93]. Hinzu kam, daß die fortschreitende Mechanisierung der Landwirtschaft zahlreiche landwirtschaftliche Arbeitskräfte freisetzte, die von der Industrie nicht aufgenommen werden konnten. Um ein politisch gefährliches Emporschnellen der Arbeitslosigkeit zu verhindern, begünstigte die Regierung deshalb seit Ende der fünfziger Jahre systematisch die Auswanderung spanischer "Gastarbeiter" nach Europa[94]. Ausgehend von einer jährlichen Durchschnittsquote von etwa 50.000 entwickelte sich die Zahl der Auswanderer in den sechziger Jahren wie folgt[95]:

Jahr	Zahl der Auswanderer
1962	86 296
1963	99 028
1964	116 146
1965	84 760
1966	68 363
1967	36 452
1968	78 122
1969	112 205
1970	112 806

1972 gab es in den fünf wichtigsten Aufnahmeländern in Westeuropa 622.536 spanische Arbeiter, die nicht arbeitenden Familienangehörigen nicht mitgerechnet[96]. Davon befanden sich 260.000 in Frankreich und 190.000 in der Bundesrepublik.

Die Emigration war für den franquistischen Staat von doppeltem Nutzen: Zum einen half sie, ein Anschwellen der Unzufriedenheit zu vermeiden, und zum anderen trugen die Lohnüberweisungen der Emigranten zum Ausgleich der stark defizitären Handelsbilanz bei.

Der Umfang dieser Lohnüberweisungen stieg von 55 Mill. Dollar 1960 über 466 Mill. 1970 auf 790 Mill. im Jahr 1974[97]. Sie repräsentierten im Jahr 1973 26 % der Handelsbilanzpassiva[98].

Ohne diese beträchtlichen Devisenbeiträge wäre die Industrialisierung zweifellos nicht so rasch fortgeschritten. Aber während auf der einen Seite Hunderttausende von Spaniern ins Ausland gehen mußten, um einigermaßen menschenwürdig leben zu können, holte das Finanzkapital auf der anderen Seite ausländische Arbeiter in großer Zahl ins Land: Schon 1971 befanden sich weit über 100.000 algerische und marokkanische Hilfsarbeiter in Spanien, die hauptsächlich im Baugewerbe beschäftigt waren[99].

Diese Arbeitskräfte wurden zu einer der größten Profitquellen der Bauwirtschaft, da sie, weil illegal und ohne Arbeitsgenehmigung ins Land gekommen, sich oft mit der Hälfte des staatlich vorgeschriebenen Mindestlohns begnügen mußten und keinerlei Sozial- und Krankenversicherung genossen. Dieses rechtlose Subproletariat half zugleich, wirksam die Löhne der spanischen Arbeiter zu drücken.

db) Tourismus als Devisenbringer

Die mittelfristigen strukturellen Auswirkungen des Tourismus auf die spanische Wirtschaft (z.B. Konzentration von Arbeitskräften im Baugewerbe oder - mit starker saisonaler Abhängigkeit - in Gastronomie und Hotellerie, desgleichen die oft verheerenden Auswirkungen auf das ökonomische Gleichgewicht der betroffenen Provinzen) waren in den letzten Jahren Gegenstand zahlreicher Untersuchungen[100].

An dieser Stelle soll nur auf die Bedeutung der Einnahmen aus dem Tourismus eingegangen werden, denen angesichts der Zahlungsbilanzsituation große Bedeutung zukommt. Da der Tourismus - vorwiegend im Zusammenhang mit der weltwirtschaftlichen Entwicklung - seit 1974 rückläufig war, und zwar sowohl der Zahl der Touristen als auch dem Umfang der Einnahmen nach (unter Berücksichtigung der Inflation), richteten sich auf diesen Wirtschaftszweig nicht wenige Sorgen. Hinzu kam, daß nach dem Tod General Francos der Spanien-Tourismus unter einer ähnlichen Greuelpropaganda gewisser ausländischer Medien zu leiden hatte, die den portugiesischen Tourismus nach dem 25. April 1974 auf die Hälfte seines Volumens schrumpfen ließ. Das Phänomen der besonderen Zuträglichkeit autoritärer oder faschistoider Regimes für den Tourismus bzw. die nachteilige Wirkung demokratischer Wandlungen auf ihn scheint einer besonderen Untersuchung würdig, die den Rahmen dieser Arbeit freilich sprengen würde. Es bleibt festzuhalten, daß es für die Devisenquelle Tourismus noch für längere Zeit keine Alternative gibt und die Regierung zumindest versuchen muß, eine weitere Talfahrt dieses Sektors zu vermeiden. Die enormen Wachstumsraten seit 1960 und den Knick in der Entwicklung seit 1974 veranschaulichen die folgenden Zahlen[101]:

Jahr	Mill. Touristen	Einnahmen Mill. Dollar
1960	6,11	297,0
1961	7,45	384,6
1962	8,67	512,6
1963	10,93	679,3
1964	14,10	918,6
1965	14,25	1 156,9
1966	17,20	1 250,0
1967	17,85	1 209,8
1968	19,12	1 215,0
1969	21,68	1 310,6
1970	24,10	1 680,8
1971	26,50	2 054,1
1972	32,51	2 607,4
1973	34,56	3 120,5
1974	30,16	3 187,9
1975	30,09	3 211,8

e) Das fiskalische System: ein regimeinterner Konfliktherd

Die Struktur des spanischen Steuersystems reflektiert in augenfälliger Weise die politisch-sozialen Herrschaftsstrukturen des Franco-Staates. In kaum einem Land Westeuropas ist die Steuermoral so gering und sind die Möglichkeiten der Steuerhinterziehung für Großverdiener so günstig wie in Spanien. Von 35 Mill. Spaniern geben nur 1,5 Mill. eine Steuererklärung ab, wobei die Beamten in dieser Zahl schon inbegriffen sind. "Arbeiter und Angestellte sind unter dem jetzigen Steuersystem die Benachteiligten, da ihr Steueranteil von den Unternehmen abgezogen und dem Fiskus direkt zugeleitet wird, während die Kapitaleigener durch Manipulation bei der Einkommensteuererklärung meistens nur einen Bruchteil ihrer Einnahmen angeben und entsprechend billig dabei wegkommen."[102]

Sehr aufschlußreich ist in diesem Zusammenhang der ungewöhnlich hohe Anteil der indirekten Steuern am gesamten Steueraufkommen: 1973 kamen fast 57 % der Haushaltsmittel aus indirekten Steuern. Der geringe Anteil der direkten Steuern am gesamten Steueraufkommen und die extrem niedrige Besteuerung der Industrie schlechthin wirkten sich auf das Tempo der (privatwirtschaftlichen) Industrialisierung zwar positiv aus, weil auf diesem Wege die Gewinne hochgehalten wurden, aber die Kosten der Industrialisierung wurden dadurch voll auf die Masse der Lohnabhängigen abgewälzt[103]. Im Haushaltsplan von 1973 verteilten sich die Einnahmen[104] wie folgt:

	Steuersumme (in Mill. Ptas.)	% vom gesamten Steueraufkommen
Direkte Steuern	147 502,9	30,48
Indirekte Steuern	274 822,0	56,78
Gebühren, Einnahmen aus Staatsbesitz usw.	61 649,6	12,74
	483 974,5	100,0

Sowohl mit dem Anteil der Steuern am Bruttosozialprodukt als auch dem Anteil der Einkommensteuer am gesamten Steueraufkommen steht Spanien am Ende der Skala der OECD-Länder[105]:

Land	Steueraufkommen in % des BSP	Direkte Einkommensteuer in % am BSP	Anteil der Einkommensteuer in % am ges.Steueraufk.
Schweden	43,0	19,0	44,1
Niederlande	39,7	10,5	26,4
Dänemark	38,7	16,5	42,5
Norwegen	38,4	11,5	29,8
Großbritannien	36,6	11,5	31,4
Frankreich	36,3	4,0	11,0
Österreich	35,8	7,4	20,6
Bundesrepublik	34,0	8,7	25,6
Belgien	33,8	8,3	24,6
Finnland	32,8	11,3	34,7
Luxemburg	32,4	7,7	23,6
Canada	30,2	9,0	29,0
Italien	30,1	3,4	11,2
Irland	29,8	5,3	18,4
Island	28,6	-	-
USA	27,9	9,7	34,4
Griechenland	26,3	-	-
Australien	24,4	8,8	36,1
Schweiz	21,5	7,9	36,6
Portugal	21,1	-	-
Türkei	20,4	4,5	22,1
Japan	19,4	4,3	21,9
Spanien	19,2	2,1	11,0

Nirgends wird der Widerspruch zwischen der autoritäretatistischen Rhetorik des Regimes und seiner wirtschaftspolitischen Praxis deutlicher als in diesen Zahlen. Der extreme "Liberalismus" in Wirtschaftsfragen zeigte freilich auch sehr klar den Stellenwert auf, den der falangistisch-staatsinterventionistische Flügel in der Hierarchie des Franco-Staates hatte. Das spanische Privatkapital war stets darauf bedacht, im Kabinett und den Spitzen der Verwaltung genügend Vertreter zu haben, die verhinderten, daß die "rhetorischen Orgien von der Nationalisierung der Banken oder der 'Syndikalisierung' des Wirtschaftslebens" nicht über das Niveau und den Einfluß von Sonntagsreden hinausgediehen[106].

ea) Das Problem der Steuerreform

Das Bewußtsein von der durch die Steuergesetze zementierten Ungleichheit und der skandalösen Privilegien einer fiskalisch begünstigten Überschicht ist in Spanien so allgemein, daß bei verschiedenen Revirements die Regierung Francos sich immer wieder zur Ankündigung einer Steuerreform veranlaßt sahen, obwohl die Aussichten auf die politische Durchsetzung einer solchen Reform zu Lebzeiten Francos gleich Null waren[107]. Den einzigen ernsthaften Versuch, eine Steuerreform in die Wege zu leiten, mit der die Besteuerung hoher Einkommen einschneidend erhöht werden sollte, unternahm Arias' erster Finanzminister Antonio Barrera de Irimo, der auch prompt gestoppt wurde. Er sah sich veranlaßt, bei der von den Ultrarechten erzwungenen Entlassung des liberalen Informationsministers Pio Cabanillas im November 1974 ebenfalls den Hut zu nehmen[108]. Sein Nachfolger Cabello de Alba legte das Projekt wieder in die Schublade. Die Frage der Steuerreform stellt sich indessen nicht nur als vordergründiges Gefecht im Verteilungskampf dar. In ihr offenbart sich auch der wachsende Widerspruch zwischen den Verteidigern und Nutznießern der hergebrachten franquistischen Finanzpolitik einerseits und einem sich rasch entwickelnden monopolistischen Wirtschaftssektor mit konträren Interessen auf der anderen Seite. Die Verfechter des eingefahrenen fiskalischen Systems lassen sich etwa im Bereich der mittelständischen Industrien und bestimmter Schichten selbständiger Großverdiener lokalisieren. Auf der anderen Seite stehen die Repräsentanten monopolistischer, nicht zuletzt "multinationaler" Unternehmen, deren Interessen auf vermehrte Staatsintervention und damit auf höhere Einnahmen des Staates gerichtet sind.

Anders als in den übrigen westeuropäischen Industriestaaten bewirkte in Spanien das Wachstum des monopolistischen Sektors kein paralleles prozentuales Anwachsen der Staatsausgaben. Diese Ausweitung von Staatsausgaben und Staatstätigkeit erwies sich in den demokratisch regierten Ländern aus zwei Gründen als zwingend: Zum einen soll der Staat in ständig steigendem Umfang die "sozialen Kosten" der gesellschaftlichen Produktion übernehmen und damit die private Aneignung der Gewinne sichern (unter "soziale Kosten" fallen so unterschiedliche Dinge wie Berufsbildung, Arbeitslosenversicherung, Umweltschutz, Infrastrukturprogramme usw.). Wie das Beispiel einiger hochentwickelter Staaten (z.B. Schwedens, aber auch der Bundesrepublik) zeigt, ist diese Ausweitung der Staatstätigkeit nur im Wege einer beträchtlichen Anhebung der direkten Besteuerung gegenüber der indirekten möglich, der sich der nichtmonopolistische Flügel des spanischen Systems bisher erfolgreich zu widersetzen vermochte. Zum anderen kommt das Wachstum der Staatsausgaben wieder direkt dem Wachstum des Monopolsektors zugute, z.B. in Form der Verbesserung der Produktionsbedingungen (Infrastrukturinvestitionen, Exportgarantien usw.), direkter Staatsaufträge oder verschiedener konsumwirksamer Staatsausgaben[109].

Dies natürlich nur insofern, als der Staat die vermehrten Einnahmen nicht benutzt, um selbst auf dem Gebiet der Produktion mit der Monopolwirtschaft in Konkurrenz zu treten. In Spanien blieb, abgesehen von den fiskalischen Kalamitäten, die Haltung des Staates aber stets zwiespältig: Das Wachstum des Monopolsektors wurde durch die schon erwähnte Fusionspolitik des INI und andere finanzielle Anreize für Unternehmensfusionen[110] zwar intensiv gefördert, aber zugleich stellte das INI selbst eine potentielle Bedrohung der Autonomie dieser Wirtschaftssubjekte dar und trat auf etlichen Gebieten mit ihnen in Konkurrenz (z.B. Petrochemie, Fahrzeugbau und Stahlproduktion).

Vorteilhaft für die Großunternehmer war - zumindest noch während der sechziger Jahre - die Praxis des Staats, die oben beschriebenen, eigentlich von ihm zu tragenden "sozialen Kosten" dadurch niedrig zu halten, daß im Wege der Repression die Artikulation und Durchsetzung entsprechender Forderungen unterbunden wurde[111]. Der völlig unbefriedigende Zustand der Arbeitslosenversicherung[112], aber auch die (im Vergleich zu anderen Industriestaaten) relativ bescheidenen Militärausgaben (s.u.) waren Faktoren, die letztlich - neben vielen anderen - sich auf die Etragssituation der Unternehmen positiv auswirkten. Das allmähliche Erstarken der Arbeiterbewegung gegen Ende der sechziger Jahre, die Herausbildung paralleler Machtstrukturen durch die Opposition und, vor allem, die faktische Übernahme der meisten gewerkschaftlichen Organe der OS durch die Arbeiterkommissionen, setzten den Zeiten der um die sozialen Folgen unbekümmerten Akkumulation ein Ende. Mit anderen Worten: Diejenigen Produktionskosten, die nicht auf den Staat abgewälzt werden konnten, stiegen ständig. Die Schwächen des autoritären Staates traten immer deutlicher hervor: Der zu kleine Etat, der viel zu niedrige Staatsanteil am Bruttosozialprodukt erlaubten weder ausreichend umfangreiche Staatsaufträge für die Privatwirtschaft, noch entsprechend konsumwirksame Ausgaben. Sie führten schließlich in der Rezession 1974/75 zu der Unfähigkeit des Staates, eine einigermaßen wirksame antizyklische Finanzpolitik zu betreiben.

Die geschilderten Verhältnisse lassen vermuten, daß das monopolistische Kapital in Spanien (sei es national oder "multinational") künftig entschiedener diejenigen politischen Kräfte unterstützen wird, die die fundamentalen ökonomisch-politischenNotwendigkeiten (also Steigerung des Staatsanteils am BSP, Übernahme vielfältiger sozialer Kosten, Erhöhung der Staatsaufträge an die Privatwirtschaft) erkannt haben und die entsprechenden Reformen in die Wege zu leiten vermögen. Dies sind nicht die politischen Träger des Franco-Systems.

Daten zum Wandel der Sozialstruktur

Die schon in den fünfziger Jahren einsetzende massive Landflucht, die Verlagerung des Schwerpunkts der spanischen Gesellschaftsstruktur vom ländlich-agrarischen auf den städtisch-industriellen Bereich setzte sich nach dem Stabilisierungsplan - praktisch bis auf den heutigen Tag - in verstärkter Weise fort. In weniger als zwei Jahrzehnten holte Spanien auf diesem Gebiet nach, wofür andere Nationen ein halbes Jahrhundert und mehr gebraucht hatten. Die Gewaltsamkeit dieses Vorgangs, der im Bruchteil eines Menschenalters Millionen von Menschen ihrer gewohnten Umwelt entriß und in eine neue, nach anderen Gesetzen lebende verpflanzte, können die nüchternen Zahlen der innerstaatlichen Migrationen nicht nachzeichnen. Sie zeigen aber auf, daß die Struktur der spanischen Gesellschaft von heute mit der von 1936 kaum noch etwas gemein hat. Dies verdient festgehalten zu werden, weil es manchen Propagandisten der Rezepte von 1936 noch nicht ins Bewußtsein gelangt scheint; allen voran jenen nicht, die glauben, Sozialpolitik mit Waffen machen zu können.

Wie wir gesehen haben, verließen schon im Zeitraum 1950-1960 jährlich annähernd 60.000 Personen ihre ländliche Heimat[113]. Dem FOESSA-Bericht von 1967 zufolge[114] wanderten von 1961-69 insgesamt 3 1/2 Millionen Menschen in die städtischen Agglomerationen. 1 Million davon kamen aus Orten mit weniger als 10.000 Einwohnern; die meisten von ihnen gingen in Städte mit mehr als 100.000 Einwohnern. Dort wurden sie jedoch keineswegs, wie Rachdorf/Quijada meinen, "oft ... Slumbewohner"[115]. Selbst unter Berücksichtigung der touristischen Bauprojekte hielt der Wohnungsbau bei einem jährlichen Bauvolumen von ca. 300.000 Einheiten (davon etwa 200.000 subventionierten Wohnungen oder reinen Sozialwohnungen) mit der Landflucht einigermaßen Schritt[116].

Entsprechend entwickelte sich auch die Verteilung der erwerbstätigen Bevölkerung nach Sektoren[117]:

Verteilung der erwerbstätigen Bevölkerung nach Sektoren in %

	1930	1940	1950	1960	1964	1968	1971
Landwirtschaft	54,0	51,9	49,6	41,7	34,9	31,2	25,0
Industrie	24,3	24,0	25,5	31,7	34,8	36,4	38,0
Dienstleistungen	21,7	24,1	24,9	26,6	30,3	32,4	37,0

Giner schätzt[118], daß bereits1975 der Anteil der in der Landwirtschaft Beschäftigten unter 20 % lag. Im III. Entwicklungsplan wird dieser Anteil in der Perspektive für 1980 auf 18,9 % veranschlagt; alle vorliegenden Zahlen deuten jedoch darauf hin, daß dieser Stand schon wesentlich früher erreicht wird[119]. Auch bei der funktionalen Verteilung des Volkseinkommens nahm der Anteil der Einkommen aus unselbständiger Arbeit stetig zu. Die Zahlen hierzu sind zwar wegen unterschiedlicher Erhebungsverfahren der Statistiker recht unterschiedlich, bestätigen aber das kontinuierliche Anwachsen des lohnabhängigen Beschäftigtenteils. Der III. Entwicklungsplan[120] gibt für 1970 den Anteil der Einkommen aus abhängiger Arbeit mit 58 % gegenüber 53 % im Jahr 1960 an, schlägt aber mit einem etwas fragwürdigen Verfahren die 22,5 % der Einkommen der Selbständigen dazu und kommt so auf 81,3 % Einkommen aus "eigener Arbeit". Der Anteil der abhängig Beschäftigten (ohne die Landwirtschaft) lag 1968 bei 62 % und damit noch immer deutlich unter Frankreich mit 75,9 % oder der Bundesrepublik mit 80,6 %[121].

Beachtlich bleibt in jedem Fall der rasche Anstieg des Volkseinkommens von 946 Milliarden Ptas. 1964 auf 3.720 Milliarden im Jahr 1974, auch wenn man die Inflation dabei berücksichtigt[122]. Mit der ebenfalls 1974 durchbrochenen "Schallmauer" von 2.000 Dollar Pro-Kopf-Einkommen kommt Spanien schließlich in die von Herman Kahn angegebene Gruppe der Volkswirtschaften mit "Massenkonsum"[123] - wenn auch nur knapp, rechnet man die Wechselkursschwankungen und die Inflationsrate mit ein.

Erschwerend für den Fortgang der Industrialisierung und vor allem für die Einheitlichkeit der ökonomischen Entwicklung wirkte sich in der Vergangenheit die relativ geringe Bevölkerungsdichte von 70 Einwohnern pro Quadratkilometer aus (bzw. 36 Mio. auf 504.741 Quadratkilometer). Sie begünstigte nicht zuletzt die Fragmentierung der politischen Kräfte und erschwerte die Kommunikation unter ihnen sowie zeitigte das Phänomen des sozialen und wirtschaftlichen "Kazikentums". Langfristig könnten sich diese Reserven an Raum jedoch durchaus als Vorteil herausstellen.

4. Der autoritäre Staat auf dem Rückzug

a) Neutrale Ansätze im Arbeitsrecht

Als "flankierende Maßnahme" zum Stabilisierungsplan von 1959 und den nachfolgenden Vierjahresplänen hatten die Opus-Dei-Technokraten schon im Jahr 1958 das Gesetz über kollektive Tarifabschlüsse durchgesetzt (Ley de Convenios Colectivos). Es ist für die Geschichte der spanischen Wirtschaft ebenso wie für die der Arbeiterbewegung in mehrerlei Hinsicht bemerkenswert: Es signalisierte das Scheitern der falangistischen Wirtschaftspolitik, es entwertete die vertikalen Syndikate und trug wesentlich zum Entstehen einer authentischen Arbeitnehmervertretung bei.

Im einzelnen sieht das Gesetz vor, daß Unternehmer und Gewerkschaft selbständig, ohne Einschaltung des Staates, über Lohnabkommen verhandeln können. Erst von einem bestimmten Punkt der Lohnauseinandersetzung an (wenn nach zehntägiger Arbeitsniederlegung keine Verhandlungslösung erreicht ist) tritt der Staat wieder in Aktion, d.h. das Arbeitsministerium dekretiert einen Kompromiß, der allerdings in den meisten Fällen etwa dem entspricht, was das letzte Angebot der Unternehmerseite enthielt. Da sich der Staat jedoch die jährliche Festsetzung von Höchstgrenzen für Lohnsteigerungen vorbehielt, schuf das Gesetz zwar Möglichkeiten für flexiblere Lohnpolitik der Unternehmer, stellte aber nicht die volle Tarifautonomie her[124]. Neben diesen prozeduralen Bestimmungen erhielt das Gesetz über die kollektiven Tarifabschlüsse und eine Reihe nachfolgender Dekrete zwei zentrale ökonomische Funktionen:

- Abbau der Restriktionen für die Entlassung von Arbeitnehmern,
- Anbindung der Lohnsteigerungen an Produktivitätsfortschritte.

Die Erleichterung von Entlassungen stellte einen schweren Schlag gegen die syndikalistische Ideologie der Falange dar, die es zu einem ihrer Haupt-Propagandaschlager zählte, ein Arbeitsrecht etabliert zu haben, das die Entlassung eines einmal eingestellten Arbeiters nahezu unmöglich machte. Dieses, auf den noch im Bürgerkrieg gegebenen "Fuero del Trabajo" zurückgehende Prinzip hatte sich zwar in der Autarkiephase bewährt, half es doch, in jenen Zeiten extremer, staatlich dekretierter Niedriglöhne für die Unternehmen den Lohnkostenfaktor so günstig zu gestalten, daß zumindest im Sekundärsektor die Vollbeschäftigung garantiert werden konnte. Den relativen sozialen Frieden in den fünfziger Jahren führen manche Altfalangisten noch heute gerne auf diesen Umstand zurück. Als die Signale auf Wettbewerb gestellt wurden und die spanische Industrie auch auf dem Weltmarkt wieder konkurrenzfähig werden sollte, setzten die Kostenrechner natürlich bei den Löhnen an. Rentabilität war nur durch Rationalisierung zu erreichen, und Rationalisierung hieß Personal einsparen.

Die teilweise Liberalisierung des Entlassungsrechts wurde dem Staat, wie wir schon gesehen haben, durch die Möglichkeit der Auswanderung für die Betroffenen erleichtert. Dennoch erfolgten die entsprechenden Schritte recht zaghaft, und noch heute ist die Arbeitsplatzsicherung in Spanien als Relikt falangistischer Autarkiepolitik besser als anderswo[125]. Diese Überreste autarkistischer Politik werden im Zuge der völligen Ausrichtung der spanischen Wirtschaft auf Weltmarkt-Erfordernisse ohne jeden Zweifel noch verschwinden müssen. Auch nach Ansicht von Tamames[126] setzt dies eine völlige Flexibilität der Unternehmen in der Personalpolitik voraus - und entzieht den "Vertikalisten" jegliche Existenzberechtigung. Die Bedeutung, die dieser Frage seitens der Unternehmer eingeräumt wird, kann kaum unterschätzt werden. So ergab eine Umfrage unter katalanischen Unternehmern schon 1968, daß von 107 befragten Firmenchefs sich 18 für volle Tarifautonomie und freie Gewerkschaften (sprich: Legalisierung der Arbeiterkommissionen) aussprachen, falls sie im Gegenzug freie Hand bei der Personalpolitik bekämen[127]. Für die Arbeitnehmer stellt natürlich jeder Schritt in Richtung auf solcherlei "Flexibilität" eine Verringerung ihres sozialen Besitzstandes dar, der auch mit entsprechendem Widerstand beantwortet wird.

Die Anbindung von Lohnsteigerungen an Produktivitätsfortschritte war das ökonomische Hauptanliegen der Opus-Wirtschaftler. Da mit dieser Anbindung nicht der Produktivitätsfortschritt einzelner Unternehmer, sondern der gesamten Volkswirtschaft gemeint war, blieben die kampfstärksten Industriezweige stets benachteiligt; eine Quelle zur Verlängerung und Verschärfung von Lohnkämpfen war so in das Gesetz geradezu eingebaut. Die Anhebung der Produktivität im Sinne der Ley de Convenios Colectivos erwies sich als ein Konzept, "mit dem von nun an die unterschiedlichsten Waren verkauft wurden, darunter die brutalsten Systeme der Intensivierung der Arbeit"[128].

b) Niedergang der "vertikalen" Syndikate

Die Wirkungslosigkeit der bestehenden vertikalen Syndikate im Sinne eines Motors für Rationalisierungsanstrengungen (durch Lohnforderungen), ihre offen produktivitätshemmende Funktion beim Entlassungsrecht, stellte schon Ende der fünfziger Jahre einen immer stärker hervortretenden Widerspruch zu den Notwendigkeiten der neuen ökonomischen Strukturen dar. Zusammen mit dem allzu bequemen Hilfsinstrument der polizeilichen Repression ermöglichte sie den Unternehmern ein "prae-neokapitalistisches Verhalten"[129]. Zum einen zeigte sich nun, daß die im Entstehen begriffene Konsumgesellschaft zum einwandfreien Funktionieren einer gewissen, durch gewerkschaftlichen Druck erzeugten Dialektik bedurfe, ja daß gewerkschaftliche Pressionen in bestimmten Phasen der neokapitalistischen Wirtschaftsentwicklung ein Schlüsselelement des technologischen Fortschritts sind.

Zum anderen verloren die Syndikate mit den Entwicklungsplänen ihre bisherige Funktion als Kommunikationsträger zwischen der staatlichen Wirtschaftsplanung und den Unternehmen, quasi als Transmissionsriemen der wirtschaftspolitischen Konzepte des Staates. Die Vierjahrespläne wurden von Technokraten ausgearbeitet und realisiert, die selbst keinerlei Beziehung zu den Syndikaten mehr hatten und sie auch als vermittelnde Struktur nicht mehr brauchten, weil sie es vorzogen, makroökonomische Plandaten direkt mit den Konzernen und monopolistischen Kapitalgruppen abzusprechen. "Mit der Einrichtung der prozeduralen Maschinerie des (Entwicklungs-)Plans waren die Syndikate endgültig ausmanövriert."[130] Damit ging auch der Verfall ihres Vertrauenskredits bei jenen einher, die sie zu repräsentieren vorgaben: Eine 1968 durchgeführte Umfrage der linkskatholischen Unión Sindical Obrera (USO) unter mehreren tausend Arbeitern und Angestellten nach deren Einstellung gegenüber der Organización Sindical (OS) brachte ans Licht, daß noch ganze 0,7 % der Befragten in die Staatsgewerkschaft positive Erwartungen setzten; 97 % hielten sie für nutzlos und 2,3 % hatten keine Meinung[131]. Der Zusammenbruch der Legitimation der OS offenbarte sich seit 1962, als die Arbeiter der großen Industriezentren begannen, neue Wege zu gehen.

c) Das Heraufkommen der Arbeiterkommissionen

Im Jahr 1962 zeichnete sich eine grundlegende und folgenschwere Wende in der Gewerkschaftspolitik der Opposition ab: Das Entstehen der Arbeiterkommissionen in einem quasi naturwüchsigen Prozeß und das Einschwenken der maßgeblichen politischen Gruppierungen auf die von den Comisiones Obreras (CC.OO.) entwickelten Formen der autonomen Organisation auf immer mehr Sektoren der Produktion und - später - auch der

Reproduktion. Die Fähigkeit der Parteien und politischen Bewegungen, sich auf diese neuen Formen des Kampfes umzustellen und daraus auch Folgen für die eigene Binnenstruktur zu ziehen, wurde zu einem mächtigen Selektionsmechanismus in der spanischen Opposition, der für viele scheinbar noch einflußreiche Gruppierungen das Aus bedeutete.

Gemäß den Prinzipien der Opus-Wirtschaftspolitik versuchten die Unternehmensleitungen 1962, Lohnerhöhungen mit teils massiven Normerhöhungen für die Arbeiter zu verbinden. Besonders in den nordspanischen Kohlegruben wurde bei der Anwendung des Konzepts der verdeckten Intensivierung der Arbeit der Bogen überspannt; es kam zu massiven Streikreaktionen, die - vor allem in Asturien - nach und nach ganze Industriezweige erfaßten. Was den asturischen Streiks von 1962 ihre Durchschlagskraft verlieh (fast alle Forderungen der Streikenden konnten durchgesetzt werden), war die erstmalige Bildung von Arbeiterausschüssen auf Betriebsebene. Sie setzten sich aus direkt gewählten Vertretern der Belegschaften zusammen, arbeiteten aber nicht im Untergrund, wie die illegalen Gewerkschaften der Parteien (OSO und UGT), sondern innerhalb der vertikalen Staatsgewerkschaft und daher von vornherein mit dem Anspruch auf volle Legalität.

Angesichts der vielen seltsamen Versionen, die noch heute über die Entstehung der CC.OO. umlaufen[132], verdient festgehalten zu werden, daß die Kommissionen etwas aus der Dialektik der ökonomischen Verhältnisse und in den Betrieben selbst emporgewachsenes darstellen, nicht aber das Resultat eines planvollen Eingriffes von außen, etwa eine Erfindung der Kommunistischen Partei, wie es die franquistische Presse glauben machen wollte[133]. Der CC.OO.-Führer Marcelino Camacho schildert den Beginn dieser neuen Organisationsform folgendermaßen[134]:

"Die Komplexität des offiziellen, die Unternehmer mit einschließenden Syndikats und die Abwesenheit oder Wirkungslosigkeit des im Untergrund arbeitenden, zwangen uns Arbeiter, da wir dem offiziellen Syndikat mißtrauten, jedesmal dann eine Kommission zu wählen, wenn es galt, dem Abteilungsleiter, dem Prokuristen oder dem Unternehmer eine Forderung vorzutragen. Diese Kommission wurde in den jeweiligen Abteilungen gewäht, trug ihre Forderungen vor und legte den Arbeitern Rechenschaft über ihre Tätigkeit ab. Nach Erreichen einer Verbesserung löste sie sich wieder auf. So entstanden und verschwanden im Laufe mehrerer Jahre Tausende von Kommissionen mit den Problemen, die sie beschäftigten, bis die bewußtesten Kämpfer sich über diese Aktionen hinaus zusammenschlossen und erkannten, daß die neue Form gefunden war, die die Arbeiterklasse spontan zu ihrer Verteidigung geschaffen hatte, unter bestimmten historischen Bedingungen."

Obwohl die CC.OO. von Anfang an vom PCE und der OSO massiv unterstützt wurden, wurde ihr Anspruch auf volle Legalität zunächst akzeptiert - eben weil sie als rein ökonomistische, im Grunde unpolitische Struktur galten, die nur begrenzte Forderungen stellte und für die Unternehmer einen kalkulierbareren Faktor darstellten als die konspirativ arbeitenden Untergrundgewerkschaften. So war es den CC.OO. auch leicht möglich, den Schritt von den reinen Betriebskommissionen zur überregionalen Organisation zu vollziehen. Die Gründung der Provinzkommission der Madrider Metallindustrie im Jahr 1964 fand sogar im Verwaltungsgebäude der Metallgewerkschaft im Beisein von 600 Gewerkschaftlern und mehreren mittleren und höheren Chargen der OS statt[135].

Die Unsicherheit des Regimes, seine halbherzige Duldung der CC.OO. in den ersten Jahren ihres Bestehens trugen wesentlich zu der raschen Ausbreitung dieser demokratischen Parallelgewerkschaft bei. Auch führende Persönlichkeiten des Regimes wie der Chefredakteur der Syndikatszeitung "Pueblo", Emilio Romero, äußerten sich anfangs positiv zu den Anliegen der CC.OO.[136].

Einer Delegation der CC.OO. gelang es 1966 sogar, bis ins Vorzimmer des Arbeitsministers Solís vorzudringen, der unschlüssig war, ob er sie empfangen sollte oder nicht, sie nach telefonischer Abstimmung mit dem Kollegen vom Innenressort aber doch lieber verhaften ließ[137]. Erst im März 1967 erklärte das Tribunal Supremo (der Oberste Gerichtshof Spaniens) die CC.OO. zu verbotenen Vereinigungen im Sinne des § 174 des Strafgesetzbuches.

Die zwischenzeitlich erkämpften Freiräume wußten die CC.OO. gut zu nutzen. Um ihre Position als ausschlaggebende Verhandlungspartner der Unternehmer zu festigen, aber auch um die Sicherheit ihrer Kader bei möglicher Illegalisierung einigermaßen gewährleisten zu können, stellten die CC.OO. bei den Syndikatswahlen von 1966 erstmals eigene Kandidatenlisten auf. Der Erfolg war durchschlagend: Bei ungewöhnlich hoher Wahlbeteiligung (83,3 %) kamen rund drei Viertel aller gewählten Kandidaten von den Listen der CC.OO., nur 22,5 % der früheren Vertrauensleute wurden in ihrem Amt bestätigt[138].

Die allgemein gestiegene Kampfbereitschaft der Arbeitnehmer, aber auch das 1962 erlassene "Dekret über Arbeitskonflikte", das bei Streiks einen genau festgelegten Verhandlungsmechanismus etablierte, der mit der Intervention der Behörden endet, stärkten die Position der Betriebsräte (deren Wahlen von der OS-Hierarchie nur wenig beeinflußt werden konnte) und überhaupt der unteren Ebene des Staatssyndikats ganz erheblich, wenngleich die höheren Ebenen bis hin zum Syndikatsministerium nach wie vor in der Hand der unternehmerfreundlichen Vertikalisten blieben.

Die Zwickmühle, die sich nun für die Unternehmer ergab, resultierte daraus, daß zwar die vertikale OS, d.h. deren höhere Instanzen, einen mit ihr ausgehandelten bzw. vom Ministerium oktroyierten Kompromiß guthieß, nicht aber die CC.OO.-Betriebsräte. Ohne sie war aber keine Schlichtung möglich: Die Betriebsräte stellten die einzige authentische Vertretung der Arbeitnehmer dar und wurden deshalb von den Geschäftsleitungen als Verhandlungspartner gebraucht. Verhandlungen mit den anderen, nicht repräsentativen Syndikatsorganen erwiesen sich als wenig sinnvoll, weil diese die Streikenden nicht zur Wiederaufnahme der Arbeit bewegen oder allgemein disziplinierend wirken konnten. Die Folge dieser Erscheinung war kurzfristig eine allgemein verstärkte Tarifautonomie auf der Betriebsebene[139], aber die Solidarität über die Betriebsgrenzen hinaus kündigte sich schon als nächste Etappe an.

5. Authentische und nihilistische Opposition

a) Die Prinzipien der CC.OO. als Maßstab realistischer Politik im autoritären Staat

Die Arbeiterkommission und das Phänomen autonom organisierter Bewegungen schlechthin begannen seit Anfang der sechziger Jahre das Spektrum der spanischen Opposition von Grund auf zu verändern. Sowohl im Bereich der Gewerkschaften als auch in dem der politischen Parteien und Bewegungen halfen die CC.OO. die Spreu vom Weizen zu sondern. Die durchschlagenden Erfolge der CC.OO. im Lohnkampf, ihr kometenhafter Aufstieg als zentraler Faktor der Opposition, gründen sich auf drei Haupteigenschaften dieser Bewegung:

- Anstelle der Propagierung politischer Totallösungen setzten die CC.OO. an den konkreten und unmittelbaren Bedürfnissen der Menschen an. Obwohl ihre Politik - oberflächlich betrachtet - sich rein ökonomistisch ausnahm, hatte sie langfristig die systempolitischen Konsequenzen, die die "alten" Gewerkschaften und Parteien vergeblich angestrebt hatten. Ohne das von den CC.OO. geleistete Durchfechten noch so kleiner Detailforderungen und die damit verbundenen Erfolgserlebnisse einerseits, die ständige materiale Erfahrung der Systemgrenzen andererseits für Millionen Werktätige hätte das für die Diktatur letztlich tödliche Konfliktbewußtsein der arbeitenden Massen nicht erzielt werden können.
- Die CC.OO. verließen als erster Teil der Opposition den Untergrund, der alle politischen Handlungsmöglichkeiten bis dahin auf ein Minimum beschränkt hatte. Ihre Strategie, alle Möglichkeiten legalen Handelns vollständig auszuschöpfen und damit allmählich zu erweitern (eine Strategie, die im parteipolitischen Bereich der Sozialist Tierno Galván als erster anwandte), erwies sich als die wirksamste Form oppositioneller Politik im autoritären Staat[140].
- Es gelang den Arbeiterkommissionen, Organisationsformen zu finden, die die Durchführung von Massenaktionen erlaubten und sie dennoch den Repressionen des Systems einigermaßen entziehen konnten.

Im gewerkschaftlichen Bereich blieben nach dem Heraufkommen der CC.OO. fast alle Organisationen auf der Strecke, die in der Zeit des Untergrundkampfes das Feld "beherrscht" hatten. Dazu zählte nicht nur die, schon in den fünfziger Jahren faktisch inexistente CNT, sondern auch die nicht minder traditionsreiche sozialistische UGT. Die letztere verschwand zwar niemals vollständig von der politischen Landkarte Spaniens und konnte mit Mühe gewisse Positionen im Baskenland, vor allem in Bilbao, halten. Die Weigerung der UGT-Führung (und damit des PSOE), in den CC.OO. mitzuarbeiten, wirkte sich aber schon bald katastrophal auf die Stellung der Sozialisten in der Machtverteilung unter den Oppositionsgruppen aus. Der Grund dieser ablehnenden Haltung von PSOE/UGT gegenüber den CC.OO. dürfte in erster Linie dem fast paranoischen Antikommunismus der PSOE-Führung unter Llopis zuzuschreiben sein, aber auch der richtigen Erkenntnis, daß PSOE und UGT einem möglichen Partner CC.OO. real weder nennenswerte Kader noch einen im Inland funktionierenden Apparat zur Unterstützung anzubieten hatten. Ein Versuch des PSOE, in Gestalt der sogenannten "Comités de Fábrica" ein Konkurrenzunternehmen zu den CC.OO. aufzuziehen, scheiterte. Die "Comités" blieben in den Augen der Arbeiter das, als was sie gedacht waren: abhängige Organe einer politischen Partei, die keines der drei obengenannten Kriterien erfüllten. Sie wurden vom PSOE auch ohne weiteres aufgegeben, als die UGT wieder einigermaßen unbehelligt agieren konnte[141].

Auch der PCE gab allmählich seine Parteigewerkschaft OSO (Oposicion Sindical Obrera) auf, als sich die CC.OO. als mögliche künftige Einheitsgewerkschaft herausschälte. Es blieb den Maoisten im PCE/ML vorbehalten, die OSO (besser: ihren Namen) im Zeichen des Triumphes der CC.OO. Ende der sechziger Jahre wieder aufzuwärmen. Auf die Perspektiven dieser (und anderer) "Traditionspflege" der Ultralinken wird an anderer Stelle noch einzugehen sein.

Die einzig nennenswerte Konkurrenz - noch bis zur Mitte der siebziger Jahre - erhielten die CC.OO. durch die Unión Sindical Obrera (USO), die von Linkskatholiken gegründet worden war, sich aber nach und nach (vergleichbar etwa der französischen CFDT) zu einer unabhängigen sozialistischen Gewerkschaft entwickelte. Da das von ihr kontrollierte Potential stets weit hinter dem der CC.OO. zurückblieb und die USO auch mit den CC.OO. kooperierte und sich ähnlicher Aktionsformen bediente, stellte sie für die Arbeiterkommissionen keine Bedrohung dar.

b) Entwicklung des Konfliktbewußtseins

Die Statistiken für die sechziger Jahre belegen einen deutlichen, wenn auch sehr unregelmäßigen Anstieg der Konfliktbereitschaft bei den spanischen Arbeitern. Die amtlichen Zahlen für die "Arbeitskonflikte" (bis 1975 die gebräuchliche euphemistische Umschreibung des tabuisierten Begriffs "Streik") sehen für den Zeitraum 1963-70 so aus[142]:

Jahr	Zahl der Streiks
1963	777
1954	484
1965	236
1966	179
1967	567
1968	351
1969	491
1970	1 600

Dabei ist zu berücksichtigen, daß auch die Zahl der an den Streiks beteiligten Arbeiter aufgrund der wachsenden Betriebsgrößen ständig stieg. Drei Schwerpunkte gehen aus der Statistik hervor: Ein erster Höhepunkt der Kampfbereitschaft im Jahr 1963, als der Nachholbedarf aus der Zeit des Stabilisierungsplans gedeckt werden mußte, ein zweiter im Rezessionsjahr 1967 (ein Jahr nach der Syndikatswahl und bereits mit stark veränderten, nicht mehr nur ökonomistischen Motiven) und ein dritter 1970, nach der Einführung neuer erfolgreicher Kampfmethoden der CC.OO. Überhaupt ist die unterschiedliche Verteilung der Konflikthäufigkeit weniger ein Anzeichen für das Konfliktbewußtsein der Werktätigen, als vielmehr für ihre Konfliktbereitschaft. Geht man davon aus, daß in der Industriegesellschaft bestimmte Positionen grundsätzlich mit bestimmten Interessen verbunden sind und diese Interessen notwendig konfligieren, so bedeutet der zeitweilige Rückgang manifester Konflikte niemals, daß die Interessengegensätze zurückgegangen wären, sondern lediglich, daß der Konflikt vom manifesten ins latente Stadium getreten ist. Viel deutlicher als die Zahl der Streiks weisen nämlich deren Motive auf ein kontinuierlich steigendes Konfliktbewußtsein der spanischen Arbeiter hin. Erwartungsgemäß ist dieses Konfliktbewußtsein mehreren Untersuchungen zufolge bei den Beschäftigten der sogenannten Fortschrittsindustrien (Elektronik, Chemie, Fahrzeugbau) am höchsten. Je höher die berufliche Qualifikation, desto höher ist in der Regel die Kampfbereitschaft und der Organisierungsgrad eines Arbeiters[143].

Natürlich blieb das System bestrebt, den Unterschied zwischen der objektiven und der subjektiven Dimension der Entfremdung möglichst groß zu halten. Da sich dieser Unterschied aber mit der wachsenden Qualifikation der Arbeitnehmer verringert und die Zahl der hochqualifizierten Arbeiter rasch anstieg, mußten mit der fortschreitenden ökonomischen Entwicklung immer größere Anstrengungen unternommen werden, die subjektive Dimension der Entfremdung (das in Aktion umschlagende Bewußtsein der eigenen Ausbeutung und Verdinglichung) durch äußere (materielle und immaterielle) Kompensation unter der Schwelle des manifesten Konflikts zu halten. Das Instrument dazu war, in Spanien wie anderswo, eine immer breitere Palette vorgefertigter Konsummuster mit z.T. eindeutiger Ablenkungsfunktion. Dazu gehören die besonders anschaulichen Abreagierungsinstitutionen Fußball und Stierkampf ebenso wie eine, sich endlos auffächernde, Regenbogenpresse und - vor allem - das unglaublich verdummende, beständig zwischen Micky-Maus und "novela" pendelnde Fernsehprogramm. Kenner versichern, es werde jedesmal beim Heraufziehen einer größeren Streikbewegung besonders bunt und einlullend, was angesichts voll regierungskontrollierter Anstalten nicht weiter verwundert. Den außerordentlichen Wert dieses Instruments sozialer Kontrolle hatte das Regime schon frühzeitig erkannt und dafür gesorgt, daß Fernsehen auch im entlegensten Dorf empfangen werden konnte. Die Produktion von Fernsehgeräten belief sich 1973 auf rund 1 Million[144]. Eine ähnliche Besänftigungsfunktion kommt auch einer Reihe anderer standardisierter Konsumartikel zu, etwa Kühlschränken, Waschmaschinen und Autos (die Produktion von Personenautos erreichte 1973 706.818 Einheiten[145]). Gewiß hat der vorrangige Ausbau der entsprechenden Industrien wenig mit planvollen Ablenkungsabsichten zu tun, eher mit den hohen Gewinnerwartungen in diesen Sektoren, aber das Gefühl des ökonomischen Saturiertseins, das vom Besitz solcher Erzeugnisse gerade bei den Unterschichten ausgeht, spielte eine nicht zu unterschätzende politische Rolle. Insgesamt kommt diesen Faktoren durchaus die von Coser[146] vermutete Funktion gesellschaftlicher Sicherheitsventil-Institutionen zu, deren Aufgabe die frühzeitige, also vorbestandswirksame Ableitung von Konflikten und Aggressionen ist.

Ganz reibungslos funktionierten die Sicherheitsventile aber nicht: Gerade die Medien führten einem Teil der Massen beständig das Bild einer Lebens- und Konsumtionsform vor, die für sie durchaus unerreichbar bleiben mußte. Die Folge war, daß materielle Bedürfnisse schon im Augenblick ihrer Befriedigung neue Bedürfnisse produzieren - ein Prozeß, der sich parallel zum wirtschaftlichen Wachstum laufend beschleunigte. Dies darf nicht nur im rein materiellen Sinn gesehen werden: Die ökonomische Entwicklung hob immer größere soziale Gruppen auf ein höheres kulturelles Niveau, das wiederum größere Chancen für die Einsicht in den allgemeinen Charakter der Probleme der Ungleichheit und Unsicherheit bot. Die offizielle Entwicklungsideologie kollidierte ständig mit der Realität; schon im Moment des Eintretens von Verbesserungen der Lebenslage erwiesen sich diese als unzureichend und produzierten neue Forderungen. Je mehr Bedürfnisse befriedigt waren, desto kategorischer wurde die Forderung nach gänzlicher Beseitigung der Ungleichheit vorgetragen. "Die geographischen Zonen, in denen die Kampfbereitschaft der Arbeiter am höchsten ist, sind gekennzeichnet durch starke Industrialisierung, hohen Prozentsatz in der Industrie Beschäftigter, einen hohen Index der Proletarisierung, ein Pro-Kopf-Einkommen, das über dem Durchschnitt des Landes liegt, eine umfangreiche Einwanderung und ein vergleichsweise fortgeschrittenes Bildungsniveau."[147]

Die steigende Kampfbereitschaft der spanischen Arbeiter läßt indes nicht nur an der bloßen Zahl der Streiks und der daran beteiligten Arbeiter ablesen, sondern noch viel deutlicher an den Motivationen der Streiks:

Motivation der Streikbewegungen 1963-1970[148]

	1963	1964	1965	1966	1967	1968	1969	1970
Löhne	34,2	39,2	26,0	33,7	9,3	19,3	13,1	50,0
Tarifabschlüsse	19,4	11,6	13,5	11,6	-	-	7,0	-
Arbeitsbewertung	7,9	13,3	14,8	12,7	-	4,6	8,8	-
Solidarität	3,2	5,2	9,3	-	6,3	28,5	19,3	-
Unternehmenskrise	-	-	8,9	-	6,2	-	-	-
Politisch	-	-	-	-	38,4	18,8	23,6	40,0
Anwendung von Gesetzen	-	-	-	-	7,3	-	-	-
Andere	6,0	9,5	7,6	15,5	16,0	16,0	12,7	10,0

Die starke Zunahme der Streikmotive Solidarität und politische Forderungen Ende der sechziger Jahre ist besonders aufschlußreich. Sie bezeichnet sowohl vermehrte Repressionen des Systems gegen die freien Arbeiterorganisationen als auch einen steigenden Grad der Identifikation der Arbeiter mit diesen Organisationen. Die Bedeutung nichtökonomischer Streikursachen war seit 1966 stark im Zunehmen begriffen. Darüber hinaus ist auch bei den Streikformen eine beständig fortschreitende Radikalisierung zu beobachten:

Entwicklung der Streikformen 1963-1969[149]

Streikformen (%)	1963	1964	1965	1966	1967	1968	1969
Totale Arbeitsniederlegung	22	24	28	36	42	57	51
Teilw. Arbeitsniederlegung	-	-	34	20	48	31	37
Bummelstreik	13	14	19	20	3	4	7
Andere Formen	65	62	19	24	7	8	5

c) Politische Dimensionen der Arbeitskämpfe

Um den in jeder industriellen Entwicklung angelegten latenten Konflikt zwischen lohnabhängigen Beschäftigten und Kapitalvertretern zum manifesten Konflikt werden zu lassen, müssen im autoritären Staat gewisse Voraussetzungen erfüllt sein, die gleichsam als Transmissionsriemen zwischen der ökonomischen Entwicklung und der Ausbildung kollektiver Bewußtseinsformen bei den Lohnabhängigen fungieren:

1. Ökonomische Bedingungen: Die Zahl der Industriearbeiter und der Grad der Proletarisierung in den Industriezentren müssen hoch sein. Der Lebensstandard der industriell Beschäftigten muß über dem nationalen Durchschnitt liegen.

2. Soziale Bedingungen: Die Kommunikationsmöglichkeiten müssen in technischer ebenso wie in sozialer Hinsicht (Besiedlungsdichte, Egalität der Lebensform) entwickelt sein. Es müssen Organisationen der Arbeitnehmer mit ausreichender Rekrutierungs- und Mobilisierungsfähigkeit vorhanden sein.

3. Politische Bedingungen: Gewisse demokratische Grundrechte müssen gewährleistet sein. Dazu zählen insbesondere volle Koalitionsfreiheit, Streikrecht, Versammlungs- und Pressefreiheit usw.

Das Fehlen der letztgenannten Bedingung errichtete in Spanien höhere Hinernisse für den Umschlag der latenten in manifeste Konflikte als in demokratisch verfaßten Staaten. Die Folge war jedoch eine ungleich stärkere Politisierung der manifesten Konflikte im Vergleich zu den Ländern, in denen die politischen Mindestvoraussetzungen demokratischer Gewerkschaftspolitik gegeben sind. Die Herstellung dieser Voraussetzungen wurde damit automatisch zu einer Hauptforderung in jedem Arbeitskampf.

Die Entscheidung eines Tarifkonflikts per ministriellem Dekret, die sofortige geräuschvolle Auffahrt von Guardia Civil und Policia Armada bei jeder Arbeitsniederlegung, die unsichere Situation klassenbewußter Betriebsräte, die stets von Absetzung und Entlassung bedroht sind, ließen den Arbeitnehmern den Staat als unmittelbaren Gegner selbst bei vergleichsweise geringfügigem Anlaß erscheinen. Konflikte, die sich im parlamentarisch-demokratischen Staat als regional und auf Industriezweige begrenzt darstellen, eskalierten in Spanien sofort zu Auseinandersetzungen mit der Staatsmacht über die Staatsform. Da neben den jeweiligen materiellen Forderungen bei jedem Arbeitskonflikt auch die Grundforderung nach Koalitions- und Redefreiheit, nach Bürger- und Menschenrechten zumindest unterschwellig mitgestellt wurde, war ständig das gesamte politisch-gesellschaftliche System in - für die Unternehmern - unerträglichem Ausmaß in Frage gestellt[150].

Die Untauglichkeit der Repression als ultima ratio einer bewegungslosen Politik erwies sich am deutlichsten in den großen Industriezentren, wo zumindest seit Anfang der siebziger Jahre der Einsatz von Polizei gegen Streikende auch die ökonomisch begründeten Konflikte verschärfte und nicht selten in die Länge zog. Der Widerspruch zwischen dem anachronistischen politischen System und der, auf wirtschaftlichem Gebiet erwünschten und vorangetriebenen, Modernisierung wuchs beständig, ohne daß parallel zur wirtschaftlichen Entwicklung die Konfliktschlichtungs- und Konfliktvermeidungsinstrumente perfektioniert worden wären[151]. Gerade in Unternehmerkreisen setzte sich, wie die schon angeführte Untersuchung von Pinilla de las Heras zeigt, die Erkenntnis durch, daß die Anerkennung freier und authentischer Arbeitervertretungen jenes Klima des Dialogs in den Beziehungen von Kapital und Arbeit begünstigte, das allein geeignet war, sich - also einschränkend - positiv auf Streikhäufigkeit und Streikdauer auszuwirken. Je größer die Respektierung authentischer Arbeitnehmervertretungen, so lehrte die Erfahrung, desto geringer war die Wahrscheinlichkeit urplötzlich ausbrechender und gewaltsam verlaufender Arbeitskämpfe[152].

Freilich gab es in diesem Prozeß des allmählichen Akzeptierens freier Arbeitervertretungen seitens der Unternehmer deutliche Abstufungen. Die Unternehmensleitungen suchten das Arrangement mit den Arbeiterkommissionen nur dort, wo diese stark waren und über eine breite soziale Basis verfügten - also in erster Linie in den Industriezentren von Madrid und Sevilla, im Baskenland und Katalonien und einigen kleineren industriellen Agglomerationen. In schwach industrialisierten Gebieten verließ sich das Kapital zu Lebzeiten Francos lieber auf die billigere und bequemere Repression; konnte es sich doch auf ein allgemein geringeres Konfliktbewußtsein der Arbeitnehmer und - nicht zuletzt - die Unterstützung einer faschistoiden Mittelschicht stützen. Für Andalusien konnte Alfonso Comin[153] noch 1970 feststellen: "... viele Unternehmer fahren fort, in ihren Betrieben wie wahre Kaziken zu handeln und straflos gegen das Arbeitsrecht zu verstoßen..Es kann gesagt werden, daß die in den Industriezentren durchgesetzten Lohnerhöhungen nicht selten durch die harte Ausbeutung wieder absorbiert werden, die die herrschende Klasse fortwährend in den zurückgebliebenen Regionen ausübt."

6. Zusammenfassung

Die Entwicklungsstufen der spanischen Wirtschaft und die mit jeder Stufe verbundenen politischen Zwänge charakterisierte Amando de Miguel[154] einmal folgendermaßen:

"1940 ging es darum, 'das Allernotwendigste' zu produzieren. 1950 war es erforderlich, 'alles' zu produzieren. 1960 lautete das Gebot, 'billig' zu produzieren. 1970, noch schwieriger, mußte das erzeugt werden, 'was sich verkaufen läßt' - im Lande oder außerhalb, an Russen oder Chinesen... Es mag zutreffen, daß ein autoritärer Staat ausreichend befähigt ist, 'alles' herzustellen. Mit dem 'Verkaufen' ist es schon schwieriger, dafür werden demokratischere und tolerantere Formen gebraucht. Vor allem ist eine beträchtliche politische und wirtschaftliche Beweglichkeit nötig, verbunden mit einem gewissen Pragmatismus, um Reformen in der kürzestmöglichen Zeit durchführen zu können."

Mit der raschen wirtschaftlichen Entwicklung in den beiden letzten Jahrzehnten seines Bestehens war auch das spanische System vor die Existenzfrage gestellt, ob es seine politischen Institutionen dem ökonomischen und sozialen Wandel anzupassen vermochte; ob es neuen Einstellungen und Bedürfnissen der Massen angemessen institutionellen Ausdruck geben konnte, anstatt sie nur zu unterdrücken. Je weniger sich das Regime zu solchen Wandlungen in der Lage zeigte, desto unvermeidlicher erschien sein endlicher Zusammenbruch[155]. Es trat - sichtbar schon in den fünfziger Jahren - ein langsamer Wandlungsprozeß ein, bei dem das System einige seiner Institutionen mehr, andere weniger verteidigte; ein langsames Zurückweichen vor neuen politischen Kräften, verbunden mit vielen Rückschlägen für die letzteren. Nachdem diese Entwicklung einmal in Gang gekommen war, schälte sich eine für das Regime gefährliche Automatik heraus: Zugeständnisse an die Opposition, so gering sie auch scheinen mochten, wurden von dieser zum systematischen Ausbau ihrer Stellungen benutzt. Das Beispiel der Arbeiterkommissionen zeigt anschaulich, daß einmal dem System abgerungene Zugeständnisse nicht nur nicht wieder rückgängig zu machen waren, sondern auch immer weitergehende Konzessionen an die erstarkende Opposition notwendig machten. Je rigider sich das System bei der Verteidigung seiner Positionen zeigte, desto schärfer und tiefgehender verliefen die Konflikte. Die Analyse der heftigsten Arbeitskämpfe von 1962 bis 1976 (vgl. das folgende Kapitel) legt gerade den Schluß nahe, daß die größte sozialen und politischen Spannungen, die schwersten Belastungsproben für das autoritäre System, nicht aus den politischen Wandlungsprozessen selbst resultieren, sondern vielmehr aus dem Widerstand gegen diese Wandlungsprozesse. Das wesentlichste Ergebnis der von den CC.OO. getragenen Arbeitskämpfe lag deshalb auch nicht in der Erzielung dieser oder jener ökonomischen Verbesserung, sondern darin, daß die Konflikte sich immer stärker politisierten und schließlich eine neue Qualität jenseits des rein ökonomisch motivierten Kampfes annahmen. Immer größere Teile der an Arbeitskämpfen beteiligten Schichten (nicht nur Arbeiter, auch Angehörige der intellektuellen Berufe), sahen ihre persönlichen und Gruppenprobleme im Zusammenhang mit dem politischen System und suchten nach einer Alternative zu diesem System.

Das Regime mußte versuchen, diesen Erwartungen im Rahmen seiner Möglichkeiten zu entsprechen. Es begann Anfang der sechziger Jahre mit Maßnahmen wie der allmählichen Tolerierung erst der Semi-Opposition, später auch anderer, authentischer Oppositionsgruppen, mit der faktischen Herstellung der Pressefreiheit Mitte der siebziger Jahre usw., in einem verzweifelten Wettlauf die von seinen Feinden geschaffenen Realitäten einzuholen. In der Rhetorik des Regimes selbst trat nach und nach die Aussicht auf "Liberalisierungen" und "Aggiornamenti" an die Stelle der Verteidigung der "Prinzipien der Nationalen Bewegung" oder anderer Ausdrucksformen der faschistoiden Ideologie. In dem Maße, wie das Regime Programmpunkte der Opposition (in mehr oder weniger verschleierter Form) in sein propagandistisches Arsenal aufnahm, verringerte sich seine politische Entscheidungsfreiheit. Am Ende dieses Prozesses sahen sich die Vertreter des franquistischen Systems ungewollt in der Rolle von Erfüllungsgehilfen für die zentralen programmatischen Forderungen der demokratischen Opposition.

Je größer der Gegensatz zwischen den Ansprüchen der breiten Masse auf eine fortschreitende Demokratisierung des Regimes und den tatsächlichen bzw. erwarteten "Liberalisierungen" wurde, desto gefährlicher und tiefgehender verliefen die politischen Auseinandersetzungen. die Unmöglichkeit für das System, diesen Ansprüchen voll nachzukommen, ohne sich selbst aufzugeben, hatte schließlich zur Folge, daß immer mehr gesellschaftliche Sektoren nicht mehr vom Regime, sondern von der Opposition kontrolliert wurden. Je weiter dieser Prozeß fortschritt, desto mehr war das Regime zu einer Politik des (von bramarbasierenden Sprüchen begleiteten) Hinterhertrottens hinter den Forderungen der Opposition verurteilt.

Die Kollektivierung des Bewußtseins der Arbeiterschaft war die Voraussetzung für die Wiedererlangung der politischen Handlungsfreiheit der demokratischen Opposition in Spanien. Mit dem Voranschreiten dieses kollektiven Bewußtseins und damit der kollektiven Konflikte entschied sich die Bedeutung und der politische Einfluß einer Oppositionsgruppe an ihrer Fähigkeit, positive Aktionen nach einem konkreten Programm durchzuführen, um begrenzte Ziele im Rahmen einer langfristigen Perspektive zu erreichen.

Gruppen, die diese Fähigkeit nicht besaßen und sich statt dessen durch gewaltsame "Widerstandsaktionen" zu legitimieren suchten, konnten kein nennenswertes politisches Potential mehr kontrollieren. Die sporadischen Bombenlegereien der Anarchisten und der baskischen ETA, aber auch die vom FRAP dargebotenen Parodien des "bewaffneten Kampfes" blieben nihilistische Aktionen, die keinen Mobilisierungseffekt hatten, aber vom Regime als Vorwand genutzt werden konnten, um die Repression gegen ernsthaft arbeitende Kräfte der Opposition zu verstärken. "Individuelle, zwar heroische Akte, die jedoch nicht in einem strategischen Rahmen verübt werden, sind Ausdruck der psychologischen Belastung der Repression, bleiben jedoch in ihrem Charakter Protestaktionen... Es kommt auf die politische Initiative an."[156]

Vor diesem Hintergrund muß auch die Buntheit der politischen Landschaft gesehen werden, die sich in Spanien vor den Wahlen von 1977 zeigte. Lassen wir uns nicht täuschen: Nur wenige große und gutorganisierte Gruppen der bisherigen Opposition besitzen die Fähigkeit, Massenkämpfe zu organisieren und ggf. auch zu disziplinieren. Auf diese großen, authentischen und repräsentativen Sektoren der antifranquistischen Opposition wird sich unser Augenmerk in den folgenden Abschnitten konzentrieren.

VI. AUTONOM ORGANISIERTE INTERESSENVERTRETUNGEN

1. Die Arbeiterkommissionen

Die Comisiones Obreras (CC.OO.) stellen nach ihrer Zusammensetzung, Arbeitsweise und politischen Stoßrichtung eine Sonderform innerhalb der spanischen Opposition dar, was zu einigen Fehldeutungen dieser Bewegung, vor allem in der nichtspanischen Literatur, geführt hat. Die Schwierigkeiten, dieses Phänomen mit dem herkömmlichen begrifflichen Instrumentarium zu erfassen, resultieren daraus, daß die CC.OO. weder eine politische Partei noch eine Gewerkschaft im klassischen Sinn darstellen. Ein Novum unter den demokratischen Oppositionsgruppen Spaniens und den besonderen Verhältnissen dieses Landes in der Zeit der Diktatur besonders angepaßt, sind sie gleichwohl nicht ohne Parallele im internationalen Vergleich. So existierte z.B. auch in Portugal, also unter ähnlichen politischen Randbedingungen wie in Spanien, seit 1970 eine autonom organisierte gewerkschaftliche Bewegung, die Intersindical[1]. Über solche unmittelbaren Pendants hinaus (die im Falle der Intersindical auch durch die geographische Nähe zu Spanien bedingt sein mögen) lassen sich die CC.OO. aber auch in den Rahmen einer weltweit zu beobachtenden Tendenz zu unbürokratischeren, basisnäheren Formen der betrieblichen Interessenvertretung einordnen. Gekennzeichnet ist diese Tendenz durch "die direkte Wahl von Arbeiterdelegierten an den Arbeitsplätzen, an denen jeder Arbeiter teilnehmen kann, gleich ob er Mitglied einer Gewerkschaft ist oder nicht - wobei gewöhnlich der Anteil der letzteren über 50 % liegt; die zunehmende Praxis, auf verschiedenen Ebenen, Versammlungen abzuhalten, um Entscheidungen zu fällen, womit die alten Praktiken des Büro-Gewerkschaftlertums über den Haufen geworfen werden; die Bildung von Komitees, Kommissionen und Räten der Arbeiter - neben, in oder am Rande der Gewerkschaften - die im Betrieb die Vertretung und Führung der Interessen aller Beschäftigten übernehmen; das Problem der Autonomie der Gewerkschaft von jeder ihr fremden Organisation; die starken Einheitstendenzen der Basis, die nicht selten die etwas bürokratisierten Strukturen einiger Gewerkschaften ins Wanken bringen..."[2] Daß sich in Spanien diese neuen Kampfformen besonders rasch durchsetzten, ist den repressiven Bedingungen des Franco-Staates und den vorausgegangenen Erfahrungen mit der relativen Wirkungslosigkeit der parteiorientierten Untergrundgewerkschaften (CNT, UGT, OSO) zuzuschreiben. Die Fähigkeit der CC.OO. zum Aufbau einer Organisation, die sich in der Verbindung legaler mit illegalen Kampfmitteln der Repression teilweise zu entziehen vermochte, gibt ihnen Modellcharakter für oppositionelle Bewegungen auch in anderen autoritären Systemen. Voraussetzung für das Entstehen einer derartigen Bewegung ist freilich nicht nur eine gewisse Reife der ökonomischen Entwicklung, die erst eine minimale gewerkschaftliche Handlungsfreiheit erlaubt, sondern auch das Vorhandensein kampfentschlossener und erfahrener Kader, die durch keinen Akt der Repression von ihrem

Ziel abzubringen sind. Es mag zutreffen, daß geschichtliche Situationen die Protagonisten ihrer Überwindung jeweils selbst produzieren. Die Feststellung eines solchen Automatismus wirkt aber zynisch, wenn sie unterschlägt, welche ungeheure persönliche Opferbereitschaft die Militanten einer Bewegung wie der CC.OO. aufbringen mußten. Das Beispiel solcher Arbeiterführer wie Marcelino Camacho, Luis Lucio Lobato, Julián Ariza oder Simón Sanchez Montero, die auch nach jahrzehntelanger Haft ungebrochen den Kampf gegen die Diktatur und für menschenwürdige Verhältnisse fortsetzten, zeigt, daß ohne ein großes voluntaristisches Potential der Aufbau einer Organisation wie der Arbeiterkommissionen unter den Bedingungen des autoritären Staates nicht geleistet werden kann.

a) Organisatorischer Aufbau der CC.OO.

Die Arbeiterkommissionen verstehen sich als eine einheitliche, von politischen Parteien unabhängige, gewerkschaftliche Bewegung. Neben ihrer ökonomistisch orientierten Alltagsarbeit haben die CC.OO. aber auch weitreichende politische Zielsetzungen, die nicht nur den Kampf gegen den Franquismus betreffen, sondern auch die politische Ordnung eines demokratischen Spaniens. Damit zielten sie kurzfristig auf die volle Legalisierung ihrer Organisation, langfristig aber auf die Umwandlung der kapitalistischen Produktionsverhältnisse in sozialistische. Obwohl die CC.OO. immer wieder ihre systemüberwindende Zielsetzung betonten, mußte diese zwangsläufig relativ undefiniert bleiben, da der politische Pluralismus in den CC.OO., der von den Linkskatholiken Ruiz Gimenez' bis zu den Kommunisten reicht, langfristige Aussagen sehr erschwert, die über den Bereich des rein Gewerkschaftlichen hinausreichen. Diese, durch ihre heterogene Zusammensetzung bedingte, Zurückhaltung bei langfristigen programmatischen Aussagen zur Gesellschaftspolitik kann sich für die CC.OO. in der entscheidend wichtigen Frage der Bildung einer Einheitsgewerkschaft aber noch als sehr nützlich erweisen. Gegenüber ihren rein parteipolitisch orientierten Konkurrenten - im wesentlichen der UGT, aber auch den maoistischen (OSO) oder spontaneistischen Splittergewerkschaften - kann dies wesentlich zur Erhaltung des großen Vorsprungs der CC.OO. beitragen. Dabei kommt ihnen sicherlich zustatten, daß in ganz Westeuropa die Tendenz zu starken Einheitsgewerkschaften geht, wie nicht zuletzt das Beispiel des in Italien anstehenden Zusammenschlusses der kommunistischen, sozialistischen und christdemokratischen Richtungsgewerkschaften zeigt.

In ihrem organisatorischen Aufbau versuchten die CC.OO. Prinzipien zu verwirklichen, die sie für eine authentische, repräsentative Gewerkschaft forderten: direkte und freie Wahl der Delegierten und volle Verantwortlichkeit derselben (Abwählbarkeit und Rechenschaftspflicht). Als Organe fungieren die Versammlungen auf Abteilungs-, Betriebs-, Orts- und Provinzebene bis hin zur Nationalen Delegation der CC.OO. Daß in dieser rätedemokratischen Struktur der Kommissionen die unteren Ebenen unter den Bedingungen der Diktatur effizienter und oft auch demokratischer arbeiten konnten als die "oberen" Organe, bedarf keiner besonderen Erläuterung. Ein wichtiges Forum für die Darstellung der

Forderungen der CC.OO. waren seit jeher die offiziellen Betriebsversammlungen der OS. Die Arbeiterkommissionen konnten dieses Podium so konsequent für sich nutzen, daß in einem von Vertrauensleuten der CC.OO. ans Licht gebrachten Geheimdokument des Arbeitsministeriums von 1972, das sich mit der Bekämpfung der CC.OO. befaßte, dringend gefordert wurde, die Zahl solcher Versammlungen auf ein Minimum einzuschränken und die Diskussionsleitung nur "zuverlässigen Personen" zu geben[3].

Über die Betriebs- und Ortsebene hinaus ist es den CC.OO. seit etwa 1967 gelungen, eine nationale Organisation aufzubauen, die als Spitze des rätedemokratischen Aufbaus der CC.OO. alljährlich (zumindest in der Theorie) eine Generalversammlung mit Delegierten der Provinzorganisationen abhält. Die nationalen Gremien werden allerdings nicht so sehr als weisungsbefugte Leitungsgremien angesehen; sie sollen eher als koordinierende Kraft wirken, die die Forderungen der lokalen Gruppen vereinheitlichen und Streikbewegungen den größtmöglichen Rahmen geben sollen.

b) Rechtliche Randbedingungen für die Arbeit der CC.OO.

Außer dem schon erwähnten Verbot der CC.OO., das die Mitgliedschaft in ihnen seit 1967 unter Strafe stellte und zahlreiche mutmaßliche Mitglieder ins Gefängnis brachte, schuf der Franquismus noch ein umfangreiches rechtliches und administratives Arsenal, mit dem die Kommissionen niedergehalten werden sollten. Das Gefängnis bildete dabei nur die ultima ratio des Systems. In der Regel kam die Repression auf leiseren Sohlen: Man suspendierte zunächst einmal die CC.OO.-verdächtigen Arbeiter vom Dienst oder wies ihnen isolierte Arbeitsplätze zu, um sie in räumliche Entfernung von ihren Kollegen zu bringen. Dann erst sprachen die Betriebsleitungen Entlassungen unter irgendwelchen Vorwänden aus. Das Arbeitsministerium setzte sodann die Namen der "Aufrührer" auf eine Liste, die regelmäßig allen Unternehmen zuging und es häufig den solchermaßen Gekennzeichneten unmöglich machte, überhaupt noch eine Arbeit zu finden.

Besonders prekär war die Lage der Betriebsräte seit der Illegalisierung der CC.OO. 1967. Zum einen erlaubte das Dekret über Arbeitskonflikte von 1962 den bestreikten Firmen, sich "en crisis" zu erklären, womit praktisch alle restriktiven Regelungen über die Entlassung von Arbeitskräften aufgehoben waren. Die Unternehmen nutzten diese Chance vor allem, um die als Streikführer hervorgetretenen Betriebsräte zu entlassen. Allein in der Madrider Metallindustrie verloren auf diesem Wege zwischen 1968 und 1970 über 1000 gewählte Betriebsräte ihren Arbeitsplatz[4]. Zum anderen besann sich die Justiz vermehrt auf die "Verordnung über die Absetzung gewerkschaftlicher Funktionsträger" von 1948, die die Amtsenthebung von Betriebsräten ermöglichte, die an Streiks teilgenommen hatten. Schließlich machte die hierzu ergänzend vom Obersten Gerichtshof (Tribunal Supremo) eingeführte Unterscheidung zwischen erlaubten "Kollektiven" und verbotenen Streiks die kämpferischen Betriebsräte der CC.OO. vollends zum "Kanonenfutter für die Entlassung", wie Alfonso Comín[8] es nannte. An Zynismus kaum noch zu überbieten war auch jene

Entscheidung des "Tribunal Supremo", wonach bei Streiks festgenommene Betriebsräte entlassen werden durften, weil das Fehlen am Arbeitsplatz durch Festnahmen "politischer" Natur nicht gerechtfertigt sei[6]. Das prominenteste Opfer dieser Regelung war Marcelino Camacho. Als Folge dieser Repressionen des Systems sahen sich Streikende nach der Beilegung des eigentlichen, ökonomisch bedingten Konflikts häufig veranlaßt, ihren Ausstand fortzusetzen, um die Wiedereinstellung der entlassenen Kollegen zu erzwingen. Dabei konnten oft beachtliche Erfolge erzielt werden, aber die Unsicherheit blieb bestehen[7].

Eine spürbare Besserung der Lage trat erst ein, als 1976 die Bestimmungen über Streiks im Strafgesetzbuch gelockert wurden und die CC.OO. nach der Thronbesteigung Juan Carlos I. und der Freilassung Marcelino Camachos[8] sowie der anderen Hauptangeklagten des Prozesses 1001 sich erstmals auch in der Öffentlichkeit artikulieren konnten - weiterhin illegal, aber partiell geduldet.

Immerhin gelangte 1975 selbst der damalige Arbeitsminister Adolfo Suárez zu der Erkenntnis, Streiks spielten "eine integrierende und korrigierende Rolle im sozialen Leben. Nichts läßt darauf schließen, daß ihre Zulassung und Reglementierung sie vermehrt und verstärkt. Worauf es wirklich ankommt, ist, daß ihr Ablauf nicht mit dem Recht kollidiert"[9].

c) Ziele und Methoden

Die Strategie der CC.OO. war von Anfang an darauf abgestellt, die gesellschaftlichen und politischen Fernziele in drei Stufen zu erreichen:

- Auf der ersten Stufe sollte durch wirksame Verbesserungen der sozialen Situation im Zuge lokaler Streikaktionen der Organisationsgrad und die Kampfbereitschaft der Arbeiter und Angestellten erhöht werden.
- Auf der zweiten Stufe sollte durch überregionale oder nationale Streiks das Fundament der Diktatur erschüttert und schließlich zum Einsturz gebracht werden.
- Auf der dritten Stufe sollte verursacht werden, eine demokratische Einheitsgewerkschaft auf der Grundlage der Organisation der CC.OO. zu schaffen und an der sozialistischen Umgestaltung der spanischen Gesellschaft mitzuarbeiten.

Die erste Stufe (etwa bis zur Mitte der sechziger Jahre) war gekennzeichnet durch vielfältige und phantasievolle Formen des Arbeitskampfes, unter denen der Streik nur eine und nicht einmal die wichtigste war. Dazu gehörte das schon erwähnte Instrument des Verkehrsmittelboykotts ebenso wie der Bummelstreik, Verweigerung des Essens in der Werkskantine, kleine Sabotageakte, "Arbeit nach Vorschrift", Blockierung innerstädtischer Verkehrsknotenpunkte durch Massen organisierter "Spaziergänger" usw.[10]. Da das persönliche Risiko für die Beteiligten bei solchen Aktionen geringer war als bei Streiks und die Improvisationsgabe aller angesprochen war, konnte allmählich jener Organisationsgrad erreicht werden, der für die spektakulären Flächenstreiks späterer Jahre die Voraussetzung bildete.

Auf der zweiten Stufe (ab Ende der sechziger Jahre) gelang es den Arbeiterkommissionen und ihren Verbänden immer häufiger, einzelne Streiks (fast immer in beherrschenden Großbetrieben) zu lokalen Generalstreiks auszuweiten, die ganze Städte und schließlich ganze Provinzen erfaßten. Die politische Stoßrichtung der CC.OO. wurde hier sehr viel deutlicher als bei den begrenzten Konflikten der sechziger Jahre. Schon 1968 hatte sich die III. Generalversammlung der CC.OO. bei überbetrieblichen Streiks auf das sogenannte Konzept "des Ölflecks" festgelegt: "Unser Weg ist also der Generalstreik... Wir fassen den Generalstreik als die Ausweitung und Verallgemeinerung einer Reihe von Teilkonflikten auf, die in einem Betrieb, einem Industriezweig oder einer Stadt beginnen und sich wie ein Ölfleck über das ganze Land ausbreiten."[11]

Der erste lokale Generalstreik, den die CC.OO. organisieren konnten, kam 1970 in Sevilla zustande. Dort hatte eine Streikbewegung im Baugewerbe nach und nach auf andere Sektoren übergegriffen. Die Kommissionen konnten durch Ausnutzung aller legalen Mittel, auch im Rahmen der OS, eine breite Mobilisierung erzeugen, die durch das erstmals angewandte Kampfmittel der "piquetes" Ausdruck fand und nacheinander Baugewerbe, Bäckereien und Verlage lahmlegte[12]. Da Solidaritätskundgebungen auch aus anderen Gewerben kamen, entschlossen sich die Sevillaner Arbeiterkommissionen, für einen bestimmten Tag (den 24. Juni) den Generalstreik für die gesamte Provinz zu proklamieren. Der Streikaufruf wurde von ca. 50 % aller Arbeitnehmer befolgt und paralysierte die wichtigsten Industrien. Die Stillegung des Transportwesens konnte nur dadurch verhindert werden, daß man buchstäblich hinter jeden Busfahrer einen Polizisten stellte. Erstmals solidarisierten sich auch zahlreiche kleine Händler und schlossen ihre Läden; Hausfrauen beteiligten sich durch Einkaufsboykott. Wie gefährlich die Situation beurteilt wurde, zeigt die Tatsache, daß der Provinzgouverneur von der Zentralregierung die Verhängung des Ausnahmezustands und ggf. den Einsatz von Truppen forderte, dies aber in Madrid abgelehnt wurde, weil man befürchtete, mit solchen Maßnahmen den Generalstreik in weiteren Gebieten zu provozieren[13].

Das Instrument des lokalen Generalstreiks hatte sich in Sevilla so gut bewährt, daß die CC.OO. es mit wachsendem Erfolg auch in anderen Städten und Provinzen einsetzten. Einen weiteren Höhepunkt erreichte diese neue Strategie im März 1972 in El Ferrol bei einem Streik von Werftarbeitern. Dort gelang es, auch Angehörigen der intellektuellen Berufe in den Streik einzubeziehen und eine fast hundertprozentige Beteiligung am lokalen Generalstreik zu erzielen. "...erstmals im Nachkriegsspanien gelang es den Arbeitern von El Ferrol zumindest für kurze Zeit, eine ganze Stadt auf ihre Seite zu bringen. Alle Läden, alle Büros, alle Betriebe machten aus Solidarität mit den Streikenden zu. Erstmals mußte auch Polizei trotz heftigen Waffengebrauchs vor Demonstranten in die Kasernen retirieren - bis eilig aus den angrenzenden Provinzen herbeorderte Verstärkung sämtliche Straßen abriegelte und den Aufstand erstickte."[14]

Ein Jahr später gelang es, anläßlich des Streiks in der Noaíner Niederlassung von "Motor Ibérica", den Generalstreik auf die gesamte Provinz Pamplona auszudehnen. Die ungeschickt operierende Werksleitung von "Motor Ibérica" hatte sich geweigert, vertraglich zugesicherte Prämienzahlungen zu leisten, und drohte der darauf in Streik tretenden Belegschaft mit der Schließung des Werks Noaín und Verlagerung der Produktion in andere Betriebe des Konzerns. Zum Generalstreik in der ganzen Provinz gesellte sich diesmal noch ein neues Kampfmittel: die ausgesperrten, um ihren Lohn betrogenen Arbeiter schlossen sich in der Kathedrale von Pamplona ein, um die Öffentlichkeit auf ihre Lage und ihre Forderungen aufmerksam zu machen. Dies geschah mit voller Billigung des Erzbischofs, der zudem in allen Kirchen des Erzbistums eine Solidaritätsadresse für die Streikenden verlesen ließ und die Eingeschlossenen mit Lebensmitteln versorgte. Nicht zuletzt aufgrund der damit erzielten enormen Publizität hatten die Arbeiter von Noáin schließlich Erfolg: Das Werk blieb bestehen, alle Entlassenen wurden wieder eingestellt und die Lohnnachforderungen erfüllt[15].

Das Mittel der Einschließung in Kirchen fand danach immer häufigere Anwendung bei Arbeitskämpfen, stets mit Unterstützung des progressiven Klerus. Häufig wurden die Kirchen sogar zum wichtigsten Treffpunkt der Streikenden, denen die Gewerkschaftshäuser der OS nicht zur Verfügung standen. So befand sich beim Generalstreik von Vitoria im März 1976 die Streikzentrale in der Kathedrale der Stadt[16]. Auch bei den Streiks in Madrid im Frühjahr 1976 konnte man ganze Streikkomitees auf der Flucht vor der Polizei von einer Kirche (zumeist der Vorstädte) in die andere ziehen sehen. Das mit solchen Aktionen verbundene Aufsehen erwies sich für das Regime als äußerst unangenehm, weil nicht nur in Spanien die Gotteshäuser als letzter Zufluchtsort der Verfolgten und Verzweifelten gelten und durch die Zustimmung der Priester die Einschließungen (und damit auch die Forderungen der Streikenden) gewissermaßen mit einem Tropfen heiligen Öls gesalbt erschienen.

Die letzte Stufe in ihrem strategischen Konzept, die Ausweitung lokaler Generalstreiks zum politisch motivierten nationalen Generalstreik konnten die CC.OO. (jedenfalls bis Mitte 1976) nicht erreichen. Die Vorstellung eines solchen Generalstreiks scheint aber nicht unrealistisch, wenn man berücksichtigt, daß bei den Streiks im Baskenland Anfang 1975 bereits mehrere Provinzen betroffen waren und der dortige Generalstreik immerhin eine ganze Region erfaßte. Auch die massiven Streikbewegungen im Januar und Februar 1976, in denen zeitweilig eine halbe Million Arbeiter und Angestellte sich gleichzeitig im Ausstand befanden, wiesen gewisse Züge auf, die sie als Vorstufe eines nationalen Generalstreiks erscheinen lassen. Ob ein solcher politischer Generalstreik noch zustande kommt und wie weitreichend seine Ziele sein können, hängt zum einen von der Machtverteilung innerhalb der CC.OO. und zum anderen von der Zusammenarbeit zwischen ihnen und den beiden anderen Gewerkschaften UGT und USO ab.

d) Die politische Binnenstruktur der CC.OO.

In ihren Dokumenten und Erklärungen erhoben die CC.OO. stets den Anspruch auf parteipolitische Neutralität und auf Offenheit gegenüber allen politischen Organisationen, die sich zur demokratischen Staatsform bekennen und das Franco-Regime aktiv bekämpften. Aber deswegen operierten sie natürlich nicht im politischen Vakuum: Nachdem sie ihre Brauchbarkeit als effiziente Kampforganisation der Arbeitnehmer erst einmal bewiesen hatten, trachteten alle möglichen Gruppen der Linken danach, die Kommissionen zu ihrer Domäne zu machen.

Bei diesem Wettlauf war der PSOE, wie wir schon gesehen haben, der eindeutige Verlierer. Zwar arbeiteten in der Anfangszeit der CC.OO. auch Kader der UGT mit, mußten sich aber schon bald auf Weisung der Toulouser Exilführung wieder zurückziehen, weil dort die Zusammenarbeit mit Kommunisten nicht geduldet wurde. Die Folge war, daß die gewerkschaftliche Repräsentierung des PSOE in Spanien noch geringer wurde, als sie ohnedies schon war. Der PSOE ging schließlich auf einen kompromißlos CC.OO.-feindlichen Kurs (nicht nur mit dem mißglückten Experiment der "Comités de Fábrica") und rief z.B. noch 1971 zum Boykott der Syndikatswahlen auf.

Die Volkssozialisten (PSP) vertraten den CC.OO. gegenüber von Anfang an eine differenziertere Politik: Sie arbeiteten grundsätzlich in den Kommissionen mit, soweit sie am Ort überhaupt gewerkschaftliche Kader besaßen. Wo die Kommunisten stark waren, versuchten sich die Volkssozialisten durch zähe Kleinarbeit eine Plattform zu schaffen; wo der Einfluß der Kommunisten schwach war, gründete der PSP zeitweilig (allerdings nur an wenigen Orten) von ihm selbst kontrollierte sogenannte "Comisiones Obreras Democráticas". Die gute Zusammenarbeit der Volkssozialisten mit den Kommunisten in der "Junta Democrática" seit 1974 blieb nicht ohne Auswirkungen auf das Verhältnis der Kader beider Parteien zueinander in den Arbeiterkommissionen. So nahm z.B. der CC.OO.-Führer Marcelino Camacho am III. Kongreß des PSP in Madrid am 5.-6. Juni 1976 teil und wurde dort stürmisch gefeiert, obwohl er dem ZK der Kommunistischen Partei angehört[17].

Daß die Kommunisten die stärkste Gruppe innerhalb der CC.OO. sind und ihre Kader gewissermaßen das Rückgrat der Organisation bilden, steht außer Zweifel. Da der PCE schon in der Anfangszeit der Arbeiterkommissionen besonders zahlreiche und in der Gewerkschaftsarbeit erfahrene Kader in die CC.OO. einbringen konnte und vor allem durch Bereitstellen seines Kommunikationsnetzes (dazu gehört auch der kommunistische Radiosender REI) und seiner internationalen Beziehungen den Kommissionen unschätzbare Dienste bei der Lösung von Koordinations- und Finanzproblemen leistete, gelang es ihm rasch, großen Einfluß auf die Politik der CC.OO. zu gewinnen. Am deutlichsten ist dieser Einfluß in der überregionalen Organisation der Kommissionen[18]. Dies belegen nicht nur die Namen der führenden Mitglieder der CC.OO. wie Marcelino Camacho, Julián Ariza u.a., die zum größten Teil Mitglieder der PCE sind. Auch eine Analyse der wichtigsten Dokumente der CC.OO. läßt darauf schließen, daß die meisten davon unter maßgeblicher Mitarbeit der

Kommunisten entstanden sind. Auf lokaler Ebene ist der PCE-Einfluß weniger gleichmäßig verteilt; es gibt Gebiete und einzelne Betriebe, in denen durchaus die Vertreter anderer politischer Organisationen in den CC.OO. dominieren, vor allem die Linkskatholiken, die sich im Rahmen der Katholischen Arbeiterbruderschaften (HOAC) oder der Katholischen Arbeiterjugend (JOC) organisieren und den Vorzug genossen, als Mitglieder dieser Organisationen offen auftreten und Versammlungen abhalten zu können. Überdies können sie auf die Unterstützung vieler fortschrittlicher Priester zählen, die sich z.B. in der Bereitstellung von Gemeindehäusern für Versammlungen äußert. Immerhin gehört der Priester P. García Salve schon seit Jahren zum engsten Führungszirkel der CC.OO.

Auf regionaler Ebene, vor allem in Katalonien, gelang es zeitweilig bestimmten Organisationen der Ultralinken, größeren Einfluß auf die Kommissionen zu bekommen. Diese Entwicklung war verstärkt seit der Gründung der "Comisiones Obreras Juveniles" (der Jugendorganisation der CC.OO.) zu beobachten. Durch diese Nebenorganisation strömten bestimmte Linksgruppen in die Arbeiterkommissionen, die dort vorher nicht vertreten waren. Dazu gehörten leninistische Gruppen wie "Acción Comunista" und PCE (Internacional) und trotzkistische wie Lucha Obrera oder POR, in Katalonien vor allen der FOC (Front Obrer de Catalunya). Trotz ihrer oft gegensätzlichen Politik verstärkten diese Gruppen insgesamt die antikapitalistische Tendenz der CC.OO.; ihre Arbeit mag zu dem Verbot der Arbeiterkommissionen im Jahr 1967 beigetragen haben[19].

Als die aktivste unter diesen Gruppen erwies sich bald der katalanische FOC. Er verursachte 1969 sogar eine Spaltung der katalanischen CC.OO.: Das lokale Barcelonaer Koordinationskomitee blieb zwar in den Händen der Mehrheitsfraktion (Kommunisten, Katholiken und Sozialisten), aber ein beträchtlicher Teil der lokalen Unterorganisationen wurde zeitweilig vom FOC beherrscht. Zu dieser Zeit entstand in Barcelona auch die extrem autonomistische Gruppe um die Zeitung "Qúe hacer?" (Was tun?), die zum ersten Kristallisationspunkt der parteifeindlichen Ultra-Autonomisten wurde. Die von der Kommunistischen Partei abgefallene, im wesentlichen von Intellektuellen getragene, linkssozialistische Gruppe "Bandera Roja" versuchte sich ihrerseits "Qué hacer?" zu bemächtigen, um die ersehnte und legitimationsfördernde "proletarische Basis" zu bekommen[20]. Die Ursache für das Voranschreiten dieser ultralinken Gruppen liegt in jener Krise der Arbeiterkommissionen begründet, die in diesen Jahren durch die Absetzung oder Verhaftung zahlreicher Vertrauensleute und Betriebsräte der CC.OO. entstand und zu einer gewissen Ausblutung der Organisation führte. Die Linksgruppen machten den Kommissionen zum Vorwurf, sie verheizten ihre Kader durch das Bestehen auf offenem Auftreten und den Anspruch auf volle Legalität. Es darf als historisches Verdienst der CC.OO. gelten, trotz dieser Anfeindungen und der ungeheuren Verluste durch die Repression der Versuchung widerstanden zu haben, auf konspirative Formen der gewerkschaftlichen Arbeit zurückzugehen, die sie um Jahre in ihrer Entwicklung hätten zurückwerfen müssen.

da) Die "Basisbewegung" innerhalb der CC.OO.

Wegen ihrer grundsätzlichen Bedeutung soll auf die ultraautonomistische Richtung in den CC.OO. noch kurz eingegangen werden. Sie stellt einen Bestandteil der spanischen "Basisbewegung" dar und zeigt in ihren Erscheinungsformen Bezüge zu international zu beobachtenden Phänomenen dieser Natur. Es wäre deshalb verfehlt, sie nur als eine Spätblüte des Anarchosyndikalismus zu betrachten. Innerhalb einer autonomistischen Bewegung wie den CC.OO. kommt Gruppen dieser Art wohl hauptsächlich die Funktion zu, Ansätze bürokratischer Verkrustungen sichtbar zu machen und Bedürfnisse aufzuzeigen, die in die Politik der Organisation noch keinen Eingang gefunden haben. Wie die Erfahrungen mit der portugiesischen "Basisbewegung" besonders deutlich zeigen, kommt diesen Gruppen zwar eine wichtige Funktion bei der Mobilisierung politisch inaktiver Bevölkerungsgruppen zu, aber ihre mangelnde Organisationsfähigkeit läßt sie als den Parteien gleichwertiges politisches Subjekt praktisch ausscheiden. So war auch bei dem portugiesischen Linksputsch vom 25. November 1975, der doch die Interessen der "Basis" vertreten sollte, die letztere völlig koordinations- und handlungsunfähig.

Während aber in den portugiesischen Basisgruppen noch Mitglieder der großen Linksparteien arbeiteten (was zum Scheitern des Putschs vom 25. November 1975 sicher wesentlich beigetragen hat), zeigen sich die spanischen Ultra-Autonomisten absolut parteifeindlich. Sowohl die aus dem FOC hervorgegangene Gruppe "Qúe hacer?" als auch die meisten ihr nachfolgenden Gruppen lehnen jeglichen Einfluß von Parteien oder von Parteien erarbeiteten Gedankengutes auf ihre Organisation ab[21]. In einer Zeit, in der die CC.OO. sich zu immer besser organisierter und disziplinierter Arbeit gezwungen sahen, ging von solchen zwar durchweg theorielosen[22], aber auf absoluter Eigenbestimmung pochenden Gruppen eine beträchtliche Anziehungskraft aus.

Größeren Einfluß auf Formen und Umfang der Arbeitskämpfe konnten die Ultraautonomisten nicht erreichen. Dem stand schon ihre starke Zersplitterung und ihre autoritätsfixierte Binnenstruktur entgegen, gegenüber der einer der publizistischen Protagonisten der "Basis", Julio Sanz Oller[23], herbe Kritik übte: "Man versuchte die Vereinigung, aber ohne Erfolg. Obwohl diese Gruppen das Phänomen des Bürokratismus und Zentralismus ausschalteten, obwohl sie es verstanden, Intellektuelle und Studenten aus der Führung des Arbeiterkampfes zu entfernen, brachten sie es nicht fertig, dem Führerglauben (líderismo) ... ein Ende zu setzen. Jeder Arbeiterführer wachte eifersüchtig über seine Autorität bei den Mitgliedern seines Stammes und wollte seine Führungsfunktion nicht durch breitere Zusammenschlüsse aufs Spiel setzen." Das Theoriedefizit der Ultraautonomisten versuchte der von Fernando Claudín (einem abgefallenen PCE-Linken) geleitete Verlag "Ruedo Ibérico" in Paris etwas zu füllen, der den publizistischen Vertretern dieser Richtung seine Zeitschrift öffnete und nicht wenige grundlegende Texte dazu veröffentlichte. So entgingen auch die Ultraautonomisten nicht dem Schicksal, ihr theoretisches Fundament von außen vermittelt zu bekommen...

Das Fazit des gutgemeinten Versuchs einer nur aus sich selbst schöpfenden autonomen Arbeiterorganisation (soweit man es bis jetzt überhaupt schon ziehen kann) ist nicht beeindruckend. Die Zerschlagung des "Bürokratismus", den man den CC.OO. unterstellte —und den man den Exilparteien mit größerem Recht vorgeworfen hätte, bedeutete nicht selten die Rückkehr in archaische Verhältnisse der Arbeiterbewegung. Nicht nur ging es offenbar ebenso autoritär zu wie vorher, auch die beabsichtigte Wirkung der neuen Organisationsform blieb aus ("Man gab den Arbeitern das Wort, aber nur wenige ergriffen es"[24]). Welche autoritäre Regierung schreckt schon vor einem unkoordinierten Flickenteppich solcher Grüppchen zurück? Die Ultraautonomisten konnten zwar einen Willen zur Veränderung ausdrücken, aber stellten niemals eine reale Machtalternative dar. Es zeigte sich, daß die sozialistischen Organisationen selbst dort, wo die Autonomisten die Mehrheit hatten, sie vermöge ihrer Disziplin und ihres Organisierungsgrades auszumanövrieren verstanden - nicht zuletzt auch wegen ihres internationalen Prestiges, das die Grüppchen nicht erreichen konnten. Einmal mehr bestätigt sich die These, daß von einem bestimmten Punkt der politischen Auseinandersetzung an die straffe Organisation der oppositionellen Kräfte unabdingbar ist und daß im autoritären Staat politische Bündnisse und Zusammenschlüsse der demokratischen Opposition gar nicht breit genug angelegt sein können.

e) Auf dem Wege zur Einheitsgewerkschaft?

Die Schaffung einer demokratischen Einheitsgewerkschaft im Nachfranquismus galt den CC.OO. stets als eines der wichtigsten politischen Fernziele. Da die Kommissionen in sich selbst eine Art pluralistisch aufgebauten Gewerkschaftsbund darstellen, ist dieses Ziel schon eine Folge ihrer Binnenstruktur. Darüber hinaus wird es immer mehr zu einer Vorbedingung für die Realisierung des systempolitischen Ziels der CC.OO.: vollständige Überwindung des "Ancien Regime" und Errichtung einer demokratischen Gesellschaft auf dem Weg zum Sozialismus. Sollten sich die Träger des alten Systems dem massiv widersetzen, würden die CC.OO., wie ihre Repräsentanten wiederholt erklären, den Nationalen Politischen Generalstreik anstreben müssen. Ein solches Unternehmen setzt aber unabdingbar die Aktionseinheit mit den beiden anderen gewerkschaftlichen Organisationen voraus.

Die Chancen für eine solche Aktionseinheit haben sich zwar etwas verbessert, aber die Schaffung einer Einheitsgewerkschaft liegt noch in weiter Ferne. Vor allem die sozialdemokratische UGT schien nicht geneigt, in dieser Hinsicht substantielle Zugeständnisse zu machen - zumindest solange, als die Kräfteverhältnisse zwischen ihr und den Kommissionen sich für sie sehr ungünstig darstellten. So reklamierte die UGT während ihres XXX. Kongresses im April 1976 in Madrid 20.000 Mitglieder für sich, was 0,25 % der aktiven Bevölkerung Spaniens entspricht[25]. Demgegenüber waren die Arbeiterkommissionen seit Juni 1976 im Begriffe, mit ihrer "Campaña de Bonos" eine Mitgliederzahl von mehr als 1 Million nachzuweisen[26].

Von der ebenfalls sozialistischen USO (Unión Sindical Obrera) gehen geringere Widerstände gegen die Gewerkschaftseinheit aus. Die USO, die aus der Juventud Obrera Católica (JOC) hervorgegangen war, stand in ihrer gewerkschaftlichen Praxis den CC.OO. schon immer näher als die UGT, was sich z.B. in der Beteiligung an den Syndikatswahlen niederschlug. Als Absicherung gegen das Übergewicht der CC.OO. ist seit Frühjahr 1976 allerdings ein vermehrtes Zusammengehen der USO mit der UGT zu beobachten. Dennoch stimmen die meisten Beobachter darin überein, daß die USO auf lange Sicht zur Verschmelzung mit den CC.OO. bereit ist. Ihre Mitgliederstärke beziffert die USO auf 10.000, davon 3.500 gewählte Vertrauensleute[27].

Ein erster Schritt zur Institutionalisierung der Kontakte zwischen den drei Gewerkschaftsorganisationen wurde im April 1976 mit der Schaffung der "Coordinadora Sindical" getan, ein Beratungsgremium, das weitergehende Maßnahmen vorbereiten soll und in dem sich Vertreter der UGT erstmals mit solchen der CC.OO. an einen Tisch setzten. Während aber die UGT allenfalls über Aktionseinheiten sprechen will, nicht aber über die Fusion der drei Organisationen, steht die letztere Frage für die Repräsentanten der CC.OO. im Vordergrund. Sollte darüber keine Einigung zu erzielen sein, so deutete ein CC.OO.-Vertreter an, "würden wir die organisatorische Struktur der Kommissionen in maximaler Weise verstärken"[28]. So scheint ein Zusammenschluß aller drei Organisationen allenfalls als Ergebnis eines langfristigen Prozesses denkbar.

2. Autonome Organisationen in nichtindustriellen Sektoren

a) Die Landarbeiterkommissionen

Parallel zu den industriellen CC.OO. entwickelte sich auch ein landwirtschaftlicher Zweig der Arbeiterkommissionen, die "Comisiones Campesinas" (CC.CC.). Sie existieren seit etwa 1964, haben sich jedoch im Vergleich zu den CC.OO. weniger durchsetzen können[29]. Die Gründe dafür liegen im niedrigeren Bildungsniveau der Landarbeiter, der geringen Konzentration der Arbeitsplätze, der gegenüber den Städten erschwerten Kommunikation und, nicht zuletzt, in der besser funktionierenden sozialen Kontrolle durch die klassischen Institutionen Kirche, Grundbesitz usw. Mit der rasch wachsenden Ausrichtung auch der spanischen Landwirtschaft an kapitalistischen Wirtschaftsmethoden (allen voran der Großgrundbesitz) kam allerdings auch auf diesem Sektor die Situation in Bewegung. Besonders bei den schlechtbezahlten Arbeitern auf den Latifundien des Südens (Andalusien und Extremadura), deren Löhne häufig zu einem bestimmten Prozentsatz in Naturalien ausbezahlt werden, hat das Ausbleiben der seit 1936 von der Falange angekündigten Agrarreform zu einer gewissen Radikalisierung geführt, die die frühere Apathie und Resignation der Landarbeiter langsam aufzulösen beginnt[30].

Die Besitzstrukturen sind trotz bescheidender reformerischer Ansätze (etwa im

Rahmen des "Plan Badajoz", der Ende der fünfziger Jahre in einem der klassischen Elendsgebiete des spanischen Südwestens gewisse Erleichterung brachte) seit Ende des Bürgerkrieges fast unverändert geblieben. So beziffert z.B. Comín[31] die Gesamtfläche, die in der Region Andalusien vom Großgrundbesitz eingenommen wird, auf 63,2 %. Giner[32] schätzte, daß 1964 1,8 % aller Grundeigentümer in Spanien mehr als die Hälfte des bebaubaren Bodens besaßen. Bezeichnend ist allerdings, daß die heftigsten Kämpfe der Landarbeiter bzw. Kleinbauern nicht in den Latifundiengebieten ausbrachen, sondern im hochindustrialisierten Baskenland (hier sei nur an die mehrfach aufgetretenen "Milchkriege" erinnert). Je stärker vergesellschaftet und technisiert sich die Produktion in diesem Wirtschaftszweig darstellt, desto kampfbereiter und politisierter zeigten sich auch hier die Produzenten. Unter den anderen sozialen Ausgangsbedingungen des vom Großgrundbesitz beherrschten Südens brachte die Technisierung und Industrialisierung der landwirtschaftlichen Produktion dort allerdings ganz andere Ergebnisse: Die Mechanisierung rettete den extremeñischen und andalusischen Latifundisten ihre Existenz, als infolge der Landflucht billige Arbeitskräfte in großer Zahl nicht mehr zur Verfügung standen. Das Dilemma des Latifundisten resultiert dort eher daraus, daß er sich persönlich noch weithin am Leitbild des halbfeudalen Landherren orientiert, aber der Öffentlichkeit das Bild des Agrarunternehmers zeigen muß. Je weiter dieser Prozeß fortschreitet, desto schwieriger wird für den Latifundisten die Beibehaltung der absentistischen Lebensweise (Leben in der Hauptstadt und nicht auf dem Landgut). Für nicht wenige Großgrundbesitzer lautete die Alternative bereits: Aufgabe des Grundbesitzes oder eigene Leitung desselben (am Ort natürlich) nach konkurrenzkapitalistischen Grundsätzen. Die staatliche Wirtschaftspolitik kam dem durch Dekretierung sehr niedriger Produzentenpreise für viele Agrarprodukte eher noch entgegen, ebenso wie mit einer Staatshandelsorganisation für bestimmte Grundnahrungsmittel wie z.B. Weizen.

Die Landflucht als Regulativ der sozialen Konflikte auf dem Lande scheint inzwischen am Ende ihrer Wirksamkeit angelangt zu sein[33]. So gehört auch keine besondere Phantasie mehr zu der Aussage, daß das Schicksal künftiger Regierungen u.a. von ihrer Fähigkeit abhängen wird, eine Landreform einzuleiten, die diesen Namen verdient.

b) Die Stadtteilkommissionen

Einen starken Aufschwung, besonders in den Jahren 1975/76 erlebten die Stadtteilkommissionen und Nachbarschaftsvereinigungen. Ihre Tätigkeit ist weniger manifest politisch und ähnelt mehr derjenigen der Bürgerinitiativen in der BRD (Wohnungsbau, Mieten, Verkehrsprobleme etc.). Anfang 1976 machten die Nachbarschaftsvereinigungen durch eine Reihe erfolgreicher Kaufboykotte in Großmärkten auf sich aufmerksam, die sich gegen die hohen Profitspannen des Zwischenhandels richteten. Die Zusammensetzung dieser Gruppe ist notwendig noch heterogener als die der CC.OO. und auch weniger von politischen Organisationen beeinflußt.

Einen ersten Höhepunkt erreichten die Aktionen der Stadtteilkommissionen im Jahr 1973, als es ihnen in Barcelona gelang, bei den Kommunalwahlen einen eigenen Kandidaten (F. Rodríguez Ocaña) aufzustellen. Der Wahlkampf Ocañas ("Kandidat der Arbeiter") erregte in ganz Spanien einiges Aufsehen; war es doch das erste Mal, daß ein offen als Regimegegner auftretender Kandidat sich bei den sonst als Farce empfundenen Kommunalwahlen bewarb. Er gewann die Wahl in dem 400.000 Bewohner zählenden IX. Bezirk in Barcelona haushoch: Die Wahlbeteiligung in den Arbeitervierteln stieg von durchschnittlich 6 auf 40 %[34]. Unter einem fadenscheinigen Vorwand (eine Kostenrechnung der Wahlkampfausgaben war nicht rechtzeitig eingereicht worden) verweigerte die Stadtverwaltung ihm jedoch nach der Wahl die Ernennung, woran auch eine Intervention des regimekritischen Barcelonaer Prokurators Eduardo Tarragona in den Cortes nichts mehr ändern konnte[35]. Trotz des endlichen Fehlschlags zeigte das Beispiel Ocaña, daß in diesem Bereich des Reproduktionssektors für die Zukunft noch ein großes Mobilisierungspotential zu erwarten war.

VII. DIE KOMMUNISTISCHE PARTEI SPANIENS (PCE)

Die Kommunistische Partei darf als die größte und bestorganisierte politische Partei Spaniens gelten. Obwohl sich die Repressionen des Regimes in besonderem Maße gegen sie richteten, konnte die spanische KP in den Jahrzehnten der Illegalität und Verfolgung ihr Mitgliederpotential und ihre Mobilisierungsfähigkeit beständig erhöhen. Offiziell inexistent, gelang es den spanischen Kommunisten, jederzeit im Bewußtsein breiter Massen als politischer Faktor präsent zu bleiben. Das für eine Exilpartei ungewöhnliche Prestige des PCE innerhalb der Kommunistischen Weltbewegung beruht neben diesem Umstand auch auf der Tatsache, daß die spanischen Kommunisten die ersten waren, die außerhalb der Sowjetunion eine sozialistische Revolution durchführten und eine revolutionäre Regierung bildeten. Nicht zuletzt liegt die vermehrte Aufmerksamkeit, die die theoretische Position des PCE auch außerhalb des kommunistischen Lagers findet, darin begründet, daß der PCE seit Ende der sechziger Jahre gemeinsam mit der KP Italiens zum Wortführer eines zentristischen Lagers im Weltkommunismus wurde, das auf größtmögliche Distanz zu Moskau achtet. Ihm gehören neben den Parteien des sogenannten "Eurokommunismus" auch solche KPen wie die japanische oder die neuseeländische an.

1. Die soziale Basis des PCE

In den programmatischen Aussagen des PCE und seiner Analyse der spanischen Gesellschaft spiegelt sich die veränderte Haltung dieser Partei bezüglich ihrer sozialen Zielgruppen wider. Ähnlich wie andere westeuropäische KPen versteht sich der PCE nicht mehr als reine Arbeiterpartei, sondern versucht möglichst breite nichtproletarische (wenn auch von Proletarisierung bedrohte) Schichten für sich zu gewinnen. Zu diesen Schichten zählt der PCE-Generalsekretär Carrillo[1] auch kleine und mittlere Unternehmer, die noch vor 20 Jahren das Bild der Wirtschaft prägten und sich heute zunehmend vom monopolistischen Sektor bedroht sehen; d.h. mit dem Verlust ihrer wirtschaftlichen Unabhängigkeit rechnen müssen. Die langfristige Gefährdung der Existenzgrundlage des mittelständischen Unternehmertums durch die Konzerne und der drohende Verlust ihrer aus dem Unternehmerstatus rührenden Privilegien (Carrillo rechnet dazu auch die "leitenden Angestellten" und die technische Intelligenz der Kleinbetriebe), der offenbare Interessengegensatz dieser Schichten gegenüber dem monopolistischen Kapital, läßt Carrillo diese Teile der spanischen Gesellschaft potentiell als Büdnispartner der fortschrittlichen Kräfte und damit auch des PCE erscheinen. Um der industriellen Kleinbourgeoisie den Frontwechsel zu erleichtern, bietet der PCE denn auch sehr weitgehende Garantien für ihre wirtschaftliche Sicherheit:

"Wir meinen, daß die sozial-politische Demokratie eine historische Etappe ist, während derer über einen langen Zeitraum hinweg die kleinen und mittleren Unternehmen im Besitz ihrer Eigentümer bleiben werden und weiterhin in bezug auf die großen Unternehmen - die heute monopolistisch sind, dann aber gesellschaftliches Eigentum sein werden - die ergänzende Rolle spielen werden, die sie im heutigen ökonomischen System auch spielen."[2]

Wieweit diese Hoffnung auf Gefolgschaft angesichts des verbreiteten Hangs der Klein- und Mittelbourgeoisie zu faschistischen Lösungen ihrer Probleme realistisch ist, bleibt abzuwarten. Erfahrungen in anderen Ländern deuten eher darauf hin, daß die Kleinbourgeoisie die monopolistische Enteignung der kommunistischen Existenzgarantie vorzieht.

Anders verhält es sich mit den Intellektuellen, Künstlern und Selbständigen. In dieses Potential konnte der PCE schon seit Beginn der sechziger Jahre einbrechen, besonders an den Universitäten und in der demokratischen Studentenbewegung[3]. Die Knebelung des Geisteslebens in Verbindung mit einem unzulänglichen Bildungssystem hatten dort die Widersprüche schon früh aufbrechen lassen; sie wurden durch die oft sehr ungeschickten Repressionsmaßnahmen des Regimes (Polizei auf dem Campus und nicht selten selbst in den Hörsälen) noch zusätzlich verschärft. Auf dem Gebiet der bildenden Künste hatten die Kommunisten schon seit dem Bürgerkrieg eine breite Schar von Mitgliedern und Sympathisanten sammeln können; als der prominenteste unter ihnen darf Pablo Picasso gelten[4].

Bedeutsamer noch scheint der Zulauf, den der PCE in den letzten Jahren aus Kreisen anderer "Profesionales" erhielt, also von Lehrern, Hochschullehrern, Ärzten, Rechtsanwälten usw. Gerade die Ärzte und Rechtsanwälte zeichneten sich durch besondere Militanz bei der Verteidigung ihrer ständisch-beruflichen, aber auch politischen Positionen aus, was sich in wiederholten Streiks, Einschließungen, Protestresolutionen usw. äußerte[5]. Die breitere Streuung ihrer sozialen Basis hat zur Abkehr der Kommunistischen Partei von stailinistischen Orientierungen sicher nicht unerheblich beigetragen und stellt wohl auch eine Sicherung gegen mögliche Rückfälle in diktatorische Verfahrensweisen dar.

2. Langfristige Ziele

Die Erkenntnis, demokratische Verhältnisse in Staat und Wirtschaft nicht im Alleingang herstellen zu können, bewog den PCE zu entsprechender Rücksichtnahme auf seine potentiellen Bündnispartner auch in programmatischer Hinsicht. Der Begriff "Diktatur des Proletariats" taucht in den Dokumenten der Partei nicht mehr auf. Santiago Carrillo begründete dies - wohl mehr für den innerparteilichen Gebrauch - in seinem 1971 erschienenen Werk "Freiheit und Sozialismus" zunächst damit, daß ein direkter Übergang von der franquistischen Diktatur zum Sozialismus ohnedies nicht möglich sei[6]. Vielmehr ging die Partei davon aus, daß in Spanien eine revolutionäre Situation nicht bestehe und auch in absehbarer Zeit nicht eintreten werde. "Niemand - und am allerwenigsten die Kommunistische Partei - denkt heute daran, die "Kommunistische Revolution" in Spanien zu machen. Die Entscheidung, vor der das Land steht, heißt reaktionäre und faschistische Diktatur, oder Demokratie"[7]. Hierin liegt ein wesentlicher Unterschied zwischen Theorie und Praxis des PCE einerseits und seinen Kritikern auf der Linken (Maoisten, Trotzkisten usw.), die jede Verschärfung der Arbeitskämpfe und das gestiegene gewerkschaftliche Engagement der Arbeiter schon als Vorboten der Revolution deuteten. Für sich selbst beansprucht der PCE nur noch die Rolle einer "führenden Partei" in einem künftigen Mehrparteiensystem, nicht aber die Rolle einer "herrschenden Einheitspartei"[8]. Die politischen Freiheiten sollen nicht angetastet werden. Die Parteiführung ließ keine Gelegenheit aus, um zu betonen, daß es ihr nicht um den kommunistischen Umsturz ging, sondern um das Erreichen der Entwicklungsstufe der bürgerlich-demokratischen Gesellschaft, um endlich Anschluß an die Entwicklung der europäischen Nachbarn zu finden.

Auch hier läßt sich beobachten, daß die Zustimmung, die der PCE bei der Bevölkerung fand, in dem Maße zunahm, wie er sich von Wunschvorstellungen und bestimmten, längst obsolet gewordenen Bestandteilen seines Leerformelapparats trennte[9]. Der darin zum Ausdruck kommende Realismus stellte nicht nur einen Schritt auf dem Wege zur "authentischen" Opposition dar, sondern war auch notwendige Voraussetzung für jenes breit angelegte Bündnis mit anderen demokratischen Kräften, durch das der PCE die Diktatur überwinden und einen modernen, demokratischen Staat schaffen wollte. In schlagwortartiger Verkürzung lassen sich die zentralen politischen Forderungen der Partei bis zu den Wahlen vom Juni 1977 so wiedergeben:

- Bildung einer breiten demokratischen Front, möglichst unter Einschluß der Christdemokraten, um die letzten Reste der Diktatur zu beseitigen und den Weg für Reformen freizumachen.
- Amnestie für alle politischen Gefangenen.
- Volle politische Freiheiten für alle Parteien und Gewerkschaften ohne Diskriminierungen.
- Volksabstimmung über die künftige Staatsform.

Da sich diese Grundforderungen auch im Katalog der wichtigsten anderen Oppositionsparteien befanden, konnte man von einer Art gemeinsamem Minimalprogramm der Opposition sprechen. Es bildete auch die Grundlage der "Junta Democrática" und, später, des noch breiter angelegten Zusammenschlusses fast aller demokratischen Kräfte in der "Coordinación Democrática".

Das vom PCE so lange angestrebte breite Bündnis aller demokratischen Kräfte war mit der "Coordinación Democrática" noch keineswegs erreicht. In den Augen der spanischen Kommunisten schien dieser Zusammenschluß eher ein lockeres Bündnis auf Zeit zu sein; zu wenig tragbar für langfristige Politik. Untersucht man die Vorstellungen des PCE von einem Parteienpluralismus der Zukunft, so schält sich ein Parteienblock heraus, dessen Bestandteile schon sehr viel mehr verbindet als nur die gegenseitige Achtung und Toleranz. So spricht z.B. Carrillo immer wieder von einer "politischen Formation" mit deutlichen programmatischen Übereinstimmungen. "Die Formation, die für eine sozialistische Gesellschaft kämpft, muß mehr sein als nur ein Wahlbündnis, sie muß vielmehr über langfristige Perspektiven verfügen. Und für eine Reihe wesentlicher Ziele und auch, um bis zu einem gewissen Grad eine gemeinsame Disziplin zu erreichen, muß sie sich eine gemeinsame Führung geben."[10] Die Strategie der Partei scheint damit darauf abgestellt, mit den Sozialisten und dem fortschrittlichen Katholizismus einen "historischen Kompromiß" einzugehen. Gegner des PCE, die darin einen Propagandatrick sehen wollen, machen es sich m.E. zu leicht. Der Schock von 1936-1939, aber auch solche Erfahrungen wie die von Chile 1973, sitzen den spanischen Kommunisten noch so tief in den Knochen, daß sie stets betonen, alles tun zu wollen, um eine Wiederholung dieser Entwicklungen in Spanien auszuschließen. Eine Änderung dieses Konzepts, etwa im Sinne von Alleinherrschaftsvorstellungen, bewaffnetem Kampf o.ä. ist ohne jeden Zweifel auch durch die innere Struktur des PCE ausgeschlossen. Die große Masse der Parteimitglieder gehört der jungen Generation, zumindest aber der Nachkriegsgeneration an und ist längst auf den friedlichen Weg zum Sozialismus eingeschworen. Als Militanten der CC.OO. oder anderer Basisorganisationen sind sie stark durch die Zusammenarbeit und Abstimmung mit den Anhängern anderer demokratischer Parteien und Richtungen geformt worden und würden einen totalitären Kurswechsel der Partei kaum akzeptieren.

Die Bemühungen des PCE um den "Historischen Kompromiß" und die Schaffung jener "Formation" fortschrittlicher Kräfte sollte indessen niemand zu dem Schluß verleiten, der PCE sei zur "Systempartei" geworden oder habe sein Fernziel, eine sozialistische Gesellschaft ohne Klassen und ohne Entfremdung, aufgegeben. Kommunistische Funktionäre erklären im Gespräch immer wieder, daß es im Zielkonflikt mit den Bündnispartnern von einem bestimmten Punkt der Entwicklung an keine Kompromisse mehr geben könne und die KP "ihren Weg gehen" müsse. Entscheidend sind aber auch hier das Festhalten an friedlichen Lösungen und die sehr langen zeitlichen Perspektiven, die keinem der Bündnispartner des PCE das Zusammengehen mit ihm als "tödliche Umarmung" erscheinen lassen müssen.

a) Das Wirtschaftsprogramm

Auch in seinen wirtschaftlichen Strukturvorstellungen versucht der PCE den potentiellen Partnern der angestrebten politischen "Formation" entgegenzukommen[11]. Während eines Übergangszeitraums, den PCE-Funktionäre auf 15-20 Jahre veranschlagen, sollen kapitalistische Eigentumsformen und gesellschaftliches Eigentum an Produktionsmitteln (aufbauend auf den bereits bestehenden Staatsbetrieben) nebeneinander existieren. Der PCE nennt diese Phase "Wirtschaftliche und politische Demokratie", teilweise in Anlehnung an das von der KPF formulierte Konzept der "démocratie avancée"[12].

Von besonderer Bedeutung ist in diesem Zusammenhang naturgemäß das Verstaatlichungsprogramm. Es ist auffallend zurückhaltend und fällt deutlich z.B. hinter die rigorosen Nationalisierungspläne der Volkssozialisten (PSP) zurück. Die Nationalisierungspolitik des PCE in der Phase des Übergangs stellt Santiago Carrillo folgendermaßen dar:

"Die schrittweise Überführung der Gesamtheit der Produktionsmittel in Gemeineigentum ... wird nicht Folge dieser oder jener Enteignungsmaßnahmen sein; die Entwicklung der Produktivkräfte wird auf natürlichem Wege zur Überwindung der Mittel-und Kleinindustrien führen. So werden geeignete Formen der Entschädigung und, vor allem, der persönlichen Integration der früheren Privateigentümer in das neue sozialistische Produktionssystem, unter Berücksichtigung ihrer Erfahrung und Führungsbefähigung, dafür sorgen, daß der Übergang für niemand eine Tragödie darstellt - ausgenommen für diejenigen, die sich der demokratischen Entwicklung mit Gewalt entgegenstellen."[13]

Ein vergleichbares Programm für den Sektor des Erziehungswesens legte die Partei 1970 vor[14], dort werden als Reformziele die Verwirklichung der Chancengleichheit (angesichts der Misere des staatlichen spanischen Schulwesens bedeutet dies vor allem den Anspruch jedes Schülers auf einen Platz an einer Staatsschule), progressive Hebung des Bildungsniveaus der breiten Massen, Verbesserung der Lehrerbesoldung, Schaffung zentraler Bildungsstätten auf dem Lande usw. angegeben.

Auch in der Frage der Mitgliedschaft Spaniens in der EG bezieht der PCE eine flexible Position. Auf dem VIII. Parteitag in Paris 1972 erklärte Carrillo, es sei sinnlos, die EG als "monopolistischen Überbau" zu bekämpfen und sich der Internationalisierung der ökonomischen Strukturen widersetzen zu wollen. Es komme im Gegenteil darauf an, die Klassenkämpfe auf dasselbe internationale Niveau zu heben und auf diesem Wege zu verhindern, daß die EG zu einer "Heiligen Allianz" werde[15]. Die Institutionen der EG dürften nicht abgeschafft, sondern müßten demokratisiert werden. Zweifellos ist diese Position differenzierter als etwa das uneingeschränkte Europäertum der PSOE-Führung, aber Widerstand gegen einen Beitritt Spaniens zur EG ist vom PCE kaum zu erwarten.

3. Die Suche nach Verbündeten

Obwohl der PCE unablässig seine Bereitschaft zur Zusammenarbeit mit anderen demokratischen Parteien betont hatte, sofern sie nur antifranquistisch seien, galt er noch bis Anfang der siebziger Jahre als diejenige Oppositionsgruppe, die am wenigsten bündnisfähig war. Der Grund dafür war sicher nicht nur im allgemeinen westeuropäischen Antikommunismus der Nachkriegszeit zu suchen, sondern auch in den noch nachwirkenden Erfahrungen, die die Parteien des republikanischen Lagers (besonders die Sozialisten und die Anarchisten) während und nach dem Bürgerkrieg mit dem Machtanspruch der Kommunisten machen mußten.

Das Bündnisangebot des PCE an die demokratische Opposition besteht seit Ende der fünfziger Jahre und lief nacheinander unter verschiedenen Etiketten. Nach der fehlgeschlagenen Politik der "Reconciliación Nacional" konzipierte die Partei gegen Ende der sechziger Jahre den "Pacto para la libertad" (Bündnis für die Freiheit), in dem sich die von den Kommunisten angestrebte Rolle sehr viel bescheidener ausnahm als in ähnlichen früheren Offerten. Die Partei beanspruchte keine Führungsrolle mehr für sich, sondern wollte nur noch die "Einheit aller Gegner des Regimes ohne Ausnahmen, um dem Volk die demokratischen Freiheiten wiederzugeben"[16]. Konkretes Instrument des "Pacto" sollte der politische Generalstreik sein, zu dessen Gelingen jede politische Gruppierung durch Mobilisierung des von ihr angesprochenen sozialen Potentials beitragen sollte[17].

Auf dem Wege zu einem solchen Bündnis kam der PCE in dem Maße voran, wie sich die Zusammenarbeit der Kommunisten mit Anhängern anderer Parteien in den Arbeiterkommissionen ausdehnte. Dementsprechend zeigte sich der PSP von Anfang an relativ aufgeschlossen, während sich Fortschritte in dieser Richtung beim PSOE erst nach Ablösung der Llopis-Führung im Jahr 1972 zeigten. Erstere größere Erfolge waren 1971 die Bildung der "Katalanischen Versammlung" (Asamblea de Cataluna), die in mancherlei Hinsicht auf regionaler Ebene das vorwegnahm, was später im nationalen Rahmen die "Junta Democŕatica" brachte. Im selben Jahr kam es in Madrid auch erstmals zu einer befristeten Aktionseinheit mit den Linkskatholiken Ruiz' Giménez anläßlich der Ermordung eines kommunistischen Bauarbeiterführers durch die Politische Polizei[18]. Ruiz Giménez war schon Mitte der sechziger Jahre zum Hauptadressaten der kommunistischen Aufwartungen geworden, weil sich der PCE offenbar über die von ihm geführte Fraktion der Linkskatholiken besseren Zugang zum oppositionell eingestellten Teil der katholischen Kirche erhoffte[19]. In der Tat wiesen die sozialreformerischen Ideen der von Ruiz Gimenez geführten Gruppe gewisse Überschneidungen mit der vom PCE angepeilten "Democracia económica y política" auf; außerdem stand Ruiz, der in den fünfziger Jahren Botschafter beim Vatikan gewesen war, auf gutem Fuß mit der Kirchenhierarchie. Die Hoffnungen der Kommunisten auf eine veränderte Haltung der spanischen Kirche gründeten sich nicht zuletzt auf die Bemühungen Papst Johannes XXIII. um ein "aggiornamento" der katholischen Kirche und die postkonziliaren Versuche des spanischen Katholizismus, sich auf gewerkschaftlichem Gebiet zu engagieren und Distanz zum Regime zu schaffen. Positiv gegenüber den kommunistischen Avancen hatte sich schon 1967 die katholische Zeitschrift "Signo" gezeigt, die den Dialog mit den "marxistischen Brüdern" forderte - und daraufhin vom Regime suspendiert wurde[20].

Den Entschluß zur Zusammenarbeit versuchte die PCE der Kirche dadurch zu erleichtern, daß er ihr weitgehende Zugeständnisse hinsichtlich der Erhaltung ihres gesellschaftlichen Einflusses in Aussicht stellte und sich von bestimmten antikirchlichen

Maßnahmen der osteuropäischen "Volksdemokratien" distanzierte[21]. Solche Maßnahmen sind nach Ansicht Carrillos in einem sozialistischen Spanien ohnedies nicht erforderlich, weil in der spanischen Kirche ein starker progressiver Flügel existiere und die Kirche nicht als Ganzes reaktionär sei[22]. Carrillo spricht, nicht ganz zu Unrecht, in einer Kapitalüberschrift in "Nuevos enfoques" von "Zwei Kirchen". Die fortschrittlichere der beiden zum Zweckbündnis mit der Partei zu bewegen, wurde nach und nach zu einer Hauptaufgabe der PCE-Politik. Das Streben nach dem "Historischen Kompromiß" war in der Politik des PCE schon lange Realität, als die italienischen Kommunisten, und noch später die französischen, auf diese Linie einschwenkten. Wieweit dieser Annäherungsprozeß inzwischen fortgeschritten ist, läßt sich daran ermessen, daß die Partei sich neuerdings zu Diskussionen genötigt sieht, ob katholische Priester ins Zentralkomitee gewählt werden oder als Mitglieder hohe Leitungsfunktionen in der Partei ausüben dürfen. Gegen den wachsenden Einfluß einer katholischen Mitgliederschicht in der Partei regt sich verschiedentlich noch Widerstand, aber die Linie ist vorgezeichnet und dürfte auf absehbare Zeit nicht verlassen werden.

Ihren ersten entscheidenden Durchbruch erreichte die Bündnispolitik des PCE zweifellos mit der Gründung der "Junta Democŕatica" im Jahr 1974. Mit der Erweiterung der "Junta" zur "Coordinación Democrática" im Frühjahr 1976 war schließlich das erste Hauptziel der Bündnispolitik erreicht - praktisch alle wichtigen Gruppen der Opposition schlossen sich mit dem PCE zu einem Verbund zusammen, der bis zur Verwirklichung der zentralen Forderungen - Beseitigung aller Überreste des Franquismus und Schaffung eines demokratisch verfaßten Staates - Bestand haben sollte. Die Beharrlichkeit und Geduld der PCE-Strategen beim Werben um Zusammenarbeit hatte Früchte getragen.

4. Der Apparat

Nach Ansicht von Welles[23] war schon 1965 "...nicht zu leugnen, daß die Kommunistische Partei Spaniens die am besten organisierte Oppositionspartei im Lande ist. Sie ist ... die einzige politische Bewegung, die ein Organisationsnetz im ganzen Land besitzt". Der Vorsprung des PCE in organisatorischer Hinsicht gegenüber den Sozialisten, aber auch den Christdemokraten und Liberalen, hat sich seit den Liberalisierungsmaßnahmen der ersten Regierung Arias zwar verringert, ist aber immer noch beachtlich.

Den organisatorischen Vorsprung vor ihren Konkurrenten hat die KP Spaniens noch bis in die jüngste Zeit hinein mit großen Opfern bezahlt. Betrachtet man die endlose Liste ihrer Märtyrer, muß man sich wundern, daß es ihr überhaupt gelang, sich nach den ständigen Verlusten durch Festnahmen immer wieder neu zu rekrutieren. Sieht man von den vollstreckten Todesstrafen (bis hin zu Julián Grimau) einmal ab, so kamen die Haftstrafen, die gegen Mitglieder der Partei von den Sondergerichten verhängt wurden, in vielen Fällen einer Exekution gleich. Strafmaße zwischen 20 und 30 Jahren für kommunistische Parteiarbeit waren die Regel, und nicht wenige spanische Kommunisten haben mehr als zwanzig Jahre in Francos Gefängnissen verbracht[24]. Es gehört zu den Triumphen der spanischen KP, daß sie nach Verbüßung ihrer Gefängnisstrafen samt und sonders die Parteiarbeit wieder aufnahmen - soweit sie sie nicht schon aus dem Gefängnis heraus weiterbetrieben, worin die spanischen Kommunisten stets besondere Fähigkeiten bewiesen. So gründet sich das Prestige etlicher Parteiführer nicht nur auf ihre eigentliche politische Arbeit, sondern auch darauf, für ihre Überzeugung einen großen Teil ihres Lebens im Gefängnis zugebracht zu haben. Männer wie Marcos Ana, Marcelino Camacho, Melquesidez Rodríguez oder Luis Lucio Lobato[25] wurden so schon zu Lebzeiten wahre Legendengestalten.

Die organisatorische Struktur des PCE ist nach dem Muster des "demokratischen Zentralismus" aufgebaut und unterscheidet sich wenig von der anderer kommunistischer Parteien. Über Zellen, Ortsgruppen, Provinzkomitees und - im Ausland - Gebiets-Komitees führt eine straffe Hierarchie bis zum Parteitag (Congreso) als höchstem Organ der Partei. Der Parteitag wählt das Zentralkomitee, das aus etwas mehr als 100 Mitgliedern besteht. Es tritt relativ selten zusammen, da die Anreise der in Spanien lebenden Mitglieder oft mit Schwierigkeiten verbunden war. Die Sitzungen fanden bis 1976 stets im Ausland statt.

Als engeres Führungsgremium fungiert der Exekutivausschuß (früher Politbüro), der gewöhnlich 20-25 Mitglieder zählt. Generalsekretär ist seit 1960 Santiago Carrillo, der ursprünglich aus der Sozialistischen Jugend des PSOE kam. Sein Vater, Wenceslao Carrillo, bekleidete noch bis Anfang der fünfziger Jahre hohe Funktionen im PSOE. Carrillos Amtsvorgängerin, Dolores Ibárruri ("La Pasionaria"), die in der Partei fast mythische Verehrung genießt, wurde vom 6. Parteitag 1960 aufs Altenteil geschoben (sie wurde 1976 78 Jahre alt), indem man ihr die neu geschaffene Position einer "Präsidentin" der Partei gab (was ihr den Beinamen "La Pensionaria"eintrug)[26].

Im Exil residierte das ZK gewöhnlich in Paris, die Propagandaabteilung hatte ihren Sitz in Brüssel. Eine einigermaßen ungehinderte Arbeit der Exilführung war in Frankreich oft nur unter dem Schutz kommunistischer Bürgermeister möglich. So mußte z.B. die Großkundgebung des PCE 1971 im Pariser Vorort Montreuil stattfinden, der kommunistisch regiert war, während Versammlungen in Paris verboten waren. Carrillo selbst wurde im selben Jahr offiziell aus Frankreich ausgewiesen, blieb aber illegal weiter im Land. Der Ausweisungsbeschluß der Pompidou-Regierung wurde mehr als Besänftigungsgeste gegenüber Franco gewertet. Anders in der BRD: Ein 1972 verhängtes Einreiseverbot gegen Carrillo und andere ZK-Mitglieder wurde scharf eingehalten. Carrillo mußte noch 1976 im Falle einer Einreise in die Bundesrepublik mit Verhaftung rechnen.

a) Unterorganisationen

Als wichtigste Unterorganisationen müssen die formal unabhängigen, faktisch aber vom

PCE geleiteten kommunistischen Regionalparteien gelten. Die wichtigste darunter ist die Vereinigte Sozialistische Partei von Katalonien (Partit Socialista Unificat de Catalunya, PSUC). Sie genießt etwas größere Autonomie als die beiden anderen Regionalparteien (Partido Comunista de Euzkadi (Baskenland) und Partido Comunista de Galicia), die eher Regionalverbände des PCE sind und dessen Politik in allen Punkten folgen. Der PSUC verdankt seine größere Selbständigkeit seiner Entstehung: Er wurde 1936 als Zusammenschluß der katalanischen Föderation des PSOE, der Unió Socialista de Catalunya und dem Partit Catalá Proletari gegründet[27]. Zwar wurde der Einfluß des PSOE schon bald ausgeschaltet, aber eine völlige Eingliederung in den PCE erfolgte nicht. Für den PSUC erwies sich das auch insofern als nützlich, als er vom Regime -wenigstens seit Beginn der 70er Jahre - mehr geduldet wurde als der PCE[28]. Carrillo definierte die Stellung des PSUC folgendermaßen: "Der PSUC ist eine organisch unabhängige Partei. Aber er nimmt an unseren Kongressen teil, an den Abstimmungen und den Diskussionen über unsere Politik. Er beteiligt sich an den Wahlen für das Zentralkomitee und das Exekutivkomitee, er hat alle Rechte innerhalb der KP, aber wir haben keine formalen Rechte über den PSUC. Ich würde aber lügen, wenn ich sagen würde, daß er eine andere Politik macht."[29]

Die außenpolitische Vertretung überläßt der PSUC, der nach eigenem Bekunden 1976 10.000 Mitglieder hatte (davon nur die Hälfte Katalanen)[30], völlig dem PCE.

Spezielles Ziel aller drei Regionalparteien ist die Verwirklichung der Autonomie ihrer Gebiete (etwa nach dem Muster des Katalonien-Statuts von 1931)[31] und die Schaffung einer föderativen Republik. Die Rekrutierung des Parteinachwuchses ist Aufgabe der Juventudes Comunistas (JC), die aus der 1951 aufgelösten gemeinsamen Jugendorganisation von PCE und PSOE, der Juventud Socialista Unificada, hervorging. Nicht besonders hervorgetreten ist bisher die Frauenorganisation des PCE, die Unión Democrática de Mujeres. Die Frauenbewegung ist freilich in Spanien allgemein sehr schwach entwickelt, und der PCE "entdeckte" sie erst seit wenigen Jahren. Ob sich unter diesen Umständen eine spanische Frauenemanzipationsbewegung der Zukunft im Rahmen des von Männern beherrschten PCE organisieren wird, ist mehr als fraglich.

b) Mitgliederstand

Hinsichtlich der Mitgliederstärke sind exakte Angaben schwieriger als bei den anderen kommunistischen Parteien, weil in den meisten Schätzungen, oft auch in den Angaben der Partei selbst, nicht zureichend zwischen Vollmitgliedern und Sympathisanten unterschieden wird. Whittaker[32] bezifferte die Zahl der Parteimitglieder im Jahre 1959 auf rund 5.000, während Welles[33] in seinem erstmals 1965 aufgelegten Buch nur noch von 2.500 Mitgliedern, aber 350.000 "Anhängern" spricht. Im gleichen Jahr nannte Carrillo die Zahl von 35.000-40.000 organisierten Mitgliedern[34]. Die Unbestimmtheit dieser Angabe führt Hermet[35] darauf zurück, daß das Sekretariat im Exil die exakten Zahlen wegen der beständigen Fluktuation und weil nicht alle Mitglieder einen Mitgliedsausweis besitzen, selbst nicht genau wissen könne. Immerhin scheint die Mitgliederzahl in den letzten Jahren einen rasanten Anstieg genommen zu haben: Die meist gutinformierte Wochenzeitung Cambio 16 gab schon im Februar 1976 für den PCE die Zahl von 90.000 Mitgliedern an, ohne sie jedoch nach inländischen und emigrierten Mitgliedern aufzuschlüsseln[36]. Der größere Teil davon dürfte sich jedoch im Inland befunden haben, da Carrillo 1974 die Zahl der Mitglieder in der Emigration mit 15.000 angab[37]. Einen Eindruck vom Sympathisantenpotential des PCE vermittelte die schon erwähnte Großkundgebung in Montreuil bei Paris 1971, bei der es der Partei gelang, rund 50.000 Anhänger zu versammeln - im Ausland, wohlgemerkt. Bei einer zweiten derartigen Versammlung in Genf 1974 waren es zwischen 25-30.000.

c) Finanzen

Der Anstieg der Mitgliederzahl verbesserte auch die Finanzsituation der Partei, die noch in den sechziger Jahren ziemlich prekär war. Jedenfalls sah sich das Zentralorgan "Mundo Obrero" bis in die jüngste Zeit hinein immer wieder veranlaßt, die ungenügende Spendenbereitschaft der Mitglieder im Inland zu beklagen. Zum gesamten Beitrags-und Spendenaufkommen trugen die im Ausland lebenden Mitglieder in der Regel zwei Drittel bei, während ihr Anteil am Mitgliederpotential des PCE nur bei etwa einem Drittel lag. Das von Hermet[38] 1971 auf nur knapp 1 Million DM geschätzte jährliche Aufkommen an regulären Mitgliederbeiträgen (ohne die Erträge besonderer Spendenkampagnen), das sich inzwischen freilich vervielfacht haben dürfte, erlaubte es der Partei nicht, eine umfängliche Bürokratie zu unterhalten. Der Mitgliederzuwachs ermöglichte dem PCE, sich vollständig aus der finanziellen Abhängigkeit von den Ostblockstaaten zu lösen, was angesichts der zunehmenden ideologischen und politischen Differenzen mit diesen Staaten von großer Bedeutung war. Die Hilfe der Ostblockstaaten bestand, soweit feststellbar, allenfalls noch aus Bereitstellung von Räumen, Büromaschinen (die bürotechnische Ausstattung von PCE-Büros stammt häufig aus der DDR) oder kostenlosen Transportleistungen.

d) Propagandainstrumente

Der PCE war lange Zeit hindurch die einzige spanische Oppositionsgruppe, deren Kommunikationsmittel einen breiten Kreis von Personen erreichten. Für Gruppen mit einem weniger ausgebauten Organisationsnetz im Inland blieben die Schwierigkeiten bei der Herstellung und Verbreitung illegaler Propaganda meist unüberwindlich. Zu berücksichtigen ist allerdings, daß die Zeitungen, Zeitschriften und Buchveröffentlichungen des PCE trotz beachtlicher Auflagenziffern zu einem beträchtlichen Teil im Ausland unter den emigrierten oder exilierten Spaniern vertrieben wurden.

Die eigentliche Wunderwaffe der spanischen Kommunisten während der ganzen Zeit der Diktatur war der Rundfunksender "Radio España Independiente" (REI), der den propagandistischen Vorsprung des PCE gegenüber allen anderen oppositionellen Strömungen besonders augenfällig machte und sich für die Partei als von unschätzbarem Wert erwies. Standort von REI war bis zum Jahr 1968 Prag. Wegen der Differenzen des PCE mit der neuen CSSR-Führung nach der sowjetischen Intervention wurde der Sender damals für einige Zeit geschlossen, um dann von einem anderen Standort aus seine Tätigkeit fortzusetzen. Es wird angenommen, daß sich die Station danach in Rumänien befand[39].

REI sendete täglich mehr als neun Stunden auf sechs verschiedenen Wellenlängen. Ein engmaschiges Netz von Korrespondenten erlaubte es dem Sender, stets aktuell zu sein. Bei der Ausweitung ursprünglich lokaler Streiks auf andere Industrien oder Landesteile kam Radio España Independiente oft eine Schlüsselstellung zu, da der Sender versuchte, das fehlende Kommunikationsnetz der Opposition, besonders der Gewerkschaften, so weit als möglich zu ersetzen[40]. Die Breitenwirksamkeit der gedruckten Propaganda blieb stets hinter der von REI zurück. Im Inland zielten die verschiedenen Publikationen des PCE auch gar nicht auf eine breite Öffentlichkeit, sondern im wesentlichen auf die Parteimitglieder und Sympathisanten. Zentralorgan des PCE ist die Wochenzeitung "Mundo Obrero". Sie erschien bis 1974 vierzehntäglich und wurde dann, schon im Blick auf eine mögliche Legalisierung, auf wöchentliche erscheinungsweise umgestellt. Die redaktionelle Gestaltung erfolgte früher in Frankreich, während der Druck in dezentralisierter Form in Spanien erfolgte. Dem ZK-Mitglied Gallego zufolge wurde "Mundo Obrero" an 20 verschiedenen Orten gedruckt, so daß die gelegentlich vorkommenden Aushebungen einer der illegalen Druckereien immer nur einen begrenzten Teil der Auflage treffen konnten[41]. Die Gesamtauflage im Inland entsprach immer etwa der Mitgliederzahl.

Weitere Organe sind die zweimonatlich erscheinende theoretische Zeitschrift "Nuestra Bandera" und die Vierteljahrsschrift "Realidad", die sich mit politischen und kulturellen Themen befaßt und einen intellektuellen Leserkreis anspricht. Eine in Belgien erscheinende eigene Emigrantenzeitung des PCE, "Informacíon Española", mußte 1974 wegen Finanzschwierigkeiten eingestellt werden.

Neben diesen zentralen und im nationalen Rahmen vertriebenen Publikationen besteht noch eine größere Anzahl (Gallego zufolge 32)[42] von Blättern, die auf lokalen oder regionalen Bedarf zugeschnitten sind und jeweils am Ort gedruckt und verteilt werden[43]. Die "Juventud Comunista" gibt eigene Publikationen heraus, so das Zentralorgan "Horizonte" und diverse örtliche Blätter[44]. Nach dem Vorbild des PCE verfügen auch die drei Regionalparteien über jeweils ein Zentralorgan und eine theoretische Zeitschrift, so der PSUC mit "Treball" und "Nous Horitzons", der PC de Euzkadi mit "Euskadi Obrera" und "Alkarrisqueta" udn der PC de Galicia mit der "Voz do Povo" und "Nova Galicia".

Eine wichtige Funktion erfüllen auch die Buchverlage des PCE. An erster Stelle ist hier die "Coleccíon Ebro" zu nennen. Dieser in Paris arbeitende Verlag veröffentlichte die meisten mehr oder weniger "offiziellen" theoretischen und historischen Arbeiten von PCE-Autoren. Entsprechende Werke in katalanischer Sprache brachte in Mexiko der (der gleichnamigen PSUC-Zeitschrift angeschlossene) Verlag "Nous Horitzons" heraus. Auch der KPF-Verlag "Editions Sociales" arbeitete zeitweilig für den PCE. Da Bücher und Zeitschriften in Spanien nicht produziert werden konnten, mußten sie unter Franco unter beträchtlichen Gefahren illegal nach Spanien eingeschmuggelt werden. Der Umfang der aus Frankreich eingeschleusten Propaganda konnte in den sechziger Jahren erheblich erweitert werden, als man das Material vorzugsweise heimkehrenden Emigranten anvertraute.

Auf dem Pressesektor bereitete der PCE die Legalität schon seit 1974 durch eine Kampagne vor, die zum Ziel hatte, 200 Millionen Pesetas (etwa 10 Millionen DM) zu sammeln, um "Mundo Obrero" bei Legalisierung der Partei sofort als Tageszeitung herausgeben zu können. Diese Summe schien Ende 1976 aufgebracht. Darüber hinaus ist nicht zu übersehen, daß in den Redaktionen nicht weniger spanischer Zeitungen und Zeitschriften, aber auch des Fernsehens, kommunistische Redakteure den Kurs mitbestimmten. Ob es dem PCE gelingt, einzelne solcher existierenden Blätter ganz "umzudrehen", bleibt abzuwarten.

5. Der Konflikt mit dem Kreml

Bis zur Mitte der sechziger Jahre hatte die KP Spaniens stets zu den Parteien gezählt, die unter den ideologischen und politischen Nachhuten Moskaus im ersten Glied marschiert waren. Unter den Bedingungen des Kalten Krieges wäre ihr auch keine andere Wahl geblieben, wollte sie nicht jeder Unterstützung von außen (auch durch die westeuropäischen KPen) verlustig gehen. Für die fortschreitende Abkühlung des Verhältnisses PCE-KPdSU lassen sich zwei Hauptursachen feststellen:

- Das Streben nach dem "Bündnis für die Freiheit" und einem langfristigen Übereinkommen mit den Christdemokraten machte es erforderlich, sich von allen stalinistischen Praktiken zu distanzieren, um überhaupt als Gesprächspartner in Frage zu kommen. In demselben Maße, wie der PCE sich seinen potentiellen Bündnispartnern annäherte, mußte er sich aus der Bevormundung durch Moskau befreien. Die Bereitschaft zum (historischen) Kompromiß äußerte sich ja nicht nur in Deklarationen nach außen hin, sondern wurde bis zu einem gewissen Grade in der Partei selbst manifest[45]. Die Abstimmung der sozio-ökonomischen Entwicklungsvorstellungen des PCE mit denen seiner politischen Verbündeten führte überdies zu einer immer deutlicheren Kritik an bestimmten politischen Strukturen der osteuropäischen Staaten einschließlich der Sowjetunion.
- Im Zuge des weltweiten Entspannungsprozesses suchte die Sowjetunion mindestens seit 1964 auch zu einem Modus vivendi mit der spanischen Diktatur zu kommen. Naturgemäß machte die Entspannung im Verhältnis der Sowjetunion zu Spanien langsamere Fortschritte als mit anderen westeuropäischen Staaten. Ihr Fortschreiten

zwang aber beide Seiten zu gewissen Rücksichtnahmen und gestattete es der Sowjetunion nicht mehr, den PCE in der Konfrontation mit dem Regime so vorbehaltlos zu unterstützen wie vordem.

Zu ersten Mißhelligkeiten zwischen dem PCE und der KPdSU kam es schon 1964, als der Sowjetbotschafter in Paris, Winogradow, seinem spanischen Kollegen (damals Areilza) anbot, die Sowjetregierung wolle als Gegenleistung für die Aufnahme diplomatischer Beziehungen zwischen beiden Ländern die während des Bürgerkrieges in die Sowjetunion verbrachten spanischen Goldvorräte[46] rückerstatten, ggf. in Form von Erdöllieferungen[47]. Obwohl die Madrider Regierung den Vorschlag ablehnte und die Aufnahme voller diplomatischer Beziehungen in weiter Ferne blieb, setzte ein Dialog zwischen beiden Staaten ein, der nach und nach ökonomische und politische Früchte zeitigte. Im Interesse des PCE konnte eine solche Aufwertung des Franco-Regimes keineswegs liegen.

Weitere Differenzen wurden sichtbar, als 1966 die PCE-Führung den Moskauer Schauprozeß gegen Sinjawski/Daniel verurteilte. Nicht zu Unrecht befürchtete die Partei negative Auswirkungen auf das von ihr erstrebte Image der Toleranz, wenn sie mit der verstärkten politischen und kulturellen Repression in der Sowjetunion identifiziert würde. Dieser Konflikt verschärfte sich ein Jahr später durch den sogenannten "Ardatowski-Zwischenfall"[48]. Anfang Dezember 1967 war in der "Iswestija" ein von V. Ardatowski verfaßter, offenbar die Position der Regierung wiedergebender Aufsatz über die Situation in Spanien erschienen, in dem die Politik des PCE so dargestellt wurde, als sei die Partei mit einer Restauration der Monarchie in Spanien einverstanden. Die Reaktion des PCE ließ nicht lange auf sich warten: In "Mundo Obrero" (2. Dezemberhälfte 1967) wurden scharfe Angriffe gegen die "verzerrte Darstellung"gerichtet; die "Iswestija" sah sich gezwungen, zu widerrufen.

1968, nach der Intervention der Sowjetunion in der CSSR, begann sich der Bruch zwischen den Parteien abzuzeichnen. Der PCE und besonders Carrillo hatten sich wiederholt in positivem Sinne mit dem "Prager Frühling" auseinandergesetzt; in "Nuevos enfoques a problemas de hoy" widmete Carrillo diesem Thema ein ganzes Kapitel[49]. Die Attraktivität des tschechoslowakischen Experiments lag für den PCE darin, daß es - zumindest tendenziell - die Möglichkeit eines freiheitlichen Sozialismus mit pluralistischer Struktur zu beweisen schien, den der PCE seit Jahren zu verkünden nicht müde geworden war. Durch die gewaltsame Unterbrechung dieses Experiments sah sich die PCE-Führung herausgefordert und reagierte mit einer scharfen Verurteilung der sowjetischen Intervention[50]. Eigenen Angaben zufolge hat Carrillo[51] kurz nach der Intervention bei einer Versammlung der Partei in Paris erklärt: "Wenn wir an der Macht wären und die Truppen eines sozialistischen Landes kämen über unsere Grenzen, würde ich, um uns zu verteidigen, zweifellos die Armee gegen sie mobilisieren."

Eine Rolle in der sich langsam weiter verschärfenden Auseinandersetzung zwischen dem PCE und der KPdSU spielten auch die immer enger werdenden wirtschaftlichen

Kontakte der Sowjetunion mit dem franquistischen Spanien. Daß die Sowjetunion dem Ausbau dieser Kontakte den Vorzug vor guten Beziehungen zum PCE geben würde, dokumentierte schon 1970 der Empfang des spanischen Außenministers López Bravo in Moskau, der u.a. die Errichtung einer sowjetischen Handelsmission in Madrid (mit den räumlichen und personellen Dimensionen einer Botschaft) zur Folge hatte. Mit der Unterzeichnung des spanisch-sowjetischen Handelsabkommens am 15.9.1972 wurden die beiderseitigen Handelsbeziehungen auch vertraglich auf festen Boden gestellt[52].

Der PCE konnte natürlich nicht hoffen, daß der Zustand der Nicht-Beziehungen der Ostblockstaaten zum Franco-Regime sich verewigen ließe. Versuche, das Regime außenpolitisch zu isolieren, hatten ja auch in der Vergangenheit (etwa 1947-1953) wenig eingebracht. Was die spanischen Kommunisten aber besonders aufbrachte, waren gewisse unmittelbare Auswirkungen der "Normalisierung" im Verhältnis Spaniens zu den sozialistischen Ländern auf die Politik des PCE im Inneren (so war z.B. wiederholt die Wirkung von Bergarbeiterstreiks in Asturien durch umfangreiche Lieferungen polnischer Kohle während der Streiks abgeschwächt worden). Einigen Ärger löste auch die Tatsache aus, daß die diplomatischen Schritte bei der Aufnahme von Kontakten mit dem Regime vorher nicht mit dem PCE abgesprochen worden waren.

Die schwindende politische Unterstützung durch die Sowjetunion ließ den PCE auch gegen die sowjetische These Stellung nehmen, die Erhaltung des Weltfriedens bedinge die Anerkennung des politischen Status quo in Europa und die Respektierung bestimmter "Einflußzonen" der Supermächte. Die Akzeptierung einer solchen Theorie, so erklärte Carrillo 1969, käme der dauerhaften Auslieferung Spaniens an imperialistische Mächte gleich[53]. Gegenüber der Sowjetunion erhob Carrillo den Vorwurf, in ihrer Politik drohe die Staatsräson an die Stelle des proletarischen Internationalismus zu treten[54].

Bei der Kommunistischen Weltkonferenz in Moskau 1969, die die KPdSU vergeblich zu einem Scherbengericht über die KP Chinas zu machen suchte, konstatierte der PCE-Generalsekretär schließlich objektive Interessengegensätze zwischen den sozialistischen Staaten und Parteien, die die Existenz eines Zentrums oder einer führenden Partei innerhalb der kommunistischen Weltbewegung nicht mehr zuließen[55]. Eine Lösung von Grundsatzfragen durch Gremien wie die Weltkonferenz komme nicht in Frage[56]. Noch deutlicher traten die Gegensätze vor und während der KP-Konferenz im Juni 1976 in Berlin (DDR) zutage. Den Plan zur Einberufung dieser Konferenz hatte der außenpolitische Sprecher des PCE, Manuel Azcárate, schon 1973 scharf kritisiert, weil er die Verurteilung der VR China zum Ziel habe und den Versuch darstelle, Moskau wieder zum Zentrum der Kommunistischen Weltbewegung zu machen (was 1969 bekanntlich mißlungen war). "Unter diesen Bedingungen eine neue Konferenz vorzubereiten, würde nur neue Differenzen und Spaltungen zur Folge haben."[57] Darauf antwortete das sowjetische KP-Organ "Partinaja Schisn" im Februar 1974 mit scharfen Angriffen auf Azcárate und den PCE, dem vorgeworfen wurde, er erstrebe ein vom Osten unabhängiges, demokratisches und sozialistisches Europa; zweifle überdies "an der Entfaltung der sowjetischen Demokratie"[58]. Der PCE sah keinen Grund, zu dementieren.

Bei der Ostberliner Konferenz von 1976 schließlich verglich Carrillo die Lage der Kommunistischen Weltbewegung mit der der ersten Christen: "Die Leiden, denen unsere Parteien ausgesetzt waren - und die sie immer noch ertragen müssen -, die Zeit, die wir in den Katakomben verbrachten, ließen in unseren Reihen eine Verbindung zwischen wissenschaftlichem Sozialismus und einer Art Mystik des Opfertums und der Vorbestimmung entstehen. Wir wurden eine Art neue Kirche mit unseren Märtyrern und Propheten. Jahrelang war Moskau, wo unsere Träume begannen, Wirklichkeit zu werden, unser Rom. Wir sprachen von der großen sozialistischen Oktoberrevolution, als wäre sie unsere Weihnacht. Das war unsere Kindheit. Heute sind wir erwachsen..."[59]

Das sind ungewöhnliche Worte für einen KP-Chef. Die Sowjetführung war herausgefordert, und nach der Art, wie sie die Insubordination ihrer tschechoslowakischen Bruderpartei beendet hatte, stand nicht zu erwarten, daß sie die Attacken der KP Spaniens tatenlos hinnehmen würde.

a) Spaltungsversuche der Orthodoxen

Bei den ab 1968 einsetzenden Disziplinierungsversuchen der Sowjetunion gegenüber dem PCE konnten sich die Sowjets auf eine altgediente Schicht hoher Funktionäre im PCE stützen, die der auf Unabhängigkeit bedachten Politik Carrillos nicht folgen wollten. Jahrzehntelang hatte gegolten, der Prüfstein für jeden Kommunisten sei seine Haltung zur Sowjetunion, und viele, die mit dieser Überzeugung alt geworden waren, konnten und wollten nicht wahrhaben, daß sich daran etwas geändert haben sollte. Diese, im Parteijargon "los incondicionalistas" (wegen ihrer bedingungslosen Ergebenheit gegenüber der KPdSU) genannte, zunächst unorganisierte Gruppe, trat erstmals nach der Verurteilung der Intervention in der CSSR Ende 1968 auf den Plan. Ihre Wortführer waren der Sekretär für Organisationsfragen im ZK, Eudardo García, und der Sekretär des PC de Euzkadi, Agustin Gómez. Beide hatten versucht, die CSSR-Resolution zu verhindern, waren aber nicht durchgedrungen. Um die Partei zumindest nach außen hin in der Gefolgschaft Moskaus zu halten, begingen sie eine der Todsünden, deren kommunistische Funktionäre sich schuldig machen können: Sie bildeten eine Fraktion. Wie nicht anders zu erwarten, wurden sie aus der Partei ausgeschlossen. Damit gaben sich Gómez und García freilich nicht geschlagen; mit sowjetischer Hilfe sammelten sie in Moskauer Emigrantenkreisen ca. 250 Anhänger und setzten eine geräuschvolle Anti-Carrillo-Kampagne in Szene[60]. Vergeblich versuchte der Kreml, auch die in Moskau lebende PCE-Präsidentin Dolores Ibárruri zur Desavouierung des von Carrillo geführten Exekutivausschusses zu bewegen[61]. Einen willigen Gefolgmann im ZK fanden die Sowjets schließlich in der Person des Bürgerkriegsgenerals und legendären Haudegens Enrique Líster. Ihm sollen, besonders während seines Aufenthaltes in Moskau während der Kommunistischen Weltkonferenz 1969, weitgehende Zusicherungen bezüglich seiner politischen Karriere gemacht worden sein, falls ihm gelänge, Carrillo zu stürzen.

Aber auch Listers Bemühungen, den PCE wieder auf orthodoxen Kurs zu bringen, scheiterten: Durch schlichte Kooptation 29 neuer Mitglieder hatte die Parteiführung die Mehrheitsverhältnisse im ZK so zu ihren Gunsten verändert, daß Líster bei der entscheidenden Sitzung nur noch zwei Mitkämpfer fand. Auch er wurde aus der Partei ausgeschlossen[62].

Mit verdeckter sowjetischer Hilfe versuchte Líster weiterhin, eine Spaltung des PCE zu erreichen. In Moskau erschien seit 1970 eine rivalisierende Ausgabe von "Mundo Obrero". Der Erfolg der Líster-Gruppe, die sich inzwischen "Partido Comunista Obrero Español" (PCOE) nannte, blieb jedoch denkbar gering. Außer in der sowjetischen Emigration konnte sie dem PCE nirgendwo Militanten in größerer Zahl abspenstig machen; vor allem der gesamte Kommunikations- und Propagandaapparat blieb vom Exekutivausschuß kontrolliert. In Spanien selbst hatte die Gruppe 1976 bestenfalls 100 Mitglieder aufzuweisen. Sie blieb in ihrer Entfaltung auch dadurch gehemmt, daß die Sowjetunion Unterstützung nur in sehr geringem Umfang gewährte, um sich den PCE nicht ganz zum Feind zu machen oder ihn gar an die Seite der chinesischen Kommunisten zu treiben. Im Inland isolierte der PCOE sich zusätzlich noch dadurch, daß er sich 1975 mit dem ultralinken FRAP verbündete[63].

PCE-Funktionäre betonen, daß der PCOE schon lange keine echte Gefahr für die Partei mehr darstelle, wohl aber subtilere und ohne den Geruch des Spaltertums vorgetragene Versuche der Orthodoxen, die Partei wieder zu "Incondicionalidad" zu bringen. Die objektiven Interessengegensätze zwischen den spanischen und den sowjetischen Kommunisten lassen solche Vorstöße aber immer weniger erfolgversprechend erscheinen.

6. Die Beziehungen zu anderen Kommunistischen Parteien

Im Zuge der Verschärfung der Kontroverse mit der KPdSU suchte der PCE naturgemäß Rückhalt bei anderen Kommunistischen Parteien, die ebenfalls auf Unabhängigkeit bedacht waren. Neben der KP Italiens, die den PCE stets unterstützt hatte und zu der die Beziehungen unproblematisch waren, richtete sich die Aufmerksamkeit des PCE allmählich auch auf die VR China. Dies ist umso bemerkenswerter, als der PCE noch Mitte der sechziger Jahre drastische Kritik an der chinesischen Entwicklung geübt hatte[64]. Gründe für diesen Wandel waren sowohl bestimmte Gemeinsamkeiten in der weltpolitischen Analyse, die in der Regel von der Kritik am gesellschaftlichen Entwicklungsmodell der Sowjetunion und ihrer Außenpolitik ausgingen, als auch die Absicht, die Sowjetunion mit der verhüllten Drohung des Einschwenkens auf das von Peking geführte Lager von radikalen Maßnahmen gegen den PCE abzuschrecken.

Nach der Kulturrevolution, die den Funktionärskörper im PCE einigermaßen verschreckt hatte, registrierte man befriedigt das Wiedererstehen der chinesischen KP als alleiniges Entscheidungszentrum[65]. Die Initiative zur Annäherung der beiden Parteien scheint vom PCE ausgegangen zu sein; schon in seiner Arbeit "Libertad y socialismo" machte Carrillo einige rhetorische Verbeugungen vor der chinesischen Außenpolitik[66]. Er wiederholte sie bei einem Rumänien-Besuch im August 1971, bei dem sich auch die Bildung eines "dritten Lagers" im Weltkommunismus abzeichnete[67]. Das gemeinsame Communiqué war mit zahlreichen Spitzen gegen die Sowjetunion gewürzt, ohne sie indes beim Namen zu nennen[68]. Im November desselben Jahres reiste dann eine PCE-Delegation nach China und fand viele lobende Worte für den wirtschaftlichen Aufbau in China. Carrillo würdigte gar die Kulturrevolution und deren Grundgedanken, im Sozialismus müßten revolutionäre Umwälzungen möglich bleiben, weil Widersprüche zwischen Produktivkräften und Produktionsverhältnissen fortbestünden[69]. Die chinesische Seite revanchierte sich damit, daß sie den PCE eine "revolutionäre Partei" nannte und damit ihren bisherigen Protégé, den PCE(m-l), vor den Kopf stieß. Eine gewisse Abkühlung der Beziehungen löste dann allerdings die 1973 erfolgte Anerkennung des Franco-Regimes durch Peking aus[70]. Auch hier kritisierte der PCE nicht so sehr den Akt der Anerkennung selbst als vielmehr den Umstand, daß er von den Chinesen nicht vorher konsultiert worden war. Die Aktivitäten der spanischen KP gegenüber den Kommunistischen Parteien Italiens und Frankreichs sowie den "dissidenten" KPen Japans, Rumäniens, Griechenlands und Jugoslawien belegen in diesem Kontext aber durchaus die Absicht, den Aufbau eines zentristischen Blocks im Weltkommunismus weiter zu betreiben.

7. Ultralinke Abspaltungen vom PCE

Wie alle Kommunistischen Parteien in Europa hatte auch den PCE seit Mitte der sechziger Jahre Abspaltungen verschiedener ultralinker Dissidenten zu verzeichnen, die sich großenteils im Bereich der "antirevisionistischen" chinesischen Linie, teils auch im Bereich des Trotzkismus oder modernen Anarchismus ansiedelten.

Erstmals tauchte 1964 eine maoistisch orientierte Zeitschrift "Mundo Obrero Revolucionario" auf, die dem PCE vorwarf, sich in eine "Agentur sowjetischer Wirtschaftsinteressen" verwandelt zu haben[71]. Gemeinsam mit zwei anderen Dissidentengruppen (die sich um die Blätter "La Chispa" und "Proletario" gesammelt hatten), gründeten die Herausgeber 1964 den "Partido Comunista de España (marxista-leninista)" PCE(m-l). Als Nahziel wollte die neue Partei eine vorrevolutionäre Situation in Spanien schaffen, indem man versuchten wollte, Streiks in Fabrikbesetzungen umzuwandeln und aus friedlichen Kundgebungen offenen Aufruhr zu machen - ein Vorhaben, das angesichts der Wirksamkeit und des stürmischen Vormarsches der neuen, von den CC.OO. geschaffenen friedlichen Kampfformen einigermaßen unsinnige anmutete. Als der Erfolg denn auch auf sich warten ließ, spaltete sich die Gruppe (1965) in die Bestandteile auf, aus denen sie entstanden war[72]. Beide Fraktionen machten sich fortan den Titel PCE(m-l) streitig. Die frühere "Proletario"-Gruppe konnte ihre Basis durch Zusammenarbeit mit der in Katalonien leidlich erfolgreichen Gruppe "Bandera Roja" (die pragmatisch arbeitete und auch gelegentliche Zweckbündnisse mit dem PCE nicht verschmähte) etwas erweitern. Die zahlreichen Verhaftungen in ihren Reihen (ca. 100 Verhaftungen 1964 sollen angeblich auf Denunziation durch den PCE erfolgt sein)[73], verhinderten jedoch die Organisierung dieser Gruppe im ganzen Land. Nach Abspaltungen zugunsten des trotzkistischen Partido Obrero Revolucionario ging die Gruppe 1970 in Dekomposition über[74]. Etwas erfolgreicher operierte der PCE(m-l) um die früheren Gruppen "Mundo Obrero Revolucionario" und "La Chispa". Sie gibt die Zeitschrift "Vanguardia Obrera" heraus und soll in den sechziger Jahren sogar Sendezeiten von einer algerischen Rundfunkstation erhalten haben[75]. Es kann davon ausgegangen werden, daß der PCE(m-l) in nicht unbeträchtlichem Umfang von Peking (zumindest bis 1971) finanziert wurde, auch die "Peking-Rundschau" berichtete wiederholt in herzlichem Ton über die "Bruderpartei".

Ziel der Partei ist die unmittelbare Errichtung einer "Volksdemokratie" auf den Trümmern des franquistischen Staatsapparates. Im Programm des PCE(m-l) wird dem spanischen Volk "ein Volkskrieg von längerer Dauer"[76] verordnet, der "zuerst in den abgelegenen ländlichen Zonen Gestalt annehmen"[77] soll. Mit der absurden Vorstellung, im Spanien der Gegenwart eine Landguerrilla aufziehen zu wollen, konnte der PCE(m-l) immerhin einen Großteil derjenigen "Kräfte" an sich binden, denen der "bewaffnete Kampf" über alles geht (zumindest, solange sie ihn nicht zu führen brauchen). In den Arbeiterkommissionen konnte die Gruppe nicht Fuß fassen, da sie so ziemlich alle Arbeitsformen der CC.OO. ablehnte und auch regelmäßig zum Boykott der Syndikatswahlen aufrief[78].

Eine besondere Kalamität stellte für den PCE(m-l) die Bündnisfrage dar. Da ihm Christdemokraten, Liberale, Sozialisten und PCE-Kommunisten allesamt als Lakaien des Franquismus galten, blieb von den politisch relevanten Kräften des Landes praktisch nichts mehr übrig[79]. Der PCE(m-l) löste das Problem schließlich durch Schaffung eines Bündnisses, dem nur ihm verwandte Gruppen angehören: Dem "Frente Revolucionario Antifascista y Patriota" (FRAP), der seit 1971 besteht und die Zeitschrift "Acción" herausgibt. In der ersten Ausgabe der "Accion" werden nicht weniger als 21 selbständige Organisationen aufgezählt, die sich dem FRAP anschlossen[80]. Darunter befanden sich solche, nicht eben im Rampenlicht stehende Gebilde wie die "Volksunion der Frauen von Valencia" oder die "Ländliche Volksunion für das Gebiet von Sagunt". Man wird nicht fehlgehen, den Großteil davon für nicht existent zu halten; die Nennung fiktiver Verbündeter zur Hervorhebung eigener Stärke war ein gängiges Verfahren in der spanischen Linksopposition[81].

Aus den Publikationen des FRAP geht hervor, daß der weitaus größte Teil aller Aktionen, die die Gruppe durchführte oder sich zuschreibt, auf die Räume Madrid, Barcelona und Valencia entfällt. Die "Aktionen" bestanden vor allem im wahllosen Niederschießen von Polizisten (seit 1974 etwa 20 Polizistenmorde). Im Gegensatz zur baskischen ETA treffen die Mordkommandos des FRAP nicht bekannte Folterer und Scharfmacher, sondern x-beliebige Uniformierte, deren "Hinrichtung" keine Erleichterung oder gar Zustimmung bei der Öffentlichkeit bewirken kann - dafür aber regelmäßig eine Welle der Repression gegenüber Oppositionellen auslöste, die nicht im Untergrund arbeiteten[82]. Auf diesem Wege konnten PCE(m-l) und FRAP zwar Publizität erreichen, aber keinen Zulauf an Sympathisanten. Ein Beauftragter von Amnesty International, der sich mit der Lage politischer Gefangener in Spanien befaßte, schätze dem Verfasser gegenüber Ende 1975 die Gesamtzahl von FRAP-Mitgliedern in Spanien auf maximal 150. Der politische Stellenwert dieser Gruppen dürfte sich auch durch das Hinzustoßen anderer politisch Deklassierter (wie des von Líster angeführten PCOE) nicht nennenswert verändern.

Neben diesem terroristischen Flügel finden sich auf der Ultralinken freilich auch Gruppen, die etwas pragmatischer vorgehen und in gewissem Umfang auch in der Arbeiterbewegung Fuß fassen konnten. Dazu zählt u.a. die "Organización Revolucionaria de Trabajadores" (ORT), die ihre Wurzeln in der linkskatholischen Gewerkschaftsbewegung hat und sich 1970 als Partei konstituierte. Ideologisch orientiert sich die ORT eindeutig am Marxismus-Leninismus chinesischer Prägung. Über Kader in den Betrieben verfügt die Gruppe außer in Madrid vor allem im Baskenland. In Madrid und Pamplona konnte die ORT wiederholt von den CC.OO. geführte Streiks nach deren formellem Abschluß durch Hochschrauben der Forderungen noch einige Zeit weiterführen. Obwohl die konkreten Resultate dieser Strategie recht bescheiden waren, konnte die ORT sich dadurch zumindest einige Publizität als "Gegenspieler" der Arbeiterkommissionen sichern. Ebenfalls maoistisch ausgerichtet ist der "Partido del Trabajo de España" (PTE). Er ging aus dem früheren PCE (Internacional) hervor. Von der Mitgliederzahl her dürfte der PTE bedeutender sein als die ORT, wenngleich eine Schätzung der Zeitschrift "Cambio 16", die dem PTE bis zu 10.000 Mitglieder zuschrieb, überzogen erscheint[83]. Eine weitere "marxistisch-leninistische" Partei ist der "Movimiento Comunista de España" (MCE), ein Zusammenschluß mehrerer dissidenter kommunistischer Gruppen mit Schwerpunkt im Baskenland. Bezogen auf die Mitgliederzahl und den Einfluß in der Arbeiterbewegung scheint der MCE weniger bedeutsam als die beiden vorgenannten Organisationen. Ebenso wie diese ist er aber sehr viel weniger sektiererisch als z.B. FRAP oder PCE(m-l) und arbeitete relativ früh in der "Junta Democrática" mit.

Die Liste der dissidenten kommunistischen Gruppen wäre nicht vollständig ohne die bis 1974 in Katalonien arbeitende, relativ einflußreiche Gruppe "Bandera Roja". Von den zitierten Gruppen verfolgte "Bandera Roja" am ehesten eine pragmatische Politik. Sie arbeitete in den CC.OO. mit und ging auch gelegentliche Aktionsbündnisse mit dem PCE ein. Im November 1974 vollzog sie den ungewöhnlichen Schritt, sich selbst aufzulösen und kollektiv dem PCE bzw. PSUC beizutreten[84]. Für den PCE hatte sich mit diesem kollektiven Beitritt (der der Partei einige hundert neue Militanten zuführte) erstmals seine betont behutsame Politik gegenüber seinen ultralinken Kritikern ausgezahlt. Carrillo[85] definierte das Verhältnis des PCE zur Ultralinken folgendermaßen: "Unsere Haltung gegenüber anderen kommunistischen Richtungen sieht so aus, daß wir sie in jedem Fall als Teil der Familie empfinden. Wir müssen darauf hinarbeiten, sie zur Annahme demokratischer Positionen zu bringen. Wir müssen Geduld haben und nicht auf ihre Angriffe antworten. Ich glaube, diese Politik hat keine schlechten Resultate gezeitigt; in der Coordinación Democrática sind ja mehrere dieser Gruppen vertreten. In Rom (anläßlich der ersten öffentlichen Sitzung des ZK des PCE seit vierzig Jahren am 28. Juni 1976, L.M.) haben wir Glückwunschtelegramme von ihnen erhalten, z.B. von der ORT." - Die Gefolgschaft der verschiedenen ultralinken Gruppen und Parteien setzt sich vorwiegend aus jungen Arbeitern und Gewerkschaftlern, aber auch Studenten, zusammen, denen die Gangart der Kommunisten zu langsam und ihre Zielsetzung auf mittlere Sicht nicht weitgehend genug ist. Neben solchen sachlich-ideologischen Faktoren kommt aber in allen dieser Gruppen auch eine gewisse revolutionäre Romantik zum Vorschein. Sie zeigt sich am deutlichsten bei den Gruppen, die den "bewaffneten Kampf" propagieren. Dieses irrationale Element in der Politik und Ideologie der Ultralinken, aber auch ihre Tendenz, sich in immer neue, rivalisierende Faktionen aufzuspalten, begrenzen die Zukunftsaussichten der meisten von ihnen recht deutlich.

Das Dilemma der Ultralinken

Unter den Bedingungen rascher ökonomischer und sozialer Entwicklung gibt es im autoritären Staat nur eine einzige erfolgversprechende Strategie der Opposition: durch Ausnutzung aller gegebenen legalen Arbeitsmöglichkeiten und systematischen Aufbau von Gegenmacht unter der Oberfläche der autoritären Strukturen immer größere soziale Sektoren dem Regime zu entfremden und sukzessive zu kontrollieren. Zu den wesentlichsten Aufgaben der Gegenmacht gehört es, das Informationsmonopol des autoritären Staates zu durchbrechen. Dies kann durch die Arbeit isolierter, handwerkelnder Zellen nicht erreicht werden; auch nicht ansatzweise. Gegenöffentlichkeit setzt stets eine erhebliche organisatiorische Kapazität der Opposition voraus. Sie erreicht ihre höchste Wirksamkeit erst dann, wenn sie nicht nur Kritik am Regime leistet, sondern das Bewußtsein von der Existenz einer politischen Alternative vermittelt.

Gemessen an diesem Kriterium war die Erfolgsbilanz der terroristisch arbeitenden Gruppen mehr als armselig. Außer der Provozierung vermehrter Repression ist kaum eine Wirkung ihrer Tätigkeit festzustellen, jedenfalls nicht im Sinne einer Verbesserung der Lage jener Schichten, die sie zu vertreten vorgeben. Der moderne Polizeiapparat zeigte sich auch in Spanien - während der ganzen Dauer des Franquismus - als für bewaffnet vorgehende Gruppen unüberwindlich, ja unempfindlich.

Eine Massenbasis zu gewinnen, war solchen Gruppen schon wegen des Informationsmonopols der Diktatur, der damit ungeheuer erschwerten Kommunikation (es war nicht einfach, überhaupt an ihre Propaganda, geschweige denn an ihre Organisation, heranzukommen) nicht möglich; ganz abgesehen vom Inhalt dieser Propaganda.

Weil sie terroristisch arbeiteten, blieben sie klein. Weil sie klein waren, brachten sie keine wirksame Propaganda oder gar Gegenöffentlichkeit zustande. Weil sie keine Gegenöffentlichkeit aufbauen konnten, stellten sie auch keine glaubwürdige Alternative zum Regime dar.

Ob sich daran im Nachfranquismus etwas ändern wird, darf bezweifelt werden. Politische Glaubwürdigkeit ist in Spanien mehr denn je eine Funktion positiv aufzuweisender Erfolge als wohlklingender Programme.

VIII. DIE SOZIALISTEN

Bis zum Bürgerkrieg präsentierte sich der spanische Sozialismus in relativer Geschlossenheit. Die einzige größere Abspaltung in vielen Jahrzehnten war 1921 die einer leninistischen Gruppe, die zur Gründung des PCE führte. Nach dem Bürgerkrieg setzte ein Prozeß sukzessiver Differenzierung ein, der auch heute noch nicht zum Stillstand gekommen ist, wenngleich seine Entwicklungstendenzen allmählich klarer hervortreten.

Die Ursachen dieser Differenzierung (noch 1976 existierte mehr als ein Dutzend verschiedener sozialistischer Organisationen) liegen nur zum Teil in ideologisch-programmatischen Divergenzen der einzelnen Richtungen begründet. Sie sind ebenso in den Bedingungen der jahrzehntelangen Illegalität zu suchen, aber auch - so im Fall des PSOE - im Konflikt Inland - Exil sowie in der Überschneidung ideologischer mit regionaler Besonderheiten. Wie jede Diktatur, hatte auch die Francos ein starkes Interesse an der Fragmentierung der Opposition, die sie mit den ihr zu Gebote stehenden Mitteln förderte; also z.B. Duldung bestimmter lokaler Oppositionsgruppen, aber Verhinderung ihrer Organisation auf nationaler Ebene; Erschwerung der Kontakte zum Ausland; Lockerung der einen Gruppe mit stillschweigender Akzeptierung und Isolierung der anderen durch erbarmungslose Verfolgung. Ein wesentlicher Faktor der Differenzierung entfiel allerdings mit dem Tode Francos: Der Antagonismus zwischen Exilführung und Apparat im Inland, der vor allem den PSOE zeitweilig paralysiert hatte.

Die Schwierigkeiten der Kommunikation begünstigten auch bei den Sozialisten das Zirkelwesen und führten zum Entstehen zahlloser kleiner, selbständiger Gruppen, die sich um lokale Protagonisten scharten. Die Heranführung dieser Gruppen an eine der beiden großen sozialistischen Parteien blieb dadurch erschwert, daß viele von ihnen sich im Zusammenhang mit regionalen Autonomiebewegungen entwickelt hatten (vor allem in Andalusien, Katalonien, Galicien und der Region Valencia, weniger dagegen im Baskenland, wo der PSOE seine Hochburg hatte) und sich in national organisierte Parteien nicht ohne weiteres einfügen konnten oder wollten.

Die Fähigkeit der beiden Parteien, lokale oder regionale sozialistische Zusammenschlüsse an sich heranzuführen, war allerdings unterschiedlich ausgebildet. Der PSP war dazu aufgrund seiner flexibleren Politik und weniger zentralistischen Organisation besser in der Lage als der PSOE, der mehr auf die Aktivierung neuer Militanten setzen mußte als auf den Zusammenschluß mit bereits bestehenden Gruppen.

Auf der anderen Seite war seit 1975 unter den Splitterparteien selbst eine Einigungsbewegung zu beobachten, die sich zunächst außerhalb der beiden großen sozialistischen Parteien vollzog. Sie betraf vor allem jene Gruppen, die sich als sozialdemokratisch verstanden (meist in einem der SPD unterstellten Sinne, also liberal und antimarxistisch). Fünf solche Parteien schlossen sich Ende Mai 1976 zum Partido Social

Demócrata Unificado (PSDU) zusammen[1]. Da die politische Potenz des PSDU auch nach dieser Fusion bescheiden blieb und die neue Partei auch von der Sozialistischen Internationale als sozialdemokratische bzw. sozialistische Partei nicht anerkannt wurde (einige ihrer Führer hatten sich schon im Franquismus durchaus kommod eingerichtet), braucht sie uns als Partei der antifranquistischen Opposition nicht besonders zu beschäftigen. Die einflußreichere und glaubwürdigere, von Dionisio Ridruejo gegründete USDE (s.u.) blieb ohnehin diesem Zusammenschluß fern.

Der mit den Einigungs- und Zentralisierungstendenzen im Bereich der sozialistischen Parteien verbundene Rückgang des Personalismus ließ die ideologischen Differenzen wieder stärker hervortreten, die zuvor durch das Protagonistentum etwas in den Hintergrund getreten waren. Hier wirkt sich besonders stark die Anbindung des PSOE an die Politik der Sozialistischen Internationale aus, deren finanzielle und politische Rückendeckung für den PSOE unentbehrlich geworden ist und die Partei trotz des 1972 erfolgten Linksschwenks zur Akzeptierung gewisser sozialdemokratischer Positionen, nicht zuletzt in der Gewerkschaftsfrage und im Verhältnis zu den Kommunisten, zwang. Demgegenüber fährt der PSP fort (vor allem seit seinem Beitritt zur Junta Democrática im Jahr 1974) mit jeder beliebigen Gruppe, auch den Kommunisten, zu paktieren, sofern ihn dies der Realisierung seiner politischen Ziele näherbringt. Diese Strategie stellte freilich ein Grundprinzip der PSP-Politik seit Anbeginn dar und machte den Aufstieg dieser Gruppe zu einer dem PSOE ebenbürtigen Partei überhaupt erst möglich.

Es wäre dennoch eine Vereinfachung, den PSOE pauschal als sozialdemokratisch und den PSP als sozialistisch einzustufen. Die ökonomischen Vorstellungen beider Parteien, besonders hinsichtlich Verstaatlichungen, Investitionskontrolle, Mitbestimmung usw. gehen weit über das hinaus, was in den sozialdemokratischen Parteien noch akzeptiert wird.

Die relative Nähe beider Parteien hinsichtlich ihrer langfristigen Ziele schafft nicht zuletzt auch günstige Voraussetzungen für ihre mögliche Vereinigung. Den Willen zur Wiederherstellung einer vereinigten sozialistischen Partei bekunden beide Organisationen mehr oder weniger glaubhaft. Auch hat sich seit dem Frühjahr 1976 eine gewisse Entkrampfung im Verhältnis PSOE - PSP abgezeichnet. Eine wirkliche Annäherung der sozialistischen Parteien hat indessen zwei zentrale Voraussetzungen:

- der PSOE müßte sich in gewissem Umfange von den Pressionen der Sozialistischen Internationale (genauer gesagt, der sozialdemokratischen Parteien in ihr) hinsichtlich seines Verhältnisses zu den Kommunisten, aber auch zu den Volkssozialisten (die bei der SI seit einigen Jahren in Ungnade gefallen sind) emanzipieren. Einen ersten Schritt in dieser Richtung stellte der Beitritt des PSOE zur Coordinación Democrática dar;
- die Gewerkschaftsfrage müßte im Sinne einer Einheitsgewerkschaft gelöst sein. Dies erscheint freilich nur denkbar, wenn die UGT sich gegenüber den CC.OO. nicht durchsetzen könnte und der PSOE von seiner Richtungsgewerkschaft keine entschei-

denden politischen Vorteile mehr erhoffen könnte. Ein Rückzug des PSP aus den CC.OO. zugunsten der UGT erscheint jedenfalls unwahrscheinlich und würde von den PSP-Gewerkschaftsvertretern nicht akzeptiert.

Darüber hinaus muß die Selbständigkeit der beiden großen sozialistischen Parteien auch im Zusammenhang mit der Stärke und Anziehungskraft der Kommunistischen Partei gesehen werden. Je mehr Zustimmung die Politik des PCE bei der Bevölkerung findet (vor allem bei freien Wahlen), desto größer dürfte der Druck auf die Sozialisten werden, sich zu vereinigen, um dem PCE weiterhin als gleichwertiger Partner gegenübertreten zu können. Dabei spielen nicht nur die Wahlergebnisse eine Rolle, sondern auch die Verankerung der Parteien in den Gewerkschaften, Berufsverbänden, Redaktionen, Stadtteilkommissionen usw. Auf mittlere Sicht wird man dennoch davon ausgehen müssen, daß zwei unabhängige sozialistische Parteien bestehen.

1. Partido Socialista Obrero Espanol (PSOE)

Der Wiederaufstieg des PSOE gehört zu den bemerkenswertesten Phänomenen in der spanischen Opposition. Die hohen Verluste an Militanten als Folge der franquistischen Repression, der in dieser Partei besonders scharfe Gegensatz zwischen inländischer Organisation und Exilführung sowie der verpaßte Anschluß an die neuen, von CC.OO., PCE und PSP entwickelten Arbeitsformen in den sechziger Jahren hatte nach und nach zu einer derartigen Auszehrung der Partei geführt, daß sie 1972, im Jahre ihrer Spaltung, manchem nur noch als Splittergruppe erscheinen mußte. Die seit 1972 praktizierte realistischere Politik des neuen, im Inland arbeitenden Exekutivausschusses, die fortschreitende Liberalisierung der Pressepolitik des Regimes sowie der Umstand, daß der PSOE allgemein den Repressionen des Regimes in geringerem Maße ausgesetzt war als andere Linksparteien (man hielt ihm jedenfalls für weniger gefährlich als die Kommunisten oder die Arbeiterkommissionen), ermöglichten es ihm, nach und nach wieder eine Parteiorganisation im ganzen Lande aufzubauen und seine klassischen Rückzugsgebiete (das Baskenland, Asturien, Barcelona und Sevilla) zu verlassen.

a) Der Konflikt zwischen Exil und Inland

In allen "klassischen" Gruppen der spanischen Opposition, die seit Ende des Bürgerkrieges im Ausland arbeiteten, entwickelte sich nach und nach ein gewisser Dualismus zwischen der (Führungs-)Organisation im Exil und den im Inland arbeitenden Teilen der Partei. Daß der PSOE von diesem Konflikt stärker betroffen wurde als andere Parteien, lag an der fehlenden Kontinuität seiner Arbeit im Inland und einer weniger rigiden Parteidisziplin als bei den Kommunisten.

Im Gegensatz zum PCE war es dem PSOE nicht gelungen, einen halbwegs funktionierenden Apparat im Inland über den Zusammenbruch des Jahres 1939 hinwegzuretten. Vereinzelt noch existierende Zellen der Parteien waren isoliert und hatten während der gesamten Zeit des Zweiten Weltkrieges keinerlei Kontakt mit der in Frankreich und Mexiko arbeitenden Exilführung. 1945 gelang es zwar, in Madrid wieder eine "Comisión Ejecutiva" zu bilden, aber sie wurde schon nach kurzer Zeit von der franquistischen Geheimpolizei ausgehoben. Dabei ging auch die einzige noch vorhandene illegale Druckerei des PSOE in Spanien verloren. Die Sozialisten ließen sich nicht entmutigen, bildeten einen zweiten, dritten, vierten Koordinationsausschuß in Madrid, die allesamt von der Polizei ausgehoben wurden und den PSOE Hunderte von aktiven Mitgliedern kosteten. Den schwersten Schlag erhielt die mühsam aufgebaut Organisation im Inland 1952, als die sechste Kommission in Madrid der Polizei in die Hände fiel und ihr Leiter, Tomás Centeno, von der DGS zu Tode gefoltert wurde[2].

Von den bis zu diesem Zeitpunkt erlittenen Verlusten konnte sich der PSOE nie mehr ganz erholen; er verlor gegenüber dem im illegalen Kampf geschickter operierenden PCE immer mehr an Boden. Die rasch aufeinanderfolgenden Verhaftungswellen lösten unter den im Inland arbeitenden Mitgliedern ein solches gegenseitiges Mißtrauen aus, daß 1952 die Kontakte zwischen der in Toulouse residierenden Parteiführung und den Gruppen im Inland sowie der inländischen Gruppen untereinander nahezu vollständig unterbrochen waren. 1953 schickte der Exekutivausschuß in Toulouse schließlich einen Emissär auf die Reise, der alle noch bekannten Adressen in Spanien aufsuchte und durch Angabe des Wohnsitzes in Frankreich größeres Vertrauen erweckte als die Mitglieder der Madrider Kommissionen. Langsam konnte ein neues Organisationsnetz geknüpft werden, das so strukturiert war, daß die einzelnen lokalen Zellen nur noch mit Toulouse in Verbindung standen, aber in der Regel nicht mehr untereinander. Verhaftungen an einem Ort konnten so nicht mehr den ganzen inländischen Apparat in Gefahr bringen, und die Toulouser Exilführung besaß bessere Möglichkeiten zur Kontrolle ihrer inländischen Ortsgruppen,

Als Folge dieser Situation erhielt die Exilführung eine Machtfülle, die die Loslösung ihrer Politik von den Tageserfordernissen des politischen Kampfes in Spanien begünstigte. Zum einen wurde der Darstellung der Politik des PSOE im internationalen Rahmen zu große Bedeutung beigemessen, wiewohl die Erfahrungen der Jahre nach dem Zweiten Weltkrieg lehrten, daß eine Unterstützung des antifranquistischen Kampfes durch die Westmächte, selbst unter sozialistischen Regierungen, nicht zu erwarten stand. Zum anderen wurde die Bündnispolitik immer unrealistischer, weil jede Zusammenarbeit mit den Kommunisten kategorisch abgelehnt wurde und statt dessen Allianzen mit Organisationen geschlossen wurden, die im Inland praktisch nicht mehr existierten (so z.B. mit der anarchistischen CNT).

Bei dieser Bündnispolitik ging es dem PSOE darum, die alte Koalition der Linksparteien aus dem Bürgerkrieg wiederzubeleben, aber auch darum, die Kommunisten zu isolieren und sich dadurch das Vertrauen (und die Finanzhilfe) der Sozialistischen

Internationale zu erhalten. Das Hauptinstrument der Toulouser Bündnispolitik war in den sechziger Jahren die 1961 gegründete "Unión de Fuerzas Democráticas" (UDF), die neben dem PSOE und seinen klassischen Verbündeten Partido Nacionalista Vasco (PNV) und ARDE auch den von Giménez Fernández angeführten christdemokratischen Verband (damals Izquierda Demócrata Cristiana) einschloß. Die monarchistische "Unión Espanola" des rechtsliberalen Joaquin Satrustegui, die das besondere Vertrauen des Thronprätendenten Don Juan besaß und daher einiges Gewicht auf die politische Waage brachte, war nicht Mitglied der UDF, schloß sich aber teilweise ihrer Politik an[3]. Das Aktionsprogramm der UDF sah vor, eine Übergangsregierung und Volksabstimmung über die künftige Staatsform anzustreben, gegen die Kommunisten Front zu machen und keinerlei Mitarbeit in den Institutionen des Regimes zu leisten (das bedeutete insbesondere Boykottierung der Syndikatswahlen). Mit diesem Verzicht auf alle Möglichkeiten legaler Arbeit waren die Erfolgsaussichten der UDF bescheiden. Das Programm entwickelte denn auch keine konkreten Vorstellungen, wie der Übergang zur Demokratie zu erreichen sei, außer der Hoffnung auf eine günstige Situation nach dem Tode Francos.

Der einzige größere Erfolg, den die UDF verbuchen konnte, war das spektakuläre Treffen ihrer Mitgliedsorganisationen anläßlich eines Kongresses der Europäischen Bewegung in München 1962[4]. Außer den UDF-Organisationen hatten sich dort auch die Christdemokraten Gil Robles' eingefunden sowie die von dem Exfalangisten Dionisio Ridruejo angeführten Sozialliberalen, die sich in der Folgezeit gewissen Positionen des PSOE annäherten. Obwohl das Treffen außer einer Resolution, in der u.a. die EWG aufgefordert wurde, dem franquistischen Spanien die Aufnahme als Mitglied zu verweigern, keine konkreten Ergebnisse brachte, faßte das Regime es als Bedrohung auf und sah zum erstenmal das Schreckgespenst einer oppositionellen Einheitsfront auf sich zukommen (auch die in München nicht anwesenden Kommunisten stimmten nachträglich der Resolution zu). Die Furch der Franquisten erwies sich als unbegründet: Der fehlende organisatorische Unterbau der UDF-Organisationen und die Schwierigkeiten der Kommunikation erlaubten ihr nicht, sich als echte Alternative zum System darzustellen. Wiederum zeigte sich, daß politische Umwälzungen weniger der Einigung der Parteispitzen bedürfen als vielmehr des Aufbaus von Gegenmachtstrukturen. Da die UDF-Mitgliedsorganisationen im Inland nicht als die eigentlichen Träger des Kampfes gegen die Diktatur angesehen wurden und kaum massenwirksame Oppositionsarbeit leisteten, führte auch die Einheit an der Spitze zu keiner fühlbaren politischen Aktivierung der Massen, die sie zu vertreten glaubten. 1967 mußte die PSOE-Führung schließlich das Scheitern der UDF eingestehen[5].

Dieselbe Erfahrung machte die UGT mit dem 1961 geschlossenen Bündnis mit der anarchistischen Gewerkschaft CNT, das als "Alianza Sindical" firmierte. Es blieb erfolglos, weil es nicht den Kampf um die Kontrolle der Arbeiterkommissionen aufnahm, sondern als ausgesprochene Gegenorganisation zu den CC.OO. konzipiert war und auch deren Arbeitsformen ablehnte[6].

Als besonders gravierend für die im Inland arbeitenden PSOE-Gruppen stellte sich seit Beginn der sechziger Jahre das von der Toulouser Führung ausgesprochene Verbot heraus, an politischen oder gewerkschaftlichen Aktionseinheiten jeglicher Art teilzunehmen, an denen auch Kommunisten beteiligt waren. Alle übrigen Gruppen der Opposition einschließlich der Katholiken waren ja nach und nach dazu übergegangen, gemeinsame Aktionen mit den Kommunisten zu akzeptieren - zuerst in den Arbeiterkommissionen, dann auch auf anderen Sektoren. Die Folge war, daß der PSOE immer mehr in die Isolierung geriet und seine bloß negierende Politik kaum noch vermitteln konnte. Unter den Militanten im Inland, die selbst der minimalsten Möglichkeiten entbehrten, autonom über Aktionsbündnisse lokalen Charakters zu entscheiden[7], entwickelte sich eine immer stärkere Mißstimmung gegen die Exilführung. Die Vertreter der inländischen Organisation brachten daher beim Parteitag von 1970 eine Resolution ein, in der gefordert wurde, zwar keine bilateralen Bündnisse mit den Kommunisten einzugehen, sich aber an multilateralen Aktionseinheiten gemeinsam mit den Kommunisten zu beteiligen. Sie konnten sich nicht durchsetzen. Alles, was gegen den Toulouser Exekutivausschuß zu erreichen war, war die Streichung eines Paragraphen in der Schlußresolution, der wiederum jede Zusammenarbeit mit Kommunisten ausdrücklich ausschloß[8]. Schließlich wagte die katalanische Sektion der Partei den Alleingang und schloß sich 1971 der "Asamblea de Cataluña", einem Konsultationsgremium praktisch aller katalanischen Oppositionsgruppen, an[9]. Der Konflikt zwischen Inland und Exil spitzte sich daraufhin derart zu, daß die im Inland residierenden Teile des Exekutivausschusses der Toulouser Kommission überhaupt das Recht bestritten, im Namen der Inlandsorganisation zu sprechen. In Madrider PSOE-Kreisen war schon 1971 zu hören, man wolle "die Toulouser zum Teufel jagen".

b) Die Spaltung

Um den sich ausweitenden Konflikt zwischen Exil und Inland einer Lösung näherzubringen, wurde vom Exekutivausschuß des PSOE (dem Mitglieder aus dem Inland und aus dem Exil angehörten), Anfang 1972 einstimmig beschlossen, im August desselben Jahres einen Parteitag abzuhalten. Von der Art dieser Lösung hatte man recht unterschiedliche Vorstellungen: Die Toulouser Parteiführung wollte die Gruppen im Inland wieder auf alten Kurs bringen und beschwor die Geschlossenheit der Partei, während man im Inland offenbar auf die Generalabrechnung mit dem Exil setzte. In einem Rundschreiben der "Agrupación Socialista Madrileña", die seit langem als Wortführer der inländischen Jungtürken gegolten hatte, wurden die Toulouser Führungsmitglieder als "Cafésozialisten" tituliert; ihrer Politik wurde bescheinigt, sie sei "seit dem ersten Parteitag 1944 von Niederlage zu Niederlage getaumelt und (habe) die Partei an den Rand des Abgrunds gebracht"[10]. Die Forderung nach Zusammenarbeit mit den Kommunisten wurde zum Zentralthema des bevorstehenden XII. Parteitags erklärt.

Nun wurde auch den Parteiführern im Exil der Ernst der Situation bewußt. Der

Generalsekretär Rodolfo Llopis vollzog eine Kehrtwendung und erklärte die Durchführung des vorgesehenen Parteitags schlicht für illegal, weil er die Einheit der Partei bedrohe. Als sich abzeichnete, daß die Inlandsorganisation in jedem Falle den Partei tag durchführen würde, auch auf die Gefahr einer Spaltung der Partei hin, kam ihr der Toulouser Exekutivausschuß zuvor. Unter Bezug auf Veröffentlichungen der Inlandsorganisation wurde eine Anzahl führender Mitglieder im Inland, besonders aus der Agrupacion Socialista Madrileña, aus der Partei ausgeschlossen[11]. In einer Dokumentation der Agrupación vom August 1972 wurde behauptet, der Entschluß dazu sei den fünf dissidenten Mitgliedern des Exekutivausschusses durch finanzielle Zuwendungen "aus Übersee" erleichtert worden[12]. Damit hatten Llopis und die Seinen den Rubikon überschritten, die Spaltung der Partei war vollzogen. Die Inlandsorganisation führte ihren Parteitag im August 1972 wie vorgesehen durch; er brachte die Wahl von Pablo Castellano zum Parteisprecher. 1974 schließlich, beim Parteitag in Suresnes, erfolgte die Wahl des derzeitigen Parteivorsitzenden Felipe Gonźales, der zuvor Sprecher der Sevillaner Ortsgruppe gewesen war. Führende Positionen wurden mit Vertretern der bisherigen Parteilinken besetzt, so z.B. Pablo Castellano, Francisco Bustelo, Ciriaco de Vicente u.a.[13]. In der Schlußresolution des Parteitags wurde ein breit angelegtes Bündnis aller Oppositionskräfte angeregt, das auch die Kommunisten nicht ausschließen sollte. Insgesamt brachte die Okkupation der Parteispitze einen deutlichen Linksruck.

Der von Llopis geführte Rest-PSOE führte seinerseits Ende Dezember 1972 einen Parteitag durch, bei dem ihm nicht viel mehr zu tun blieb, als seine (Ab-)Gefallenen zu zählen: Fast die gesamte Organisation im Inland war zu González übergelaufen und selbst Teile der Parteiorganisation im Exil (so das wichtige, von Carlos Martínez Parera geleitete Pariser Büro des PSOE) fielen von den "Llopistas" ab. Als "PSOE histórico" stützt sich die Gruppe heute nur noch auf einige zahlenmäßig schwache Gruppen im In- und Ausland, überwiegend aus älteren Mitgliedern bestehend, die der Parteiführung mehr aus persönlicher Anhänglichkeit als aus politischer Überzeugung folgen. Nach der Spaltung hatte Llopis zwar zunächst versucht, seine Reihen durch ein Bündnis mit seinem bisherigen Intimfeind Tierno Galván, über dessen "Überheblichkeit" und "Spaltertum" er sich noch kurz zuvor lebhaft beklagte[14], etwas aufzufüllen; die zeitweilige Zusammenarbeit mit dem PSP geriet aber ziemlich einseitig zugunsten des letzteren.

Die Marginalisierung der Llopis-Gruppe innerhalb des spanischen Sozialismus entbehrt nicht einer gewissen Tragik für die Betroffenen, die immerhin über Jahrzehnte des Niedergangs im Inland den Fortbestand der Partei gewährleistet hatten und die Vertretung des PSOE in wichtigen internationalen Organisationen erhalten konnten. Die meisten Parteiführer im Exil nahmen dafür materiell sehr einfache und entbehrungsreiche Lebensbedingungen auf sich. Es wäre freilich zu einfach, die 1972 eingetretene Spaltung allein aus dem Interessengegensatz Exil - Inland interpretieren zu wollen. Sie ist gewiß ebensosehr die letzte Konsequenz des ideologischen Gegensatzes, der sich im PSOE schon vor dem Bürgerkrieg herausgebildet hatte und sich personell in den Gegenpolen Largo Caballero und Indalecio Prieto bzw. Julián Besteiro darstellte. Auf der einen Seite stand schon damals die Überzeugung, der PSOE müsse sich radikalisieren, um zum historischen Subjekt werden zu können, auf der anderen das - vergebliche -Warten auf die bürgerliche Revolution in Spanien, die erst die Ausgangsbedingungen für die Machtergreifung der depravierten Klassen schaffen solle[15]. Obwohl sich beide Seiten durchaus als Fraktion innerhalb des PSOE konstitutiert hatten, gelangten sie erst zur formalen Separation, als die Politik der Exilführung den PSOE vollständig an den Rand des Geschehens zu rücken drohte und eine zweite große sozialistische Partei, der PSP, die Bühne betrat.

c) Ideologische Grundpositionen

Trotz des 1972 eingetretenen Schismas kann der Konflikt zwischen der revolutionär-sozialistischen und der reformistischen Strömung im PSOE keineswegs als endgültig entschieden angesehen werden. Seit dem Tode Francos ist vielmehr wieder ein Vordringen des rechten Parteiflügels zu beobachten, dessen Vertretern der Volkspartei-Anspruch des PSOE wichtiger ist als bestimmte ideologische Positionen aus dem klassischen theoretischen Arsenal der Partei. Die Spaltung von 1972 hatte zwar den paranoischen Antikommunismus beseitigt, aber die positiven Inhalte der künftigen Politik im Grunde offen gelassen. In personeller Hinsicht verlaufen die Konfliktlinien heute zwischen dem von Felipe González geleiteten Exekutivausschuß und einer weiter linksstehenden Gruppe um Pablo Castellano, Francisco Bustelo und anderen.

Charakterisiert wird die Situation dadurch, daß zum einen recht weitgehende langfristige Zielsetzungen (z.B. beim Verstaatlichungsprogramm) bestehen, die die Partei im Rahmen der Sozialistischen Internationale weit nach links rücken, zum anderen dadurch, daß die hinsichtlich einer möglichen Koalitionsregierung mit den Christdemokraten und anderen gemäßigten Gruppen gemachten programmatischen Aussagen sich wenig von dem abheben, was die regierenden Sozialdemokratischen Parteien in Europa praktizieren. Zu den Grundvorstellungen des PSOE gehört die Ansicht, daß die spanische Bourgeoisie bei der Aufgabe, das Land wirtschaftlich und politisch auf das Niveau der westeuropäischen Nachbarn zu heben, versagt habe. Sie sei daher gezwungen, ihre Privilegien mit Hilfe eines Staates zu sichern, dessen innere Struktur in immer größeren Widerspruch zum ökonomischen Entwicklungsstand gerate und der zudem die künftige Entwicklung durch Auslieferung der Wirtschaft an fremde Monopolinteressen schwer belaste[16]. Aus dieser Analyse wurde der Schluß gezogen, die liberale bürgerliche Demokratie sei nach dem Tode Francos nicht mehr anzustreben, sondern eine Staatsform, die der Privatinitiative nur noch begrenzten Spielraum läßt und bereits gewisse sozialistische Züge aufweist[7]. "Da die historische spanische Bourgeoisie wirtschaftlich und politisch scheiterte und die neue Bourgeoisie keine Entschlußkraft hat, kann die sozialistische Arbeiterbewegung sie weder objektiv noch subjektiv ersetzen. Die zweite industrielle Revolution kann und muß sich innerhalb der vollständigen Demokratie entwickeln, angetrieben von ehrgeizigen Plänen, die die alten Strukturen zerstören. Die Schlüsselindustrien und das Kreditwesen müssen verstaatlicht und eine tiefgreifende Agrarreform durchgeführt werden, die der Verschiedenheit der Probleme gerecht wird, aber mit klarer Vorherrschaft der Kooperation bei Erzeugung und Verteilung der Produkte, sowie des landwirtschaftlichen Kollektivismus."[18]

Theoretisch ist dieses Verstaatlichungsprogramm auch vom neuen Exekutivausschuß beibehalten worden. Der Generalsekretär Felipe González schränkte es jedoch dahingehend ein, er sei "kein Befürworter einer Verstaatlichung um des Prinzips willen"[19].

Im Falle einer Regierungsbeteiligung des PSOE sollten zunächst nur die Großbanken verstaatlicht werden, um eine bessere antizyklische Finanzpolitik zu ermöglichen . Auch die Kontrolle der ausländischen Investitionen soll nach seinen Worten verstärkt werden[20]. 1974 forderte die Partei überdies in einer Erklärung ihrer kurzfristigen Ziele die Kontrolle über den Kapitalverkehr mit dem Ausland, "um die Kapitalflucht und andere betrügerische Tätigkeiten gegen die nationale Wirtschaft zu verhindern..."[21].

Obwohl die Sprache der Parteipropaganda sich stets, auch in der Zeit des schärfsten Antikommunismus, bei langfristigen programmatischen Aussagen durchaus marxistisch gab, pflegen sich die Parteiführer auf die Frage nach dem marxistischen Charakter des PSOE heute etwas gewunden zu äußern. Gewöhnlich wird dem Fragesteller bedeutet, der PSOE verstehe sich als eine Partei, die den Marxismus in einer den spanischen Bedingungen angemessenen Form als methodische Grundlage ihrer Analyse benutze, aber nicht als marxistische Partei im herkömmlichen Sinne. Zu dieser Aussage sieht sich der PSOE umso mehr gezwungen, als er bestrebt ist, sich als Volkspartei auszugeben, der auch Nichtmarxisten angehören sollen. Neben diesem Volkspartei-Anspruch, den die Partei in der Vergangenheit nicht erhoben hatte[12], läßt freilich auch die deutliche finanzielle und allgemeinpolitische Abhängigkeit des PSOE von der Sozialistischen Internationale (besonders der SPD) eine gewisse Zurückhaltung bei allem geboten erscheinen, was nach orthodoxem Marxismus aussieht.

d) Die Organisation des PSOE

Hauptsächliche Organe des PSOE sind die Ortsgruppen (Agrupaciones), der Parteitag (er tritt in der Regel alle drei Jahre zusammen), der Exekutivausschuß, der seit 1972 in Madrid arbeitet, und das Generalsekretariat. Wie das Fehlen von Koordinationsorganen zwischen den Ortsgruppen und der Exekutive anzeigt, ist die Parteiorganisation in hohem Maße zentralisiert. Regionale Zwischenebenen in der Organisation existieren nur für den Bereich der nationalen Minderheiten (z.B. die "Sección Catalana del PSOE").

Die Zahl der Ortsgruppen hat sich seit der Spaltung von 1972 beträchtlich erhöht. Die Parteiorganisation ist heute im ganzen Land präsent und hat ihre früheren "Reduktionsgebiete" längst überschritten. Schwerpunkte sind allerdings nach wie vor das Baskenland, Asturien und der Großraum Madrid. Neu hinzugekommen als regionaler Schwerpunkt ist Sevilla, was wesentlich auf die Tätigkeit Felipe ("Nadiushko") Gonzáles zurückzuführen ist, der dort als Anwalt praktizierte und die Sevillaner Ortsgruppe zu einer der mitgliederstärksten und aktivsten machte. Trotz des Aufschwungs, den die Partei seit einigen Jahren genommen hat, konnte der Abstand zur mitgliederstarken KP nicht verringert werden, er hat sich nach neuesten Zahlen eher noch vergrößert.

Eine wichtige Stütze der Partei sind auch nach der Verlagerung der Entscheidungsgremien ins Inland die Ortsgruppen in Frankreich und im übrigen europäischen Ausland geblieben. Die Zahl der Ortsgruppen in Frankreich wurde 1967 mit 186 angegeben[23], dürfte sich mittlerweile aber verringert haben, weil viele dieser Gruppen aus Exilierten des Bürgerkrieges bestanden, die verstorben oder nach Spanien zurückgekehrt sind. Sie hatten schon früher in ihrer Mehrheit nur geringe Aktivität entfaltet. Günstiger sieht das Bild in jenen Industriezentren aus, in denen spanische Arbeitsemigranten leben. Sie bilden für den PSOE einen doppelten Gewinn, da sie die Ortsgruppen der Exilierten wiederbelebten und nach ihrer Rückkehr ins Inland auch der dortigen Organisation neue Impulse geben konnten.

da) Der Mitgliederstand

Anfang 1976 gab die Parteiführung die Mitgliederzahl mit 8.000 an, wovon ein Fünftel im Ausland leben soll[24]. Dies entsprach etwas weniger als einem Zehntel der Mitgliederzahl des PCE. Damit hätte der PSOE jene Mitgliederstärke wieder erreicht, die die Partei nach Angaben des Exekutivausschusses noch im Jahr 1948 hatte[25]. In der Folgezeit hatte die Mitgliederzahl beständig abgenommen; jedenfalls machte die Parteiführung seit 1948 keine Angaben mehr über Mitgliederzahlen. Der Tiefststand scheint zu Beginn der sechziger Jahre erreicht worden zu sein: Welles[26] (Stand 1964) spricht nur noch von 2.000 Mitgliedern. Für das Jahr 1969 nennt Schütze[27] dann wieder 3.000 Mitglieder. Der Anstieg der Mitgliederzahl entwickelte sich seit 1975 allerdings recht sprunghaft, es ist daher durchaus möglich, daß der PSOE allmählich an die Stärke der KP herankommt.

Eine große Rolle bei der Rekrutierung neuer Parteimitglieder spielt die sozialistische Gewerkschaft UGT, deren Mitgliederzahl meist ziemlich genau der des PSOE entsprach. Ein Auseinanderklaffen dieser Koinzidenz ist allerdings dort zu beobachten, wo nicht Arbeiter, sondern Intellektuelle oder Freiberufler das Gros der Mitglieder stellen (dies gilt besonders für den Großraum Madrid).

db) Finanzierung

Noch 1967 wurde das Budget der Partei für den Dreijahreszeitraum 1964-1966 mit 327.000 französischen Francs angegeben, also jährlich nur 109.000 Francs[28]. Bei solch spartanischer Finanzausstattung konnte kein nennenswerter Stab hauptamtlicher Funktionäre unterhalten werden, das Toulouser Generalsekretariat verbrauchte die Masse dieser Mittel. Die äußerst prekäre Finanzsituation verbesserte sich erst etwas, als in den siebziger Jahren die Mitgliederzahl wieder zunahm und nach dem Tode Francos die Mittel der Sozialistischen

Internationale wieder reichlicher flossen. An der Spitze der ausländischen Geldgeber stehen die deutschen und schwedischen Sozialdemokraten (die SPD-Gelder laufen in der Regel über die Friedrich-Ebert-Stiftung) und die britische Labour Party.

Zahlen über die derzeitigen Finanzen des PSOE liegen nicht vor, es kann aber davon ausgegangen werden, daß die Partei einer finanziell gesicherten Zukunft entgegensieht, nicht zuletzt weil sich die Sozialistische Internationale in Spanien nicht weniger engagiert als in Portugal.

dc) Kommunikationsmittel

Hinsichtlich seiner Kommunikationsmittel blieb der PSOE lange Zeit gegenüber anderen Oppositionsgruppen, insbesondere den Kommunisten, stark benachteiligt. Ein Radiosender stand nicht zur Verfügung; auch illegale Druckereien in Spanien gab es nicht. Das einzige nennenswerte Organ der Partei blieb bis in die siebziger Jahre hinein das Sprachrohr des Generalsekretariats "Le Socialiste". Das traditionelle Organ des PSOE, "El Socialista", wurde 1961 auf Betreiben des spanischen Außenministers Castiella in Frankreich verboten, aber kurz danach als vorgebliche Publikation der SFIO (mit französischem Titel, aber spanischem Text) wieder herausgebracht. Die Auflagenhöhe entsprach der Zahl der Parteimitglieder, eine breitere Öffentlichkeit konnte und sollte nicht angesprochen werden. Nach Spanien mußte das Blatt eingeschmuggelt werden. In Frankreich und vor allem in Mexiko erfolgte in gewissem Umfang auch die Herausgabe parteihistorischer und propagandistischer Bücher und Broschüren, aber der Erfolg war, wie der langjährige Leiter des Pariser PSOE-Büros, C. Martínez Parera, dem Verfasser erklärte, "nicht sehr beeindruckend". Wichtiger war die publizistische Unterstützung, die der PSOE in einigen Gastländern spanischer Arbeitsemigranten erfuhr: In der Bundesrepublik z.B. kontrollieren PSOE-Mitglieder die Rundfunksendungen für spanische Arbeiter (z.B. José Moll-Marqúes beim Bayerischen Rundfunk), und auch die anspruchsvolle, vom DGB herausgegebene Monatszeitschrift "Exprés español" wird von einem PSOE-Team unter Leitung von Carlos Pardo redigiert.

Eine wesentliche Verbesserung der Situation, in der sich die Medien der Partei befanden, trat erst mit der Lockerung der Pressezensur in Spanien seit etwa 1974 ein. Der größte Triumph, den die Partei verbuchen konnte, war der Aufstieg des von Mitgliedern und Sympathisanten kontrollierten Magazins "Cambio 16", das die politischen Inhalte des PSOE immer offener transportieren konnte und dessen Auflage von wenigen tausend Exemplaren 1973 auf rund eine halbe Million 1976 förmlich explodierte.

Offenbar zielt die Strategie des PSOE in diesem Bereich mehr darauf ab, bereits bestehende Publikationen mit eigenen Kräften zu besetzen, als darauf, einen eigenen Presseapparat aufzubauen. Dazu würden wohl auch die Finanzen der Partei auf absehbare Zeit nicht ausreichen.

e) Der PSOE und die Sozialistische Internationale

Von unschätzbarem Wert für den PSOE erwies sich seine Mitgliedschaft in der Sozialistischen Internationale, der er seit ihrer Wiedergründung im Jahr 1951 angehört. Dies umso mehr, als der PSOE die einzige Sozialistische Partei im Exil blieb, die in diesen Verband aufgenommen wurde.

Obgleich die Internationale bis in die siebziger Jahre hinein nicht sonderlich politisch aktiv war, stellte es für den PSOE doch einen beachtlichen Prestigegewinn dar, in einer Reihe mit starken, zum Teil an der Regierung befindlichen Sozialistischen bzw. Sozialdemokratischen Parteien zu sitzen. Die Mitgliedschaft des PSOE schuf gerade für die regierenden "Bruderparteien" eine moralische Verpflichtung zur Konsulation der spanischen Partei, wenn weitreichende Entscheidungen in den Beziehungen dieser Staaten zum Franco-Regime anstanden. Der weltpolitische Einfluß des PSOE war aus diesem Grunde sehr viel stärker, als ihn die Partei nur vermöge ihres eigenen politischen Gewichts in Spanien gehabt hätte. Schließlich bot die Mitgliedschaft dem PSOE noch die Möglichkeit, bei allen Parteitagen der Sozialisten bzw. Sozialdemokraten in Europa vertreten zu sein und seine Auffassungen zur Spanienpolitik zur Geltung zu bringen[29]. Als Beispiel für das außenpolitische Wirken des PSOE "hitner den Kulissen" mag die für April 1968 vorgesehene Reise des damaligen westdeutschen Außenministers Willy Bradt nach Madrid gelten, die in letzter Stunde nach einer persönlichen Unterredung zwischen Brandt und Llopis abgesagt wurde.

Die Bedeutung der SI ist nach den portugiesischen Erfahrungen für den PSOE eher noch weiter gestiegen. Auf dem Höhepunkt der Auseinandersetzungen zwischen Kommunisten und Sozialisten in Portugal bildeten die Führer der wichtigsten Mitgliedsparteien der SI (am 2. April 1975 in Stockholm) ein aus Brandt, Palme, den Uyl, Kreisky und Mitterrand bestehendes "Komitee für Freundschaft und Solidarität mit Demokratie und Sozialismus in Portugal", dessen z.T. massive Interventionen den innenpolitischen Konflikt in diesem Land zugunsten der Sozialisten mitentscheiden halfen[30]. Aufgrund der politischen, wirtschaftlichen und militärischen Bedeutung Spaniens für die EG ist sicher nicht zu erwarten, daß die SI sich dort weniger engagieren wird als in Portugal.

2. Partido Socialista Popular (PSP)

Wiewohl die zweite große sozialistische Partei Spaniens unter dem Namen PSP erst seit 1974 besteht, blickt sie doch auf eine mehr als zwanzigjährige Entwicklungsgeschichte zurück. Ebenso wie von den Arbeiterkommissionen läßt sich auch vom PSP sagen, daß seine Entwicklung weitgehend von der Dialektik der politischen und sozialen Entwicklung in Spanien bestimmt war und nicht nur als Fortsetzung historischer politischer Strömungen gelten kann. Die Herausbildung seiner Strategie war gleichermaßen bestimmt durch die

Bedingungen, die die Diktatur allen oppositionellen Aktivitäten setzte, wie durch das Unvermögen des "alten" PSOE, sich diesen Bedingungen anzupassen.

Der PSP ist stark durch die Person seines Präsidenten, Professor Enrique Tierno Galván, geprägt. Die Entwicklung der Partei bzw. ihrer Vorläufer in den fünfziger und sechziger Jahren läßt sich kaum vom politischen Werdegang Tiernos trennen. Zwar hat sich in den letzten Jahren eine neue Führungsschicht im PSP herausgebildet, die die praktische Parteipolitik zunehmend ohne direkte Einflußnahme "des Professors" gestaltet, aber die enorme intellektuelle und moralische Autorität Tiernos ist für den PSP auf absehbare Zeit nicht ersetzbar, gerade auch im Hinblick auf seine Funktion als "Wahllokomotive".

Diese starke Personalisierung der Politik einer Partei ist innerhalb der spanischen Opposition freilich nicht ungewöhnlich; bis vor kurzer Zeit galten z.B. auch Santiago Carrillo oder Joaquín Ruiz-Giménez als alleinige Sprecher der von ihnen geführten Parteien. Im Zuge ihrer allmählichen Legalisierung und der damit verbundenen Erleichterung der Kommunkation zeichnet sich allerdings ein Abbau dieser Patriarchalismen ab; die spanischen Parteien können sich wieder mehr Pluralismus an der Spitze leisten.

a) Vom Zirkel zur Partei

Die Vorgeschichte des PSP reicht bis ins Jahr 1954 zurück. Damals hatte Tierno Galván an der Universität Salamanca eine Gruppe von Assistenten und Studenten um sich gesammelt, die sich um eine wissenschaftliche Analyse des Regimes bemühten und nach Wegen zu seiner Überwindung suchten[31]. Das von ihnen herausgegebene "Boletin del Seminario de Derecho Político" wurde bald zum Kristallisationspunkt der "Tierno-Gruppe" und fand breite Beachtung. das Bulletin war die erste spanische Publikation seit 1939, in der marxistische und neopositivistische Aufsätze erschienen. Ein Versuch, den akademischen Rahmen mit einer Zeitschrift ("Europa a la vista", Europa in Sicht) zu verlassen, scheiterte an der Zensur. Durch seine pluralistische Konzeption wurde das "Boletin" zum ersten Diskussionsforum zwischen inländischen Sozialisten, die die Tradition des revolutionären spanischen Sozialismus wiederaufgreifen und den nachgewachsenen Generationen weitergeben wollten, und den unterschiedlichsten politischen Strömungen am Rande des Regimes.

Im gleichen Jahr gründete Tierno mit seinen Mitarbeitern (darunter Raúl Morodo und Pablo Lucas Verdú) die "Vereinigung für die funktionale Einheit Europas", die, unter dem Mantel vorgeblich kultureller Ziele, zum ersten organisatorischen Vorläufer des PSP wurde. Schon der Name dieser Vereinigung stellte eine Provokation des Regimes dar, das Europäismus als Bedrohung empfand und Funktionalismus mit Atheismus gleichsetzte. "Unser Bezug auf Europa, auf dem Höhepunkt der nationalistisch-autarkistischen Politik des Regimes, war gleichbedeutend mit radikaler Opposition gegen die ideologischen Grundlagen der Diktatur. Europa war Demokratie und damit Opposition gegen das System: Von Europa zu reden, war in Spanien ein Vergehen, weil von Europa reden bedeutete, von Antifaschismus zu reden, von Freiheit und von den Wegen, die aus der Freiheit zum Sozialismus führen."[32]

Es kann als Verdienst Tiernos gelten, dem Denken breiter intellektueller Kreise in dieser Zeit neue Horizonte gesetzt zu haben. Dies wurde auch vom Regime so aufgefaßt, das die Funktionalistische Assoziation 1957 verbot und ihre Mitglieder gerichtlich verfolgte. Für die Geschichte der demokratischen Opposition in Spanien kommt der Funktionalistischen Assoziation aber auch deshalb große Bedeutung zu, weil Tierno in diesem Rahmen erstmals sein Konzept durchsetzte, alle Handlungsmöglichkeiten, die die Diktatur bot, voll auszuschöpfen, sich nicht auf das Exil zu verlassen und unter allen möglichen Tarnkappen aus der Illegalität herauszutreten, um überhaupt progressive Inhalte vermitteln zu können. Dieses Prinzip erklärt zum großen Teil den Erfolg des PSP bzw. seiner Vorläuferorganisationen. Tierno ging es stets darum, innerhalb legaler Aktions- und Organisationsformen die Grenzen nicht systemkonformen, aber gerade noch tolerierten Handelns ständig neu auszuloten, zu problematisieren und schließlich auszuweiten.

"Aus der Klandestinität herauszutreten, obwohl man de facto in der Illegalität bleibt, heißt ganz konkret, die gesetzlichen Normen als Waffen im politischen Kampf zu benutzen."[33]

Nach dem Verbot der Assoziation schloß sich Tierno der von Joaquín Satrústegui geführten "Unión Española" an, in der sich liberale Monarchisten mit klarem antifranquistischem Programm zusammengefunden hatten. Die Rückendeckung solcher, gerade auch wirtschaftlich einflußreicher Persönlichkeiten wie Satrústegui ermöglichte es Tierno, bei der Organisierung legaler Opposition wesentlich weiter zu gehen als in der Funktionalistischen Assoziation. So konnte Whittaker[34] 1961 feststellen: "Tierno ist gegenwärtig das dominierende Mitglied des Unión Española-Teams. Er läßt die UE und Satrústegui seine sozialistischen Kastanien aus dem Feuer holen." Die zahlenmäßig anwachsende und auch allmählich aus dem intellektuellen Ghetto heraustretende Tierno-Gruppe gab sich 1964 die Bezeichnung "Frente Socialista Unido Espanol". Im Jahr darauf wurde Tierno durch Kabinettsbeschluß seine Professur entzogen (angeblich wegen Teilnahme an regimefeindlichen Studentenversammlungen). Die solcherart gewonnene "Freiheit" nutzte Tierno, um aus seiner Madrider Anwaltskanzlei heraus die Organisierung einer unabhängigen sozialistischen Partei voranzutreiben[35]. Bereits 1966 konstituierte sich der bisherige "Frente Socialista" auf nationaler Ebene, zusammen mit anderen, regionalen sozialistischen Gruppen (vorwiegend aus Kastilien, Andalusien, Galicien und den Kanarischen Inseln) zum "Partido Socialista en el Interior" (PSI). Die Bezeichnung "Sozialistische Partei im Inland" deutet an, daß sich der PSI durchaus noch als in der Tradition des PSOE stehend empfand und keinen vollständigen Bruch mit der Exilorganisation dieser Partei wollte. Tatsächlich war Tierno selbst bis Ende der 60er Jahre Mitglied der "Agrupación Socialista Madrileña" des PSOE, aus der er schließlich ausgeschlossen wurde.

Auf gewerkschaftlicher Ebene betrieb der PSI zunächst den Aufbau der "Alianza Sindical Obrera" (ASO), einer oppositionellen Gewerkschaft, die im Gegensatz zur UGT eine

Politik der Infiltration gegenüber der vertikalen CNS betreiben, sich also auch an allen Syndikatswahlen beteiligen sollte. Die ASO konnte eine Anzahl oppositioneller Gewerkschaftler aus verschiedenen Lagern an sich ziehen und arbeitete zunächst auch leidlich erfolgreich (vor allem in Katalonien), was zur internationalen Respektierung des PSI beitrug[36]. Daß sie dennoch wieder aufgegeben wurde, lag daran, daß es nicht gelang, überall feste Kader in ausreichender Zahl zu bilden, die es der ASO ermöglicht hätten, eine Alternative zu den CC.OO. darzustellen. der Mangel an solchen festen Kadern erlaubte es der ASO auch nicht, den zentralen Anspruch auf volle Legalität und öffentliches Auftreten durchzusetzen. Ende der sechziger Jahre hatte sie sich aufgelöst, der Gewerkschaftsflügel des PSI wandte sich den Arbeiterkommissionen zu, in denen die Grundprinzipien der PSI-Politik (legale Arbeit, Schaffung von Gegenmacht auf immer weiteren Sektoren) besser angewandt werden konnten.

1974, noch in der Illegalität, hielt der PSI seinen ersten Parteitag ab. Zu den Ergebnissen dieses Parteitags zählt die Namensänderung in Partido Socialista Popular und damit die Abkehr vom Provisorium, das sich in der Bezeichnung "Sozialistische Partei im Inland" ausdrückte. Die Namensänderung bezeichnete wohl auch - trotz aller gegenteiligen Beteuerungen der PSP-Führung - den Abschied von allen früheren Vorstellungen oder Illusionen über eine baldige Vereinigung der beiden großen sozialistischen Strömungen in Spanien.

Dieser erste Parteitag des PSP stand noch voll im Zeichen der Ereignisse in Portugal. Die Erfahrung, daß ein scheinbar gefestigtes, seit fast fünfzig Jahren bestehendes diktatorisches Regime innerhalb weniger Stunden zusammenbrechen konnte, gab den PSP-Militanten enormen moralischen Auftrieb. Hinzu kam, fast zur gleichen Zeit, der Beinahe-Wahlsieg der Linksunion in Frankreich und das Votum für die Ehescheidung in Italien, das auch dort die Götterdämmerung des konservativen Regiments anzukündigen schien, und nicht zuletzt der Sturz der Diktatur in Griechenland. Das Bewußtsein, in eine entscheidende Phase des Kampfes für die spanische Demokratie eingetreten zu sein, erleichterte es dem PSP, sich von manchen Hypotheken zu lösen, die er noch vom PSOE übernommen hatte. So zum Beispiel im Verhältnis zu den Kommunisten: Zwar hatte der PSP zu keiner Zeit den Antikommunismus der alten PSOE-Führung geteilt und stets Fühlung zum PCE gehalten, aber noch 1973 erklärte der Generalsekretär Rául Morodo dem Verfasser, mittelfristiges Ziel der Partei könne nur eine taktische Übereinkunft mit den Kommunisten, nicht jedoch ein wirkliches Bündnis mit ihnen sein. Unter dem Eindruck der internationalen Entwicklung und insbesondere der Volksfrontregierung in Portugal vollzog der PSP bald darauf eine sensationelle Wendung; schon im Mai 1974 versicherte Morodo dem Verfasser, der PSP sei ohne Vorbedingungen zur sofortigen Bildung einer Koalitionsregierung mit dem PCE bereit. Einen Monat später, im Juni 1974, gründete die Partei gemeinsam mit dem PCE und den liberalen Monarchisten unter der Führung Calvo Serers die "Junta Democrática".

Den letzten, noch fälligen Schritt auf dem Wege zur Verselbständigung vom historischen spanischen Sozialismus vollzog die Partei beim II. Parteitag 1975, auf dem das neue Parteiprogramm verabschiedet wurde.

b) Der III. Parteitag des PSP 1976

Gegenüber den beiden ersten Parteitagen, die den Charakter von Arbeitstagungen eines zahlenmäßigen begrenzten Personenkreises trugen, hatte der III. Parteitag, den der PSP Anfang Juni 1976 in Madrid abhielt, den Charakter einer Heerschau, die die Stärke der Partei demonstrieren und gleichzeitig ihren Machtanspruch unterstreichen sollte. Der erste große Kongreß einer sozialistischen Partei in Spanien seit vierzig Jahren vereinigte 500 Delegierte aus Spanien und 17 Auslandsdelegationen[37]. Zu diesem Zeitpunkt hatte der PSP etwa 2.000-3.000 Mitglieder und konnte weitere ca. 7.000 Sympathisanten in seinem Umfeld aktivieren. Mit Ausnahme der ORT waren alle wesentlichen Kräfte der demokratischen Opposition in Spanien durch Delegationen vertreten, von denen die der CC.OO., geführt von Marcelino Camacho, besonders stürmisch gefeiert wurde. Einigen Aufschluß über den Stand der internationalen Verbindungen des PSP gab die Zusammensetzung der Auslandsdelegationen. Sie umfaßten Sozialistische und Kommunistische Parteien aus West- und Osteuropa und verschiedene nationalistische Einheitsparteien aus der dritten Welt (Algerien, Libyen, Irak, Jugoslawien und der mexikanische PRI, der den PSP seit längerer Zeit unterstützt). Besonders notiert wurde die Abwesenheit der SPD und der französischen Sozialisten. "Wir sagten ihnen, daß Vertreter kommunistischer Parteien kommen würden, vielleicht ist das der Grund, daß sie heute nicht hier sind", orakelte Morodo[38].

Daß die Beziehungen des PSP zur SPD gespannt sind, ist indessen kein Geheimnis, insbesondere seit dem Beitritt des PSP zur Junta Democŕatica. Anläßlich des UGT-Kongresses im April 1976 hatte Tierno Galván die Sozialistische Internationale sogar beschuldigt, offen gegen die Einheit des spanischen Sozialismus zu agieren, was von Bundesforschungsminister Matthöfer unter Hinweis auf die in der Vergangenheit an Tierno geleisteten Zahlungen zurückgewiesen wurde (der PSI hatte in der Tat zeitweilig über die Friedrich-Ebert-Stiftung Hilfsgelder bekommen)[39]. Zu einem völligen Bruch zwischen den beiden Parteien scheint es jedoch nicht gekommen zu sein; so verwandte sich z.B. Willy Brandt bei der Konferenz Sozialistischer Parteien in Caracas im Juni 1976 für eine von Morodo vorgelegte Resolution zur Unterstützung der spanischen Opposition, obwohl Felipe Gonzáles zuvor Morodo die Berechtigung zu bestreiten versucht hatte, bei der Konferenz überhaupt anwesend zu sein[40].

c) Ideologische Grundlagen

Der PSP versteht sich als linkssozialistische, marxistische Partei. Der Marxismus gilt diesem Zweig des spanischen Sozialismus nicht nur als Aushängeschild, sondern als methodische Grundlage. So gehört zu den jüngsten Arbeiten Tierno-Galváns eine, gewissermaßen in der Form eines Schulungskurses aufbereitete, Marx-Anthologie[41]. Die Berufung auf den

Marxismus gerät den PSP-Theoretikern allerdings nie zur Exegese; das Verhältnis zu den Klassikern des wissenschaftlichen Sozialismus ist für den PSP gerade durch die Ablehnung des Dogmatismus bestimmt[42]. Eine sozialistische Partei muß nach Ansicht des PSP den von den Klassikern vorgezeichneten Rahmen für ihre Tätigkeiten und Ziele in mancherlei Hinsicht überschreiten. Dazu gehört insbesondere der Bereich der Massenkultur und der kollektiven Lebensformen, die Erhaltung der Umwelt, die psychische Integrität des Menschen und andere Faktoren, die die "Klassiker" nicht berücksichtigen.

"Die klassischen Triebkräfte der Revolution werden von neuen Triebkräften begleitet, die nicht nur im Namen des gerechten Lohns agieren, sondern auch im Namen der Würde und des Überlebens der Menschen... Der Sozialismus beginnt, sich mehr und mehr als Kulturrevolution darzustellen: als Revolutionierung einer niedergehenden Kultur, die erst dann verschwinden wird, wenn auch das kapitalistische System überwunden ist."[43]

Die tendenzielle Angleichung der Lebensverhältnisse von Proletariat und Mittelschichten, die wachsende Bedeutung intellektueller Arbeit als Produktionsfaktor und schließlich die Proletarisierung der Intellektuellen selbst bedingt nach Meinung Tiernos, daß eine sozialistische Partei sich heute nicht mehr nur als Arbeiterpartei verstehen darf. "Deshalb ist unsere Partei keine Arbeiterpartei: Sie ist eine Partei von Arbeitenden; in dieser und in anderer Hinsicht eine Partei der Avantgarde im revolutionären Kampf gegen den Kapitalismus."[44] Zum Teil erklärt sich diese Konzeption auch aus der Geschichte des PSP, dessen Ursprünge im intellektuellen Milieu lagen. Geistesschaffende und Selbständige stellen auch heute noch einen großen Teil seiner Mitgliedschaft; es darf aber nicht übersehen werden, daß sich in den letzten Jahren unter Führung von Jośe Alonso ein Arbeiterflügel in der Partei gebildet hat. Die Verankerung dieses Gewerkschaftsflügels in den CC.OO. hat zur Stärkung des politischen Gewichts des PSP viel beigetragen.

Tierno spricht gern von der Revision des Marxismus mit dessen eigener Methode, das schließt die Unaufgebbarkeit gewisser zentraler Positionen ein: "Der Sozialismus ist eine Ideologie der Praxis und kein Glaubensbekenntnis. Er hat eine methodologische Grundlage - den historischen Materialismus - der die verschiedensten Haltungen ermöglicht, definiert durch Erfordernisse der Praxis in der jeweiligen historischen Situation, aber einen Grundgedanken voraussetzt: die Sozialisierung der Produktionsmittel. Wer diesen Gedanken aufgibt, soll sich nicht Sozialist nennen."[45] Tierno läßt keinen Zweifel daran, wem er in diesem Sinne das Prädikat "sozialistisch" aberkennt: "Wenn der Sozialismus zum bloßen Pragmatismus wird, zum Kampf für die Erhöhung des Wohlstandes der unterdrückten Klassen und für größere Gleichheit bei der Verteilung des Besitzes, verliert er seinen Sinn. Der Schaden, den einige Parteien in Nordeuropa dem Sozialismus zugefügt haben, besteht darin, daß sie den Sozialismus nur noch als Pragmatismus begriffen, losgelöst von seinen langfristigen, utopischen Gehalten, die in die realen Möglichkeiten jeder Situation integriert sein müssen."[46]

Vor diesem Hintergrund will Tierno auch die Praxis des PSP gesehen wissen, in jeder gegebenen Situation alle legalen Handlungsmöglichkeiten auszuschöpfen. Gleichzeitig warnt er jedoch vor der Auffassung, der PSP werde sich im Falle einer Regierungsbeteiligung mit bloßen Reformen begnügen[47]. "Wir teilen nicht die Auffassung, der Kapitalismus trage die Möglichkeiten seiner Überwindung schon in sich. Der Kapitalismus als wahrhaft zerstörerische Kraft muß ersetzt werden. Wir glauben nicht an seine positive Entwicklung. Und niemand soll glauben, wir kollaborierten mit dem Kapitalismus, weil wir in einigen der politischen Institutionen mitspielen, auf die er sich stützt. Wir werden unsere Absichten offen darlegen, wie eine revolutionäre Partei es tun muß, um systemüberwindende Mittel in die Hand zu bekommen; je früher und mit je mehr Energie, desto besser." Trotz dieser recht markigen Sprache hat die PSP-Führung bisher allerdings darauf verzichtet, ihren Revolutionsbegriff näher zu definieren. Festzustellen ist hier, daß der PSP "kollektive, systematische Gewalt als Mittel der Politik" ablehnt[48].

d) Bündnispolitik

Obwohl der PSP in der Zeit der Diktatur selbst mit der politischen Rechten zusammenarbeitete, sofern sie sich antifranquistisch gab und auch in der Coordinación Democrática mit Gruppen aller Schattierungen kooperierte, lehnt er das von den Kommunisten geprägte Konzept des "Historischen Kompromisses" ab, weil es von vornherein mit unlösbaren Widersprüchen befrachtet und daher inoperabel sei[49]. Stattdessen wird einem System von Bündnissen zwischen Kräften der Vorzug gegeben, die zu "übereinstimmenden globalen Haltungen" gelangen können. Damit wäre aber u.a. der gemäßigte und der konservative Teil der Christdemokraten ausgeschlossen. Sicher scheint, daß der PSP das Bündnis mit den Kommunisten auch auf längere Sicht beibehalten will. Dafür spricht, daß Tierno der Junta Democrática nicht nur den Charakter eines politischen Bündnisses, sondern sogar den eines "Klassenbündnisses" beimaß[50]. Ein solches Klassenbündnis, dessen Grundlage die objektive Interessenidentität der von den beteiligten Parteien vertretenen Schichten bildet, sieht der PSP als einzige Garantie für dauerhafte politische Abkommen und Bündniskonstellationen an. Voraussetzung für eine solche Entwicklung war die Überwindung des tiefverwurzelten Mißtrauens der spanischen Sozialisten gegenüber den Kommunisten, das noch auf den Bürgerkrieg und die frühe Nachkriegszeit zurückgeht und von dem auch der PSP in der Vergangenheit - trotz partieller Kooperation mit kommunistischen Organisationen - keineswegs frei war. Der PSP unterscheidet allerdings scharf zwischen den KPen Nord- und Südeuropas; die ersteren, aber auch die KP Portugals, sehen die Volkssozialisten als durchaus stalinistisch und nicht bündnisfähig an. Anders schätzt der PSP die Kommunistischen Parteien der Länder des Mittelmeerraumes ein: "In Südeuropa nähern sich die Kommunistischen Parteien immer mehr den Ideologien und Programmen der Sozialistischen Parteien an und stehen im Begriff, sich in eine Kraft der Erneuerung zu verwandeln, die keine Angst mehr erzeugt. Wir verfolgen die Entwicklung dieser Parteien mit großer Aufmerksamkeit und akzeptieren vorurteilslos, was sie an Begrüßenswertem enthält."[51]

e) Mittelfristige politische Ziele

In der Frage der Entprivatisierung wichtiger Industrien vertritt der PSP einen rigideren Standpunkt als die Kommunisten. Seit langem erhebt die Partei die Forderung nach sofortiger Nationalisierung aller Schlüsselindustrien im Falle ihrer Regierungsbeteiligung. Punkt 9 des PSP-Programms zufolge soll die Sozialisierung der "monopolistischen Sektoren" am Anfang stehen. Eine Aussage darüber, ob dies auch für Unternehmen in ausländischem Besitz gelten soll, vermeidet das Programm allerdings. Ohnedies muß als fraglich gelten, wieweit sich die Partei in einer möglichen Koalition mit Partnern, die auf diesem Gebiet sehr viel vorsichtiger operieren wollen, mit ihrem Sozialisierungsprogramm durchsetzen kann.

Das Sozialisierungsmodell des PSP unterscheidet sich deutlich von dem anderer Parteien: Die Verwaltung der nationalisierten Industrien soll nicht einer ausgeweiteten Staatsbürokratie übertragen werden, sondern soweit als möglich von Organen der Selbstverwaltung übernommen werden. Die Selbstverwaltung soll nach den Vorstellungen des PSP zuerst in den Unternehmen eingeführt werden, die sich bereits im Staatsbesitz befinden. Eine wichtige Funktion soll in diesem Zusammenhang einer, vom PSP angestrebten künftigen Einheitsgewerkschaft zukommen; so sollen z.B. die Betriebsversammlungen der CC.OO. im Rahmen der Selbstverwaltung institutionalisiert werden[52].

Die Tendenz zur Ablehnung übermäßigen Zentralismus zeigt sich auch in der Haltung des PSP in der Regionenfrage. Die Partei tritt für eine föderalistische Lösung des Problems der Minderheitengebiete ein und fordert für die bessere Repräsentation der Interessen dieser Gebiete die Errichtung einer Nationalitäten- und Regionenkammer[53].

f) Organisation und Finanzen

Die formale Organisation des PSP unterscheidet sich von der des PSOE vor allem dadurch, daß es keine Organe der Partei im Ausland gibt und innerhalb Spaniens die Regionen größeres Gewicht haben als im PSOE. Das letztere erklärt sich freilich nicht nur aus dem Programm, sondern auch aus der Entstehungsgeschichte der Partei (Fusion mit zahlreichen selbständigen lokalen Gruppen). Der 27köpfige Exekutivausschuß wird klar von Tierno als Präsident und Morodo als Generalsekretär dominiert. Von den Vertretern der "zweiten Generation" konnten sich besonders Francisco Bobillo und Manuel Pastor profilieren, die beide dem Linksflügel der Partei zugerechnet werden und sie auch im Rahmen der Coordinación Democrática häufig vertreten haben.

Die finanzielle Situation des PSP hat sich seit Anfang 1975 durch die Vervielfachung seiner Mitgliederzahl deutlich gebessert. Gegenüber dem PSOE muß der PSP auf diesem Gebiet aber weiterhin als benachteiligt gelten, auch weil er über keine zahlungskräftige Basis im Ausland verfügt und verschiedene sozialistische Parteien in Europa, die ihn früher unterstützten, nach Gründung der Junta Democrática ihre Zahlungen einstellten (dazu gehört insbesondere die Friedrich-Ebert-Stiftung, die in den PSI-Zeiten zu den wichtigsten ausländischen Geldgebern zählte). Auch die fehlende Mitgliedschaft in der Sozialistischen Internationale wirkte sich nachteilig auf die Finanzen des PSP aus, wenngleich seit dem schon angeführten Treffen in Caracas sich die Position der Partei in dieser Organisation deutlich zu festigen scheint. Hinsichtlich der Kommunikationsmedien verfolgt der PSP eine ähnliche Strategie wie der PSOE. Allerdings ist ihm bisher nicht gelungen, wichtige bestehende Publikationen überwiegend zu kontrollieren.

3. Auf dem Weg zur Vereinigten Sozialistischen Partei?

Obwohl der PSP sich als Partei konsolidiert hat, setzen seine Führer langfristig auf die Verschmelzung mit dem PSOE. Dazu mag die Erkenntnis beigetragen haben, daß die Existenz zweier sozialistischer Parteien (neben mehreren kleinen sozialdemokratischen Gruppierungen) die Position beider gegenüber den Kommunisten nur schwächen kann und künftige Koalitionsbildungen erschweren dürfte. Die Bereitschaft zur Einheit bekundet der PSP schon seit langem; einen realistischen Gehalt dürften diese Erklärungen aber erst seit dem III. Parteitag haben, bei dem sich die Partei als in jeder Hinsicht dem PSOE gleichwertig zu zeigen suchte und in den Gesprächen mit der PSOE-Führung, die informell schon seit Anfang 1976 geführt wurden, ohne Minderwertigkeitskomplexe auftreten konnte. Die vollständige Verschmelzung beider Parteien hielt Morodo 1974 zwar noch für ausgeschlossen, betonte aber die Notwendigkeit einer möglichst weitgehenden Koordinierung ihrer Politik durch projektgebundene Arbeit gemeinsamer Ausschüsse. Das rasche Erstarken des PSP scheint die zeitlichen Perspektiven inzwischen aber deutlich verändert zu haben; seit Mitte 1976 deuten manche Anzeichen darauf hin, daß der PSOE bereit sein könnte, schon viel früher als erwartet auf das O im Parteinamen und der PSP auf das P zu verzichten. An Geburtshelfern für eine einheitliche Sozialistische Partei Spaniens fehlt es nicht; auf diesem Gebiet betätigen sich schon seit geraumer Zeit Mario Soares und der frühere mexikanische Präsident Luis Echeverría.

IX. ZWISCHEN REGIME UND OPPOSITION

1. Die Abkehr der Kirche vom Regime

Die Beurteilung der Rolle des Klerus im politischen System der Diktatur, die Zuordnung der der katholischen Kirche Spaniens zum Lager des Regimes oder der Opposition bildet schon seit Jahren den Gegenstand heftiger Kontroversen unter den Beobachtern des Franquismus. Daß es überhaupt zu solchen Kontroversen kommen konnte, spiegelt indessen schon recht deutlich die Wandlungsprozesse, die in der Kirche in Gang gekommen sind. Die Feststellung Bernhard Schützes: "Wie seit Jahrhunderten, so identifiziert sich auch heute der Klerus der katholischen Kirche Spaniens mit den Herrschenden"[1] war schon 1969 mehr als problematisch.

Das war freilich nicht immer so. Wie wir gesehen haben, gehörte die Kirche zu den Gewinnern des Bürgerkrieges; ohne ihre Hilfe wäre es dem siegreichen Franquismus kaum möglich gewesen, jenes wirksame System sozialer Kontrolle aufzubauen, das zumindest in den vierziger Jahren jeden oppositionellen Gestus erstickte. Der Franquismus belohnte die Hilfe der Kirche ja auch reichlich: Die zahllosen, in der Zeit des Hungers und der ärgsten Wohnungsnot entstandenen prunkvollen Kirchen und Bischofspaläste legen dafür ein beredtes Zeugnis ab. Regierungschef Luis Carrero Blanco konnte 1972 der aufmüpfigen spanischen Kirche vorhalten, welche materiellen Wohltaten sie seit 1939 erhalten hatte: finanzielle und geldwerte Leistungen in Höhe von umgerechnet 15 Milliarden Mark[2]. Ihre höchste Einsegnung erhielt diese Ehe zwischen Kirche und Staat mit dem Konkordat von 1953, das die ideologische und politische Auslieferung der Kirche an das Regime im Austausch gegen beträchtliche materielle Leistungen des letzteren besiegelte. Im Konkordat wurde Franco u.a. das Recht zugestanden, aus drei von der Kirche vorgeschlagenen Kandidaten für ein Bischofsamt einen ihm genehmen auszuwählen (über das Vetorecht bei der Ernennung); damit schien eine allzeit gefügige Kirchenführung gewährleistet. Tatsächlich fand die Kirche Wege, in Konfliktsituationen diese Bestimmung zu unterlaufen. Die zahlreichen vakanten Bischofssitze am Ende der Lebenszeit Francos dokumentierten recht klar, daß es dem Regime immer schwerer fiel, aus den von der Kirche vorgeschlagenen Kandidaten noch einen akzeptablen herauszufinden. Verhandlungen über ein neues Konkordat waren zwar schon Jahre vor dem Tod des Caudillo im Gange, brachten aber keinerlei Fortschritte[3]. Erst nach dem Tode Francos kamen die Gespräche zwischen dem Vatikan und Madrid wieder in Gang, der baldige Abschluß eines neuen, beide Seiten befriedigenden Konkordats zeichnete sich ab.

a) Entwicklung der kirchlichen Opposition gegen das Regime

Die ersten Anzeichen des Widerstands gegen den offiziellen Kurs der Kirche zeigten sich schon gegen Ende der fünfziger Jahre. Träger des Protests waren damals zumeist einzelne, begrenzt einflußreiche Persönlichkeiten wie der Abt des Klosters Montserrat in Katalonien, Aureli Escarré. Unter der Amtsführung dieses unerschrockenen Kirchenmannes und katalanischen Autonomisten verwandelte sich das Kloster Montserrat in eine Zufluchtstätte für verfolgte katalanische Oppositionelle der verschiedensten politischen Richtungen. Als der Gouverneur von Barcelona, Acedo, dem Abt 1958 drohte: "Wir werden jeden auslöschen, der zur Teilung unseres Volkes beiträgt, auch wenn er sich an heiligen Orten aufhält und sich mit heiligen Gewändern tarnt", erhielt er von Escarré die Antwort: "Die Kirche sagt immer die Wahrheit. Wenn diese Wahrheit nicht nach dem Geschmack der Herrschenden ist, sollen sie sich ändern ... Die Kirche will mit allen Mächten in Eintracht leben, aber nur auf der Grundlage der Wahrheit, der Gerechtigkeit und der Freiheit."[4]

Das mutige Auftreten von Escarré machte bald Schule. Schon im Mai 1960 veröffentlichten nicht weniger als 339 Priester des niederen (vorwiegend baskischen) Klerus ein Dokument, in dem gegen die Folterung von Regimegegnern protestiert wurde[5]. Zwar wurden etliche der Autoren festgenommen, verurteilten die Bischöfe das Dokument, aber das Eis des Schweigens war gebrochen; Proteste von Geistlichen blieben von nun an auf der Tagesordnung. Adressat dieser Proteste war (noch bis zum Beginn der siebziger Jahre) nicht nur das Regime, sondern auch die Kirchenhierarchie selbst, der in immer massiverer Form vorgeworfen wurde, sie identifiziere sich zu stark mit dem Franquismus und verharre in überlebten politischen Positionen.

Da die unzufriedenen jungen Geistlichen ihre Proteste gegen Folter, Zensur und Koalitionsverbot aber nie mit einer eindeutigen politischen Stellungnahme verbanden, blieb das Endziel ihrer Proteste meist im Dunkeln und gab nicht wenig Anlaß zu Zweifeln an der Aufrichtigkeit ihrer Handlungsweise. Diese Zweifel stützen sich auf die Ansicht, daß das Selbstverständnis und die gesellschaftliche Funktion der Kirche zu einem bestimmten Zeitpunkt (der Liberalisierung der Wirtschaftspolitik mit den Entwicklungsplänen) in Widerspruch zu den Erfordernissen des Systems geraten sei: Die Kirche verstand sich noch als Propagandist althergebrachter Werte, während die soziale und wirtschaftliche Entwicklung die Verbreitung neuer, der technokratischen Rationalität und dem Liberalisierungskonzept entstammender Normen verlangte. Um diesen Wandel in Gang zu bringen, schien es notwendig, die Hierarchie gezielt anzugreifen und die innere Disziplin der Kirche dort aufzuweichen, wo sie dysfunktionale Wirkungen hatte; freilich ohne das Funktionieren des Apparats als Ganzem in Frage zu stellen. Diese Vermutung von seiten der Linksopposition wurde dadurch genährt, daß eine mächtige Fraktion der Kirche, das Opus Dei, es sich zur Aufgabe gemacht hatte, religiöse Werte mit der kapitalistischen Systemrationalität zur Deckung zu bringen[6].

Ein anderes, nicht minder bedeutendes Motiv für die Wendung der Kirche war ihr schwindender Einfluß auf die Unterschichten, der sie ihrer früheren sozialen Basis nach und nach gänzlich zu entfremden drohte. Eine Umfrage, die die "Katholischen Arbeiterbruderschaften" (HOAC) 1960 unter mehr als 15.000 Arbeitern durchführten, ergab, daß 89 % aller Arbeiter sich als antiklerikal betrachteten, 41 % als antireligiös und 54 % als areligiös. Weniger als 7 % der Gesamtbevölkerung gehen regelmäßig zur Messe. Den französischen Historiker J. Georgel veranlaßten solche Tatsachen zu der Feststellung, Spanien sei zum Missionsgebiet geworden[7].

Dem rapide schwindenden Einfluß der Kirche auf die Masse der arbeitenden Bevölkerung versuchten indes nicht nur die Arbeiterpriester und progressiven jungen Geistlichen entgegenzutreten, die ihre Kirche und Gemeindesäle den Arbeiterkommissionen öffneten. Auch seitens der katholischen Theologie war das Umschwenken auf systemkritische Positionen vorbereitet worden. So attackierte schon 1963 der renommierte jesuitische Theologe Jośe-Maria Diez-Alegŕia (Bruder des früheren Generalstabschefs) "die gleichzeitige Verehrung Gottes und des zum Abgott erhobenen Kapitals, das, anstatt dem Menschen zu dienen, zum Gegenstand eines Götzendienstes wurde, der sogar Menschenopfer fordert"[8]. Der Theologe Gómez Cafarena, ebenfalls Jesuit, ergänzte: "Gegen die Nächstenliebe, das Hauptgebot des Christentums, vergeht sich eine religiöse Haltung, die aus Gott und dem Gottesdienst ein Hindernis für den Fortschritt und ein Instrument des menschlichen Egoismus zu machen sucht."[9] Das Fazit aus diesen Erkenntnissen zog schließlich der Ausschuß "Iustitia et Pax" der spanischen Bischofskonferenz, der im Dezember 1971 erklärte: "Es gibt weder Gerechtigkeit noch wirklichen Frieden in unserem Land."[10] Trotz der Widerstände des Regimes gelang es der Kirche, den demokratischen Wandlungsprozeß auch personell ausreichend abzusichern: Immer mehr erneuerungswillige Bischöfe wurden ernannt. Wo sich die Kandidaten der Kirche nicht gegen den Einspruch des Regimes behaupten konnten, behalf sich die Kirche mit der Ernennung sogenannter Auxiliarbischöfe, für deren Einsetzung kein Vetorecht des Staates bestand. 1974 wurden nicht weniger als sechs vakante Bischofssitze von solchen Auxiliarbischöfen verwaltet[11]. Der profranquistische Teil des hohen Klerus, wie ihn etwa der frühere Sekretär der Bischofskonferenz, Guerra Campos, verkörperte, wurde immer mehr zurückgedrängt von demokratischen Kräften, wie sie vor allem der Kardianal-Erzbischof von Madrid, V. Enrique Tarancón, repräsentiert[12]. Allmählich trat die Kirche als Ganzes dem franquistischen Staat als Gegner gegenüber. Das offene Eintreten der Hierarchie für Demokratie und Menschenrechte, aber auch ihre Identifikation z.B. mit der baskischen Autonomiebewegung, führte 1974 schließlich zu dem unerhörten Vorgang, daß ein Bischof (Añoveros) verhaftet wurde. Im selben Jahr ließ die Kirche auf Anregung von "Iustitia et Pax" 150.000 Unterschriften unter eine Petition an Franco sammeln, in der die Generalamnestie für alle politischen Gefangenen und Exilierten gefordert wurde[13]. Mit Bitten allein ließ man es nicht bewenden: Während des Ausnahmezustandes im Baskenland Mitte 1975 soll der Bischof von Bilbao den Justizbehörden des Baskenlandes sogar mit kanonischen Strafen gedroht haben, falls die willkürlichen Verhaftungen nicht aufhörten[14].

b) Die politische Binnenstruktur der Kirche

Über den Umfang des demokratischen Potentials im Klerus gibt eine Untersuchung des kirchlichen "Instituts für soziologische Forschungen" Aufschluß, die 1970 veröffentlicht wurde. Eine Umfrage dieses Instituts bei 6886 Geistlichen (ohne das Baskenland und Katalonien, wo der Klerus seit jeher stärker linksorientiert ist als in anderen Regionen) nach ihren Sympathien für verschiedene politische Richtungen ergab folgende Verteilung der Antworten (in Prozent)[15]:

Sozialdemokratie		26
Linkssozialismus		12
Monarchie		19
Franquismus		11
Föderalismus		6
Republik		4
Falange		2
Kommunismus	unter	1
Anarchismus	unter	1
Keine Antwort		18

Zum entschieden demokratischen Lager (Sozialdemokratie, Linkssozialismus, Republik und Föderalismus) bekennen sich also rund 50 % der Befragten. Mit dem Klerus des Baskenlandes und Kataloniens wäre dieser Prozentsatz zweifellos noch weit höher ausgefallen.

Auch in der Gewerkschaftsfrage legte die Kirche in den vergangenen zehn Jahren einige Aktivität an den Tag, offenbar in der Absicht, verlorenes Terrain bei der Arbeiterschaft wiederzugewinnen. Die spanische Bischofskonferenz forderte schon 1968 in ihrer Erklärung "Einige christliche Grundsätze für die Gewerkschaftsarbeit" u.a. die Verwirklichung des Prinzips der Gewerkschaftsfreiheit und die volle Legalisierung des Streiks. Von kirchlichen Zeitschriften wie "Vida Nueva" wurde dies dahingehend erläutert, die CNS solle ihre vertikale Struktur aufgeben und sich in eine repräsentative Arbeitervertretung umwandeln[16]. In diesem Zusammenhang muß auch auf den kirchlichen Ursprung der Splittergewerkschaften USO und ORT hingewiesen werden, wiewohl diese sich schon bald der Kontrolle derjenigen Kräfte entzogen, die sie ins Leben gerufen hatten (in diesem Falle die Jesuiten).

Bei alledem wird man freilich nicht übersehen dürfen, daß die Reichweite des progressiven Engagements der Kirche (zumindest der Hierarchie) durchaus begrenzt ist. Die mit den Arbeiterkommissionen oder den Kommunisten sympathisierenden jungen Priester sind für den spanischen Klerus ebensowenig repräsentativ wie die faschistische Priestergruppe des Pfarrers Oltra ("Los Ultras de Oltra"). Über die Errichtung einer reformwilligen parlamentarischen Demokratie gingen die Perspektiven der Mehrheit des spanischen Klerus nicht hinaus; V. E. Tarancóns Rede bei der Inthronisierung Juan Carlos I. mag hierfür als Beleg dienen. Last not least erklärt sich manches progressive Handeln von Teilen der Kirche aus innerkirchlichen Spannungen und Machtkämpfen: Die Hilfestellung der Jesuiten bei der Gründung radikaldemokratisch-sozialistischer Gewerkschaftsbewegungen wie USO und AST ist sicher auch vor dem Hintergrund des ökonomischen, kulturellen und politischen Einflusses zu sehen, den die Jesuiten an das Opus Dei verloren, als Versuch, das Lager der Feinde des Opus zu kontrollieren, und als Rückversicherung für eine demokratische oder gar sozialistische Zukunft.

Was am meisten zählt, ist wohl das Faktum, daß die alte Konfrontation zwischen der Kirche und den Kräften der Linken nach Jahren gemeinsamen Kampfes nicht mehr besteht. Eine schwere Hypothek für ein demokratisches Spanien ist damit beseitigt.

2. Das Militär

Die Funktion des Militärs im politischen System Spaniens unterliegt, ähnlich wie die der Kirche, seit geraumer Zeit einem tiefgreifenden Wandel. Er ist weniger spektakulär verlaufen als in der Kirche, dürfte aber mindestens ebenso große Bedeutung für die Chancen einer dauerhaften spanischen Demokratie haben, da das Militär noch immer die zentrale Säule im Gefüge des Alten Regimes darstellt. Niemand kann das Militär heute noch als den spiritus rector der spanischen Politik betrachten, ohne dessen Absegnung Änderungen des Systems nicht möglich sind. Zu sehr hat sich dafür seit 1936 die Rolle des Heeres in der spanischen Gesellschaft gewandelt:

- Anders als 1936 ist das Heer heute nicht mehr die unangefochtene Führungsgruppe der politischen Rechten. Das Heraufkommen einer demokratischen Opposition innerhalb des Heeres macht es sogar schwierig, die Streitkräfte überhaupt noch als geschlossene, d.h. einsatzbereite Gruppierung der politischen Reaktion anzusehen.
- Andererseits ist auch nicht anzunehmen, daß das Militär im Prozeß der demokratischen Umgestaltung eine ähnliche Rolle spielen könnte wie in Portugal 1974/75. Im Gegensatz zur Lage in Portugal ist die Armee in Spanien nicht die einzige organisierte Macht, die größere Wandlungsprozesse initiieren kann. Die spanische Gesellschaft ist komplexer als die portugiesische und weist insbesondere eine Reihe von Sektoren auf, die von der Opposition schon seit langer Zeit stärker kontrolliert wurden als vom Regime[17]. Unter maßgeblicher Mitwirkung der demokratischen Opposition haben sich in Spanien seit dem Bürgerkrieg Wandlungen der politischen Kultur ergeben, die es ausgeschlossen erscheinen lassen, daß eine gewaltsame Machtergreifung der Militärs noch eine halbwegs ausreichende Zustimmung in der Bevölkerung finden könnte[18].

Die Einstellung auf die Realität des politischen Pluralismus fordert von der spanischen Armee allerdings die Aufgabe eines Selbstwertgefühls, das sie wie in keinem Land Europas an den Rand der Gesellschaft gerückt hatte. So spricht z.B. Finer[19] von einem "morbiden Überlegenheitsgefühl" der spanischen Armee seit Beginn dieses Jahrhunderts (mindestens seit 1898). Die Armee fühlte sich von der Gesellschaft nach dem Verlust der letzten überseeischen Kolonialgebiete (spätestens seit den Niederlagen in Marokko in den zwanziger Jahren) von der Gesellschaft abgelehnt und flüchtete sich in ein von eigenen Normen geregeltes und streng abgeschirmtes Ghetto, aus dem heraus sie ihre Feldzüge gegen Separatismus, Sozialismus und Gewerkschaften führte. Die Niederlagen nach außen bestärkten sie in ihrem Willen, wenigstens das eigene Volk zu besiegen. Die Privilegien, die die spanische Armee aus ihrem letzten triumphalen Sieg über das spanische Volk zog, rechtfertigten gewiß für die ersten drei Jahrzehnte des Franco-Regimes die Aussage von Werner Krauss[20]: "Dieses Heer ist der verkörperte Vampirismus, den sonst die Lebensformen der herrschenden Klasse mehr oder weniger elegant verhüllen. Daher fühlt man in diesen Kreisen schon in der Existenz des Heeres den Stachel einer Entlarvung. Und daher der verdächtige Beiklang im Tonfall eines spanisch gesprochenen "militar" - ein Beiklang, der ans Anrüchige grenzt."

Geht man in der Geschichte des spanischen Heeres etwas weiter zurück, zeigen sich aber auch einige fortschrittliche Züge - so stehen beispielsweise die Namen Riego, Espartero, Prim für vom Heer gestützte Freiheitsbewegungen im 19. Jahrhundert, ober doch zumindest für Pronunciamientos im Namen der Freiheit. Sie begründen die andere, liberale Tradition im spanischen Heer, die der Franquismus zugeschüttet hat[21].

a) Demokratische Strömungen im Heer

Die bedingungslose Ergebenheit des spanischen Heeres gegenüber der Person Francos bedeutet nun keineswegs, daß die Masse seiner Kader, speziell das Offizierskorps, sich ebenso bedingungslos mit dem vom Diktator hinterlassenen autoritären Staat identifiziert. Dafür spricht schon die seit dem Bürgerkrieg völlig veränderte Sozialstruktur des Heeres, dessen Offizierskorps sich in den unteren Rängen (etwa bis zum Bataillonskommandeur) überwiegend aus Angehörigen kleinbürgerlicher Schichten rekrutiert und nicht mehr, wie in der Vergangenheit, die Interessen von Großgrundbesitz und Adel repräsentiert[22]. Den jüngeren Offizieren wurde die extreme soziale Isolierung, in die sie der Franco-Staat trieb, immer schmerzlicher bewußt. Sie wollten nicht mehr Kriegsgerichte und Henker für Demokraten stellen. Einen ersten konkreten Niederschlag erhielt diese verbreitete Mißstimmung in Gestalt der sogenannten "Hauptleute-Revolte" 1970/71. Während des Prozesses von Burgos gegen 6 baskische Separatisten richteten Offiziersgruppen aus verschiedenen Garnisonen Petitionen an den Heeresminister, in denen gefordert wurde, das Heer solle sich aus der Sache ganz heraushalten und auch keine militärischen Sondergerichte für politische Angeklagte mehr stellen[23]. Der Widerstand gegen die politische

Richterfunktion verstärkte sich noch, als nach Gründung der UMD Offiziere über ihre eigenen Kameraden zu Gericht sitzen mußten.

Unter den Generälen, die in ihrer großen Mehrheit freilich erzkonservativ blieben, entwickelte sich eine demokratische Strömung seit Beginn der siebziger Jahre unter dem Einfluß des Generalstabschefs Manuel Diez-Alegría, der als Verfechter eines politisch neutralen Heeres hervortrat. In seinem Buch "Heer und Gesellschaft"[24] nennt er als Formen politischer Intervention, derer sich das Heer unbedingt zu enthalten habe:

- das Vorgehen als pressure-group, um tatsächlich oder scheinbar bedrohte Privilegien zu verteidigen;
- die Einmischung in politische Vorgänge, wenn gewisse, vom Heer als unantastbar angesehene Grundsätze verletzt scheinen und
- die Machtergreifung des Heeres selbst.

Diez-Alegría, der als Protégé der Amerikaner galt, war der erste hohe Offizier, der auch mit Teilen der illegalen Opposition auf gutem Fuße stand. Es scheint, daß Diez-Alegría anläßlich einer Reise nach Bukarest im Sommer 1974 dort auch Kontakt zu Vertretern des PCE aufgenommen hat (in Rumänien arbeiteten Organe des PCE). Wenige Tage nach seiner Rückkehr von dieser Reise wurde er auf Druck der ultrarechten Generalität seines Amtes enthoben.

aa) Die Unión Militar Democrática (UMD)

Wie eine Bombe schlug im Oktober 1975 die Meldung von der Gründung der "Unión Militar Democrática" (Demokratische Militärunion) ein, einer demokratischen, linksgerichteten Offiziersvereinigung, die bereits in alle Bereiche der spanischen Armee eingedrungen sei. Der Sprecher der UMD, Luftwaffenhauptmann Dominguez Sánchez, gab auf einer Pressekonferenz in Paris zu verstehen, der demokratischen Offiziersbewegung hätten sich bereits 400 Offiziere angeschlossen; weitere ca. 600 Sympathisanten in der Armee unterstützten ihre Ziele[25]. Für den Generalstab scheint die Gründung der UMD nicht ganz überraschend gekommen zu sein: Schon im August 1975 wurden in einer Blitzaktion über 100 Offiziere verhaftet, um festzustellen, ob sich in Spanien eine Offiziersbewegung nach portugiesischem Muster gebildet hatte[26]. Die Furcht vor einer solchen Bewegung beherrschte die Armeeführung schon seit dem portugiesischen Putsch vom 25. April 1974, in dessen folge einige linke Offiziere der spanischen Armee nach Portugal desertierten, um von dort gegen das Franco-Regime zu agitieren[27].

In einem internen Zirkular des Luftfahrtministeriums vom 4. August 1975, das seinerseits von UMD-Sympathisanten der Presse übergeben wurde, heißt es über die UMD[28]:

"Ihre Ideologie basiert auf Freiheit und sozialer Gerechtigkeit, mit Betonung der Freiheit, um nicht einem utopischen Kommunismus zu verfallen und um ihre Wühltätigkeit besser tarnen zu können... Man kann ihre Ideologie einreihen in einen fortgeschrittenen

Sozialismus europäischen Typs, mit einem demokratischen Parlament. Sie greifen auf einige marxistische Postulate zurück, obwohl sie versuchen, das zu verbergen. Sie sind total regimefeindlich eingestellt, mit dem Ziel, die Armee zu unterminieren und sie ihrer verfassungsmäßigen Macht zu berauben."

Wiewohl der Generalstab sich alle Mühe gab, die fortlaufenden Verhaftungen von Offizieren herunterzuspielen, mußte Heeresminister Generalleutnant Coloma Gallegos vor Journalisten zugeben, es habe "Leute gegeben, die daran dachten, hier einen 25. April zu veranstalten"[29]. Gegen acht Hauptleute und einen Major wurden Militärgerichtsverfahren wegen Verstoß gegen den § 303 des Militärstrafgesetzes eingeleitet (Verschwörung mit dem Ziel eines Aufstandes)[30]. Sie wurden von einem Militärgericht am 10. März 1976 zu Haftstrafen zwischen drei und acht Jahren verurteilt. Das höchste Strafmaß (acht Jahre) erhielt der, der Kommunistischen Partei nahestehende, Hauptmann Luis Fernández Otero, der zusammen mit dem exilierten Dominguez als führender Kopf der UMD galt[31]. Im Zuge der von der Regierung Suárez durchgeführten Amnestie wurden alle Verurteilten im Herbst desselben Jahres auf freien Fuß gesetzt, aber nicht wieder in den aktiven Dienst aufgenommen.

Berücksichtigt man, daß die spanischen Streitkräfte etwa 25.000 Offiziere umfassen, so sind 1.000 Mitglieder der UMD sicher nicht allzuviel. Aus der Tatsache ihrer Existenz lassen sich aber wichtige Schlüsse ziehen:

- Das spanische Heer bildet keine monolithische Einheit mehr. Demokratisches Gedankengut ist verbreitet und die politischen Strömungen in der Gesellschaft haben auch das Heer erfaßt.
- Die UMD ist zu schwach, um eine militärische Erhebung organisieren zu können. Sie ist aber stark genug, um einem reaktionären Putsch große Hindernisse in den Weg zu legen oder ihn zu vereiteln.

Die Wahrscheinlichkeit, daß die UMD einer bewaffneten Erhebung der ultrarechten Generalität begegnen muß, hat sich ohnedies stark verringert, seit zwei der profiliertesten und einflußreichsten Scharfmacher der Rechten, die Generäle Iniesta Cano und Santiago y Diaz Mendivil, von der Regierung Suárez zwangspensioniert wurden und der als betont liberal geltende General Gutiérrez Mellado (ein enger Vertrauter Diez-Alegrías) als Stellvertretender Ministerpräsident ins Kabinett aufgenommen wurde[32]. Die Ernennung Gutierrez Mellados, der auch in Kreisen der Opposition beträchtliches Ansehen genießt, wurde allgemein als ein großer Schritt in Richtung auf die Demokratie und politische Neutralität des Heeres aufgefaßt[33].

b) Zur Struktur der Streitkräfte

Nicht zuletzt ist ein Wandel in der Struktur des spanischen Heeres festzustellen, das nicht mehr die "Besatzungsarmee" darstellt, die es noch vor zehn Jahren gewesen war. Ausrüstung und Ausbildung nähern sich allmählich westeuropäischen Standards; technisches

Wissen ist mehr gefragt als franquistische Linientreue. Gerade die Vertreter der hochtechnisierten Teilstreitkräfte setzen stärker auf eine Regierung der liberalen Mitte als Sachwalter ihrer Interessen, weil sie sich von einem reformierten Finanzsystem auch eine Erhöhung der Militärkredite versprechen, die in Spanien heute ausgesprochen bescheiden sind. So gab Spanien 1974 nur 1,8 % seines Bruttosozialprodukts für Verteidigungszwecke aus; die USA dagegen 7,2, Holland 3,5 und Italien 2,7 %[34]. Eine erhebliche Erhöhung der Militärkredite wäre auch die unerläßliche Voraussetzung für die Realisierung des neuesten Wunsches der spanischen Militärs: der Nuklearrüstung. Wie der Chef der Polytechnischen Hochschule des Heeres, Uriarte del Rio, gegenüber Cambio 16 erklärte, sind die technischen Kapazitäten zum Bau einer spanischen Wasserstoffbombe bereits vorhanden, es fehlen nur noch die entsprechenden Haushaltsmittel[35]. In Madrid wurde 1976 das Gerücht ventiliert, Jośe Maria del Areilza habe für den Fall seiner Ernennung als Ministerpräsident die Bereitstellung der hierfür nötigen Kredite in Aussicht gestellt[36].

Den Streitkräften mit zusammen rund 300.000 Mann steht allerdings noch die halb vom Heeres-, halb vom Innenministerium kontrollierte Guardia Civil gegenüber, die seit jeher als weitaus regimetreuer als das Heer galt. Die Guardia Civil ist von einem Mannschaftsstand von rund 60.000 im Jahre im Jahr 1969[37] auf mehr als 90.000 im Jahr 1975 ausgebaut worden. Sie hat damit schon fast die Dimensionen einer zweiten Armee erreicht und ist vermöge ihrer ausgezeichneten Ausrüstung (Kampfhubschrauber, leichte Panzer usw.) in der Lage, auch mit bewaffneten Erhebungen ohne Hilfe des Heeres fertigzuwerden. Ihr stehen außerdem noch 40.000 Mann Policía Armada (Bereitschaftspolizei) zur Seite[38].

Das Verhältnis zwischen Heer und Guardia Civil mag folgendes Beispiel illustrieren: Nach dem 25. April 1974 zog die Regirung zeitweilig die zwischen Carabanchel und Mostoles (Vororte von Madrid) stationierten Panzertruppen ab, weil man sich ihrer nicht völlig sicher fühlte. Im Raum Madrid blieben im wesentlichen nur noch technische Einheiten zurück, die im Notfall von der besser bewaffneten Guardia Civil leicht hätten zusammengeschossen werden können.

Die seit Jahrzehnten ausgegebene Parole, das Heer werde immer dann intervenieren, wenn die Einheit der Nation bedroht sei, schlug auf ihre Propagandisten zurück.

X. REGIONALE OPPOSITIONSBEWEGUNGEN

Die in der Spätzeit des Franquismus verstärkt zu beobachtende Tendenz zu regionalen Autonomie- oder gar Separationsbewegungen ist keine spanische Spezialität. Man wird jedoch nicht fehlgehen, die geradezu epidemische Ausbreitung solcher Bewegungen seit Mitte der sechziger Jahre in kausalem Zusammenhang mit den vom Franquismus geschaffenen politischen Randbedingungen zu sehen.

Die diversen spanischen Autonomiebestrebungen haben sich nach ähnlichen Grundmustern entwickelt wie vergleichbare Entwicklungen in vielen europäischen Nationalstaaten, vorzugsweise denjenigen, die schon auf eine relativ lange Geschichte nationaler Einheit zurückblicken (Frankreich, Großbritannien, Portugal), Hobsbawm[1] führt diese Konjunktur der Separatismen auf die offenbare Krise und Pervertierung der einst fortschrittlichen Ideologie des Nationalismus zurück: "Umgekehrt haben wir heute nationalistische Bewegungen, die bestrebt sind, etablierte 'moderne' Wirtschaftsgebiete, die in manchen Fällen gar nicht besonders groß sind und oft auf eine lange Geschichte nationaler Integration zurückblicken, zu zerschlagen ... Da aber die nationalistische Reaktion heute nicht über die eingebaute Bremse verfügt, die im 19. Jahrhundert durch das Bestreben gegeben war, lebensfähige Nationalstaaten zu schaffen, d.h. durch die Annahme, daß es so etwas wie eine Mindestgröße für solche Einheiten geben müsse, - muß sie dann 'nationalistisch' im herkömmlichen Sinne bleiben? Gewiß, sie kann sich immer noch der Begriffe und Symbole des herkömmlichen Nationalismus bedienen. Es gibt immer noch genug 'unterdrückte Nationen', ... die ihre 'Nationen' eigentlich fast erst erfinden müssen." Daß sich die Spanier nun plötzlich als ein Konglomerat "unterdrückter Nationen" begreifen sollen, hängt zweifellos mit dem Verlust des imperialen Status und der spanischen Weltgeltung zusammen. Nicht umsonst setzten die regionalistischen Bewegungen in Spanien genau in dem Augenblick ein, als das Kolonialreich verloren war (sowohl die baskische als auch die katalanisch Autonomiebewegung nahmen erst in den achtziger Jahren des vorherigen Jahrhunderts Gestalt an). So vertritt auch einer der Theoretiker der gegenwärtigen baskischen Autonomiebewegung (M. Erdera) die Auffassung, der Gegensatz zwischen dem kastilischen Zentrum und der von anderen "Nationen" gebildeten Peripherie habe während der ganzen Geschichte der spanischen Großmachtzeit angedauert und sei nur durch den Gedanken der historischen Mission Spaniens, der Aufprägung seiner Kultur und Sprache auf ganze Kontinente, zeitweilig verdrängt worden. "In Wirklichkeit war die nationale Einheit Spaniens nur die notwendige Folge der Vereingung aller Kräfte für ein nach außen gerichtetes Unternehmen. Nach dem Rückzug Spaniens auf sich selbst traten die strukturellen Ungleichheiten von neuem ans Licht."[2] Dem leistete der Franquismus gewaltig Vorschub mit seiner Entpolitisierungstendenz, dem gewünschten Rückzug des Einzelnen in seine kleine Welt, der Ersetzung der imperialen Werte (trotz des Geschreis der

Falange) durch das, was Amando de Miguel "lo soft" zu nennen pflegt. Eben unter dem Regime, das die regionalistischen Bewegungen am gewalttätigsten zu unterdrücken suchte, entwickelten sie sich am schnellsten und nahmen die bedrohlichsten Formen für das bestehende Staats-und Sozialgefüge an.

In den Jahrhunderten des spanischen Weltreichs traten die regionalen Spannungen eben nicht nur wegen der Zugkraft der imperialen Gedankens und der dafür nötigen nationalen Einheit in den Hintergrund, sondern auch (was Erdera vergißt), weil die Autonomiebedürfnisse der Regionen gerade in dieser Zeit in optimaler Weise befriedigt waren (hauptsächlich in Gestalt der Fueros, von der Krone anerkannter regionaler Autonomierechte)[3]. Der Entzug dieser Rechte erfolgte dann auch (zumindest vordergründig) nicht unter Hinweis auf die veränderte Situation wegen des Zerfalls des Weltreichs, sondern quasi als Bestrafung unbotmäßiger Gebiete für ihre falsche Parteinahme in innenpolitisch-dynastischen Konflikten (Aufhebung der katalanischen Fueros 1714 wegen der falschen katalanischen Politik im Erbfolgekrieg, Aufhebung der baskischen Fueros nach Niederlage der - vorwiegend baskischen - Carlisten 1833 mit dem damit verbundenen Vordringen der zentralistischer denkenden Liberalen).

Einige Forscher, so der katalanische Franco-Preisträger Fontana, versuchen den Regionalismus aus den Ungleichzeitigkeiten der agrarstrukturellen Entwicklung zu erklären. Dies mag zutreffen auf die Regionalismen der hochentwickelten Gebiete Baskenland und Katalonien, die sich von den strukturellen Zwängen der sie umgebenden, weniger entwickelten Gebiete abzusetzen versuchten, liefert aber keine Erklärung für die Autonomiebewegung Galiciens oder Andalusiens, die aufgrund ihrer Unterentwicklung gerade auf vermehrte Integration in die Gesamtwirtschaft drängen müssen[4].

a) Sprachkonflikte

Dem Problem der Regionalsprachen als konfliktauslösendem Faktor kommt in den verschiedenen Minderheitengebieten unterschiedliche Bedeutung zu. Zwar berufen sich die wichtigsten Autonomiebewegungen (im Baskenland, Katalonien, Galicien und Valencia) auf ihre "unterdrückte Nationalsprache" zur Legitimierung ihrer Existenz, stehen aber damit teilweise auf wackligem Boden. Die FOESSA-Studie von 1967 ergab bei Hausfrauen, die der lokalen Tradition als stärker verbunden gelten als andere Bevölkerungsgruppen, folgendes Bild regionaler Sprachkenntnisse:

Vertrautheit von Hausfrauen mit Regionalsprachen (in %)[5]

Region	Es verstehen	Sprechen	Lesen	Schreiben
Galicien	96	92	43	24
Balearen	94	91	51	10
Katalonien	90	77	62	38
Valencia	88	69	46	16
Baskenland	49	46	25	12

Das Erstaunliche an diesen Zahlen ist, daß der baskische Nationalismus, der sich von allen Regionalbewegungen am gewalttätigsten gibt, aus dem Sprachenproblem die geringste Legitimation ziehen kann. Aufgrund dieser Zahlen läßt sich sogar konstatieren, daß im Bezug auf den Sprachenkonflikt die baskischen Nationalisten in ihrem eigenen Gebiet nur die Vertretung einer Minderheit beanspruchen können. Sie selbst bestätigen dies (ungewollt) auch unaufhörlich, indem praktisch alle ihre Dokumente in kastilischer Sprache abgefaßt sind und von vielen ETA-Militanten sogar verbürgt ist, daß sie ihre "Muttersprache" erst lange nach Beginn ihrer politischen Tätigkeit mit Mühe und Not gelernt haben. Allein in Katalonien ist eine hinreichende Vertrautheit mit der Regionalsprache vorhanden, die dort auch Ausdruck in den Medien findet[6].

Der relative Niedergang der Regionalsprachen trotz aller gegenteiligen Bestrebungen steht in ursächlichem Zusammenhang mit den Migrationsbewegungen in Spanien seit Beginn der Industrialisierung. Schon gegen Ende des vorigen Jahrhunderts präsentierten sich Katalonien und das Baskenland mit ihrer aufstrebenden Industrie als Einwanderungsgebiete für das Landproletariat der unterentwickelten Regionen. In großem Umfang setzten diese Wanderungsbewegungen etwa seit der Fertigstellung des nationalen Eisenbahnnetzes um 1880 ein. Figueruelo[7] schätzt, daß von der Gesamtbevölkerung Kataloniens ein Drittel rein katalanischer Abstammung ist, ein Drittel Neueinwanderer und ein Drittel Alteinwanderer und "Vermischte". Von den 39.769 Neugeborenen, die im Jahr 1965 in Barcelona registriert wurden, hatten nur noch 12.423 katalanische Eltern[8].

Obwohl die Einwanderer nach Katalonien (dort "els altres Catalans" oder auch abschätzig "xarnegos" genannt) sich den katalanischen Verhältnissen besser anpassen konnten als anderswo, einige von ihnen auch katalanische Sprachkenntnisse erwarben, ist doch unverkennbar, daß die Eingewanderten überall eine Bremse gegenüber den Regionalbewegungen bilden, ja, daß ihre Interessen in direktem Gegensatz zu den Zielen der Nationalisten stehen. Nicht nur dadurch, daß die kastilisch sprechenden Einwanderer überall die Unterschicht bilden - ein neues Proletariat, das den einheimischen, besser ausgebildeten Unterschichten den sozialen Aufstieg ermöglichte - sondern auch durch den Umstand, daß bestimmte Zielsetzungen der Autonomiebewegungen im kulturellen Bereich zur Verewigung dieser Stratifizierung beitragen. Eine solche Funktion erfüllen z.B. die baskischen

"Ikastolas" (Privatschulen, an denen nur in baskischer Sprache gelehrt wird), indem sie objektiv das Baskische zur Oberschichtensprache und das Kastilische zur Unterschichtensprache machen. Eine Anpassung der Einwandererkinder erfolgt nicht, weil ihre Eltern sich die teuren Privatschulen nicht leisten können. Der Staat hat die Möglichkeit, die "Ikastolas" zur Spaltung der baskischen Autonomiebewegung zu nutzen, auch bereits erkannt und subventioniert einen wachsenden Teil davon - nicht ohne sie auf unpolitische Lehrinhalte zu verpflichten[9]. Man wird annehmen dürfen, daß die kulturellen (und damit sprachlichen) Bedürfnisse der Einwanderer (im Baskenland mehr als die Hälfte der Gesamtbevölkerung)[10] der Ausbreitung der Regionalsprachen auch nach einer föderalistischen Lösung enge Grenzen setzen. Eine Vernachlässigung dieser Bedürfnisse ließe sich nur bei einem offen rassistischen Auftreten der Separatisten rechtfertigen, wofür es allerdings schon Beispiele gibt[11]. Zwar ist die Überschneidung sprachlicher, kultureller und wirtschaftlicher mit sozialen Konflikten allen spanischen Minderheitengebieten gemein, aber die sozialen Konflikte wirken sich keineswegs überall auf die regionalen Konflikte verstärkend aus. Dies gilt im Grunde nur für die unterentwickelten Regionen (Galicien, Kanarische Inseln, Andalusien), in denen auch die Autonomiebewegungen schwach sind und sprachliche Konflikte (mit Ausnahme Galiciens) gar nicht existieren. Man wird deshalb Dahl[12] nicht zustimmen können, der die Überschneidung solcher Konflikte in "polyarchischen" Gesellschaften als Ursache einer unvermeidlichen Sektorialisierung sieht und im Falle Spaniens sogar das Auseinanderbrechen des Staatsverbands für denkbar hält. Die nicht mehr revozierbare Einbindung aller Minderheitengebiete in einen übergeordneten kulturellen Zusammenhang läßt eher vermuten, daß nach Erfüllung einiger zentraler Forderungen der Regionen (Zweisprachigkeit, Regionalparlamente, Nationalitätenkammer) die Separatisten den Großteil ihrer Klientel verlieren werden.

b) Grundzüge der Opposition in den Minderheitengebieten

Die Zahl der regionalistischen, autonomistischen oder separatistischen Bewegungen in Spanien ist Legion. Es würde den Rahmen der vorliegenden Arbeit sprengen, sie alle aufzuzählen oder gar ihre Politik und Programmatik darzustellen. Wir werden uns deshalb darauf beschränken, gemeinsame Charakteristika und Randbedingungen der oppositionellen Bestrebungen in den nach Autonomie strebenden Regionen wiederzugeben; einzelne Gruppen werden uns nur soweit interessieren, als ihre Darstellung zum Verständnis der Gesamtsituation unerläßlich ist.

1. Katalonien

Die katalanische Autonomiebewegung ist historisch die älteste in der spanischen Geschichte. Ihren Anfang nahm sie um die Mitte des 19. Jahrhunderts als zunächst vorwiegend literarische Bewegung (das Katalanische war seit dem 16. Jahrhundert als Literatursprache fast inexistent und wurde erst in der nachromantischen Epoche von Schriftstellern wie Carlos Aribau oder Jacinto Verdaguer wieder literarisch "salonfähig" gemacht[13]. Der literarische Ursprung und das durch die frühe Industrialisierung gestärkte Selbstbewußtsein des Bürgertums bewirkten, daß der katalanische Nationalismus seit jeher die Ober- und Mittelschichten stärker beeinflußte als das Proletariat. Selbst der Kommunismus in Gestalt des PSUC rekrutiert sich in Katalonien mehr als anderswo aus den Reihen der Klein- oder Mittelbourgeoisie[14]. Es mag damit, aber auch mit dem kompromißbereiteren, weniger zur Intoleranz neigenden katalanischen Nationalcharakter zusammenhängen, daß der katalanische Nationalismus sich von Anfang an weniger radikal als der anderer Minderheitengebiete (speziell des Baskenlandes) gab. Die Separation erstrebt heute keine der katalanistischen Organisationen mehr, allenfalls die Wiederherstellung des recht weitgehenden Autonomiestatuts von 1932. Die Chancen für eine solche Autonomie stehen nicht schlecht: Schon vor Jahren hatte sich die große Mehrzahl der Gesprächspartner Sergio Vilars[15] für eine föderalistische Struktur eines künftigen demokratischen Spaniens ausgesprochen, einschließlich der früher sehr zentralistischen PSOE-Sozialisten; auch Vertreter der gemäßigten Rechten äußerten sich in diesem Sinne.

Mehr als in anderen Regionen stellt sich der katalanische Regionalismus als Sprachenkonflikt dar. Die Fronten innerhalb der katalanistischen Bewegung verlaufen oft mehr entlang der im Sprachenstreit eingenommenen Positionen als entlang der allgemeinpolitischen Programme der Parteien und Gruppen. Die "Falken" dringen auf vollständige Katalanisierung des gesamten öffentlichen Lebens, während die Mehrzahl der demokratischen Gruppen echte Zweisprachigkeit anstrebt. Einen ersten großen Erfolg konnten gerade die katalanischen Regionalisten verzeichnen, als die Regierung unter Vorsitz Juan Carlos im Oktober 1975 ein Dekret herausgab, das den erweiterten Gebrauch der Regionalsprachen in der Öffentlichkeit vorsah und sich besonders zugunsten der Katalanen auswirkte[16].

Den katalanischen Oppositionsgruppen kam oft eine Schrittmacherfunktion für die Opposition im nationalen Maßstab zu, weil sie sich eher zur Zusammenarbeit bereitfanden und sich kompromißbereiter zeigten. So kann z.B. die schon 1970 gegründete "Asamblea de Catalunya" durchaus als Vorläufer der späteren nationalen "Coordinacion Democrátia" gelten[17]. Neben dem schon dargestellten Partit Socialista Unificat de Catalunya (PSUC) dürfen als einflußreichste politische Gruppen in Katalonien vor allem das "Reagrupament Socialista i Democratic de Catalunya (RSDC)" und die etwas weiter linksstehende "Convergencia Socialista de Catalunya (CSC)" mit Joan Raventós an der Spitze gelten.

2. Das Baskenland

Der baskische Regionalismus unterscheidet sich durch mehrere wichtige Strukturmerkmale vom katalanischen. Zunächst fehlt ihm die schöngeistig-literarische Komponente; das Baskische (Euskera) konnte sich trotz aller Bemühungen der Separatisten als Literatursprache nicht durchsetzen. Dem stand freilich auch der Umstand entgegen,daß ein viel geringerer Prozentsatz der Bevölkerung Baskisch spricht als Katalanisch. Auch die soziale Basis der baskischen Regionalbewegung ist eine andere: Sie wird hauptsächlich von den Mittelschichten und Teilen der spezialisierten Arbeiterschaft gebildet. Die Oberschicht steht der Regionalbewegung skeptisch bis ablehnend gegenüber, weil sie ökonomisch vom Zentrum abhängt und jede Verschlechterung der Marktsituation durch separatistische Experimente fürchten muß. Die eigentliche Unterschicht stellt kaum ein Potential für die Regionalisten dar, weil überwiegend von eingewanderten Arbeitskräften gebildet.

Das Mißvergnügen der baskischen Regionalisten entzündet sich in erster Linie am Fehlen von Selbstverwaltungsorganen und der totalen Einbindung in den zentralistischen Staatsapparat. Die Regionalisten fühlen sich politisch-administrativ und kulturell unterdrückt, aber eigentlich nicht ökonomisch[18]. Dazu besteht auch kein Anlaß, nachdem durchschnittlich mehr Staatsgelder in die baskischen Provinzen fließen, als der Staat dort durch Steuern abschöpft[19]. Zudem konnte sich das Baskenland neben Madrid als Finanzzentrum behaupten; es genügt, in diesem Zusammenhang auf den mächtigen "Banco de Bilbao" hinzuweisen. Wenn das Baskenland eine administrative Kolonie Kastiliens ist, so ist Kastilien eine ökonomische Kolonie des Baskenlandes. Zudem ist der baskische Nationalismus weniger im Bewußtsein der Bevölkerung verankert (schon aus sprachlichen Gründen) als der katalanische. Daß er politische Bedeutung erlangte, mag mehr darauf zurückzuführen sein, daß die Basken sich gegen die Zerstörung der historischen Identität ihres Landes durch den Madrider Zentralismus zu wehren suchten, als darauf, daß sie wirklich die Separation wollten und sich voll mit dem Programm der Nationalisten identifiziert hätten.

Dafür spricht auch, daß der ideologische Begründer des modernen baskischen Regionalismus, Sabino Arana Goiri, Ende des vergangenen Jahrhunderts den baskischen Nationalismus nicht als Essenz einer bestehenden breiten Volksbewegung konzipierte, sondern als rein gedankliches System, das sich seine personale Basis erst bei den Carlisten, allerlei versprengten Spätromantikern und Gegnern des verstärkten politischen und ökonomischen Zentralismus suchen mußte. Arana, Sohn eines in der nationalspanischen (liberalen) Politik engagierten Vaters, der "Spanier, der es nicht sein will, lebt eingeschlossen in der Negierung einer Welt von Realitäten und angeklammert an eine einzige Behauptung: die 'rassische' Besonderheit des baskischen Volkes."[20] Auf Arana (der kurz vor seinem Tode seine früheren separatistischen Bekenntnisse widerrief und nur noch die Autonomie des Baskenlandes innerhalb des spanischen Staatsverbandes wollte) berufen sich auch heute noch die meisten Vertreter des baskischen Nationalismus.

a) Der PNV

Der Partido Nacionalista Vasco (PNV) ist die älteste und politisch gewichtigste Gruppierung des baskischen Regionalismus. Im Gesamtspektrum der spanischen Politik zählt er traditionell zu den katholischen, gemäßigt konservativen Parteien. Seine Verankerung in der Bevölkerung des Baskenlandes blieb auch noch nach Jahrzehnten der Diktatur relativ stark. Der PNV gehörte zu den Vorkämpfern des baskischen Autonomiestatuts von 1936, zeigte sich als Gegner des Separatismus und setzte auch während der Diktatur auf Methoden des gewaltlosen Kampfes. Als Antwort auf die Militanz der ETA trat allerdings in den letzten Jahren eine gewisse Radikalisierung innerhalb der Jugendbewegung des PNV und seines Gewerkschaftsflügels STV (Solidaridad de Trabajadores Vascos) ein, was zur Verbreiterung der proletarischen Basis des PNV beitrug[21]. Da die Kommunisten, PSP-Sozialisten und auch die Arbeiterkommissionen im Baskenland nur schwer Fuß fassen konnten, müssen der PNV und der PSOE, der dort seit jeher seine Hochburg hatte, nach wie vor die wichtigsten politischen Kräfte in Vaskonien gelten.

b) ETA

Euzkadi ta Azkatasuna (ETA), "Das Baskenland und seine Freiheit" wurde 1959/60 durch einige aus der Jugendorganisation des PNV (EGI) kommende Studenten, die mit der gemäßigten Politik des PNV nicht einverstanden waren, gegründet. Unter Führung von Luis Alvarez Emparanza setzte die Gruppe bald auf Methoden des bewaffneten Kampfes, blieb aber zunächst noch auf dem Boden der nationalistischen, "aranistischen" Ideologie. In mehreren Etappen des Guerrillakrieges, offenbar orientiert an Vorbildern aus den Entwicklungsländern, sollte schließlich im Baskenland die Macht ergriffen werden, mit dem Ziel der Separation[22].

Mitte der sechziger Jahre bildete sich ein nichtstudentischer Flügel in der ETA, der den Boden des bürgerlichen Nationalismus verließ und sich am Marxismus-Leninismus chinesischer Prägung orientierte. Dem widersetzten sich die "Aranisten", die von einer linkssozialistischen Ausrichtung eine gefährliche Reduzierung ihrer sozialen Basis befürchteten. Eine Spaltung zeichnete sich ab: Während die Sozialisten in der Organisation sich bemühten, diese "proletarischer" zu machen und Betriebsgruppen aufzubauen, forcierten die Aranisten den Gewaltkult, erregten durch zahlreiche Terroranschläge mehr und mehr Aufsehen. Dennoch konnte sich der sozialistische Flügel bei der V. Generalversammlung der ETA 1967 durchsetzen und erklärte nunmehr die soziale Revolution als einzig mögliches Fundament der nationalen Befreiung. Der neue ETA-Chef Jośe Escubi Larraz ging in der Folgezeit daran, enge Kontakte zu allen möglichen terroristischen Bewegungen in der ganzen Welt herzustellen, darunter dem palästinensischen "Schwarzen September" und der IRA[23]. Diesem Kurs widersetzte sich eine nationalistische

Minderheitsfraktion, die Escubi, durch die von ihr kontrollierten "Kleine Versammlung" (Biltzar Txipia) im Zuge einer Palastrevolution aus den ETA ausschloß, mit der Begründung, er versuche sie zu "hispanisieren". Escubi revanchierte sich seinerseits mit dem Ausschluß seiner aranistischen Gegner. Die VI. Generalversammlung, die 1970 kurz vor dem Burgos-Prozeß stattfand, brachte das endgültige organisatorische Auseinanderbrechen der ETA. Der marxistisch-leninistische Flügel Escubis behielt erneut die Oberhand und drängte die nationalistischen Mitglieder aus der Organisation. Diese -jetzt "los milis" genannt - fuhren jedoch fort, sich ETA zu nennen, und zeichneten sich durch eine Reihe von Terrorakten (darunter der Entführung des deutschen Konsuls in San Sebastían, Beihl) aus. In ihrer Broschüre "La insurrección de Euzkadi" vertraten sie die Auffassung, das baskische Volk habe Interessen, die seinen "Kolonialmächten" (Frankreich und Spanien) als sozialemGanzen entgegengesetzt seien: Es ist vom Krieg gegen Spanien die Rede, und es wird festgestellt: "Wir sind nicht antifranquistisch, sondern antispanisch."[24] Die marxistische Mehrheitsfraktion (ETA-VI[a]) verzichtete dagegen auf weitere Terrorakte und versuchte, sich eine breite Basis in der Arbeiterschaft zu schaffen[25]. Ihre Bündnispolitik wurde indessen immer sektiererischer: Vor einigen Jahren verband sie sich mit der in Spanien glücklos operierenden trotzkistischen Liga Comunista Revolucionaria, die die Gewerkschaftspolitik der CC.OO. stets scharf angriff und die vermehrten Arbeitskämpfe in Spanien als Ausdruck einer unmittelbar bevorstehenden revolutionären Situation deutete[26]. Die seit 1968 von beiden Flügeln der ETA angewandte Praxis, ausgewählte politische Gegener im Baskenland (1973 aber auch den Regierungschef Luis Carrero Blanco) "hinzurichten", führte zu einer immer stärkeren Entfremdung eines starken marxistischen Flügels von der ETA. Die vielen "Hinrichtungen" und blutigen Terrorakte ließen immer mehr ETA-Militanten zu den Kommunisten oder unabhängigen Linksgruppen[27] überlaufen. Mit dem zunehmenden Terrorismus, dessen Ende auch heute nicht abzusehen ist[28], verspielte ETA auch einen Großteil der Sympathien, die ihr nach dem Prozeß von Burgos 1970 gegen sechs ihrer Militanten zufloß, die durch massive internationale Kampagnen vor der Garrote gerettet werden konnten[29].

Mitgliederzahlen lassen sich für die ETA wegen ihrer rein konspirativen Arbeitsweisen nicht nennen, die meisten Beobachter schätzen sie jedoch auf wenige hundert. In einem, einige Jahre zurückliegenden, Dokument charakterisierte ETA selbst ihre Position als "am Rande der Massen, aber mit deren Sympathie". Solche Sympathien sind zwar bei konzentrierten Repressionen der Polizei gegen vermeintliche oder tatsächliche Anhänger der ETA durchaus zu beobachten, dürften aber mehr Ausdruck der Abneigung gegen die Zentralregierung und ihre Organe sein denn wirkliche massenhafte Sympathiekundgebungen für die Zielsetzungen der ETA. Sollte sich ETA jemals in eine politische Partei umwandeln und an Wahlen teilnehmen, dürfte ihr Abschneiden kaum besser ausfallen als das anderer extremer Splittergruppen.

3. Galicien

Ebenso wie in anderen Minderheitengebieten hat sich die galizische Autonomiebewegung erst sehr viel später entwickelt als die katalanische oder baskische, aber deutlich von diesen beeinflußt. Zwar erhielt auch Galicien 1936 ein Autonomiestatut; nennenswerten Widerhall in der Bevölkerung fand die Forderung nach Autonomie aber erst wieder in den letzten Jahren. Eine separatistische Komponente fehlte dem galizischen Regionalismus von Anfang an: "Wir wollen aus Galizien keine souveräne Nation machen. Wir wollen unsere Heimat nicht aus der iberischen Symbiose herauslösen. Wir wollen ein Teil Spaniens sein und mit unserem galizischen nationalen Genius zur Bereicherung des spanischen Lebens beitragen. Aber wir betrachten jede Maßnahme der Zentralregierung, die sich gegen unseren Nationalcharakter vergeht, gegen die heiligen und unantastbaren spirituellen Bande unserer Gemeinschaft, als Schmähung und Verletzung der galizischen Nation."[30]

Die offenbare Unfähigkeit des spanischen Staates, Galicien in angemessener Weise zu entwickeln[31], zeigte sich insbesondere in der extremen ökonomischen Unterentwicklung der vier galizischen Provinzen gegenüber dem durchschnittlichen spanischen Entwicklungsstand. Mit Ausnahme weniger Industriestädte (Vigo, El Ferrol, La Coruña) beruht die galizische Wirtschaft im wesentlichen auf Landwirtschaft und Fischerei; noch 1968 waren allein in der Landwirtschaft 46 % aller Arbeitskräfte beschäftigt[32]. Die archaischen Produktionsverhältnisse in der Landwirtschaft verhinderten deren Modernisierung und hielten den Lebensstandard der Landbevölkerung auf sehr niedrigem Niveau[33].

Das Pro-Kopf-Einkommen in Galicien lag ungefähr gleichbleibend stets ein Drittel unter dem spanischen Durchschnitt[34]. Als Folge dieser Situation war und ist Galicien das klassische Auswanderungsgebiet Spaniens, die Bevölkerungszahl stagniert seit 1950. Ähnlich wie der baskische beruft sich auch der galizische Regionalismus auf einen geistigen Stammvater, Alfredo Brañas, dessen Werk "El Regionalismo" 1899 erschien. Das Geburtsjahr des modernen galizischen Regionalismus erscheint so wie eine Bestätigung von Mikel Erderas These vom Zusammenhang zwischen spanischem Imperialismus und den Regionalbewegungen.

Eine von breiteren Kreisen anerkannte politische Repräsentanz des galizischen Regionalismus, vergleichbar etwa dem PNV im Baskenland, existiert nicht. Von sich reden machte vor allem die linkssozialistische "Unió do Povo Galego", die sich allerdings weniger gewalttätig aufführt als die ETA.

4. Sonstige Autonomiebewegungen

Außer den dargestellten "klassischen" Regionalbewegungen haben sich in den letzten Jahren neue, weniger virulente gebildet. Sie sind überwiegend in Gebieten entstanden, in denen keine Regionalsprache gesprochen wird (mit Ausnahme des Gebiets von Valencia), und die (wie Andalusien) geographisch nicht so klar umrissen werden können wie das Baskenland oder Galicien. Ihre Ursachen liegen durchweg in den besonderen wirtschaftlichen Schwierigkeiten der betreffenden Regionen, aber auch in der unzulänglichen Repräsentation im nationalen öffentlichen Leben[35].

In Andalusien und auf den Kanarischen Inseln beruht das Mißvergnügen an der Politik der Zentralregierung vor allem auf der disparaten ökonomischen Entwicklung, die in beiden Fällen (nicht zuletzt mit Hilfe des Tourismus) entlang den Küsten stark verdichtete, modernisierte Siedlungsstreifen hervorbrachte, denen ein weites, partiell entvölkertes Hinterland ohne ökonomische Perspektive gegenübersteht. Bemerkenswert ist jedoch, daß die jeweiligen Autonomiebewegungen sich stark darum bemühen, kulturelle Besonderheiten ihrer Region, eine unverwechselbare regionale oder gar nationale Identität zu behaupten. Das Resultat sind solche eigenartigen Phänomene wie z.B. der MPAIAC (Bewegung für Unabhängige und Selbstbestimmung des Kanarischen Archipels), die unter Führung von Antonio Cubillo, eines Rechtsanwalts aus Santa Cruz, im algerischen Exil für die Separation der Inseln streitet. Der MPAIAC ist der Auffassung, die heutigen Bewohner der Kanarischen Inseln stellten direkte Nachfahren der im Zuge der Conquista im 14. und 15. Jahrhundert ausgerotteten Guanchen (Ureinwohner der Inseln) dar[36]. Die "Bewegung" wird von Marokko und Algerien, die territoriale Ansprüche auf die Kanarischen Inseln erheben, unterstützt. Einige Beobachter vermuten auch die Sowjetunion im Hintergrund, die starkes militärstrategisches Interesse an den Inseln zeigt und dort schon seit einigen Jahren Hafenrechte für ihre Fischereiflotte im Atlantik genießt. Eine echte Chance hat der MPAIAC ebensowenig wie andere Gruppen dieser Art, zumal die nationalen Parteien auf den Kanarischen Inseln sehr aktiv sind (PCE und PSP) und sich im September 1976 um das "Kanarische Manifest" eine neue, gemäßigt autonomistische Gruppe gebildet hat.

Trotz der augenblicklichen Konjunktur des Regionalismus ist die Vorstellung sicher nicht ganz abwegig, daß unter demokratischen Bedingungen die Bewältigung der großen sozialen, politischen und wirtschaftlichen Probleme, vor denen Spanien steht, im Bewußtsein der breiten Massen im Vordergrund stehen wird. Im Rahmen dieser Aufgaben hat auch die regionale Politik ihren Platz und ihren Stellenwert, der umso größer sein wird, je schneller sich die Regionalbewegungen vom Geruch der Kirchturmspolitik und des Absonderlichen, der ihnen da und dort noch anhaftet, befreien können.

XI. PERSPEKTIVEN DER DEMOKRATIE

Das erstaunliche Tempo des politischen Wandels, der in Spanien nach dem Tode Francisco Francos einsetzte, hat nicht wenige Beobachter der iberischen Szene überrascht. Daß die meisten ideologischen Glaubenssätze und politischen Institutionen des Regimes fast kampflos aufgegeben wurden, zeigt freilich, in welchem Umfang die Fundamente der Diktatur schon unterhöhlt waren, als ihre Zentralfigur nach fast vierzigjähriger Herrschaft von der Bühne abtrat. Auf sich selbst gestellt und ohne das Stützkorsett des halbfeudalen Lehenssystems, das die eigentliche personelle Basis des Franquismus bildete, erwiesen die so kompliziert aufgebauten politischen Institutionen des Regimes sich als unfähig, auch nur kurze Zeit in derselben Weise weiterzuarbeiten wie zu Lebzeiten des Caudillo.

Die ersten eineinhalb Jahre des Nachfranquismus waren gekennzeichnet durch die schrittweise Aufgabe zentraler Elemente der Diktatur, ohne daß dabei der Auflösungsprozeß die Form eines Zusammenbruchs annahm (wie 1974 in Portugal), und durch den Umstand, daß gerade diejenigen politischen Institutionen, die durch die Ideologie des Franquismus am stärksten geprägt schienen, der Demokratie den Weg ebnen mußten. Angesichts der Leichtigkeit, mit der im Ständeparlament (den Cortes) und im "Nationalrat der Bewegung", der gegenüber Cortes-Beschlüssen ein Vetorecht besaß, Reformen durchgeführt werden konnten, die der Selbstauflösung beider Institutionen gleichkamen, muß man sich fragen, wer beim Tode Francos überhaupt noch hinter der Diktatur stand.

Dabei hatte das Regime stets den Eindruck zu erwecken gesucht, alle Inhalte und politischen Strukturen des Franquismus ließen sich bruchlos auf die Monarchie übertragen. Angefangen von dem noch in den vierziger Jahren entstandenen "Gesetz über die Nachfolge" (im Amt des Staatschefs) über das "Organische Gesetz" von 1966 und die Designierung Juan Carlos' als Amtsnachfolger Francos und künftigen König Spaniens im Jahr 1969 bis hin zu den letzten Dekreten Francos hatte sich das Regime jahrzehntelang auf die Stunde X vorbereitet - einschließlich der Einsatzpläne für Polizei und Militär. Zwar funktionierten die Verfassungsorgane nach dem Tod des Diktators tatsächlich reibungslos, aber sie produzierten ganz andere Resultate als von vielen erwartet.

Es zeigte sich, daß die Machtbasis der Diktatur so schmal geworden war, daß sie ohne die persönliche Klammer ihres Begründers die Fortsetzung der alten Herrschaft nicht mehr erlaubte. Dies unterstreicht allerdings die überragende Bedeutung der Person General Francos für die spanische Diktatur. Die Fixierung aller Teile der Machtkoalition auf die Person des Diktators muß in der Tat als das besondere Kennzeichen des autoritären Regimes in Spanien angesehen werden. Sie erklärt, wenigstens zum Teil, die unverhältnismäßige lange Dauer dieses Regimes, das sich noch im Sattel hielt, als schon fast alle sozialen und politischen Bedingungen seiner Existenz verschwunden waren. Selbst die Opposition war auf die Figur Francos in der Weise fixiert, daß ihre Vertreter den Übergang zu demokratischen Regierungsformen erst nach dem Tode Francos für möglich und denkbar hielten. Nicht umsonst gab z.B. Santiago Carrillo, Generalsekretär der KP Spaniens, einem seiner theoretischen Hauptwerke den bezeichnenden Titel "Despúes de Franco, qúe?" (Was kommt nach Franco?). Die Besonderheit der Stellung Francos wird auch dadurch unterstrichen, daß er keinen Nachfolger fand - anders als z.B. in Portugal, wo Salazar ohne weiteres durch Caetano, oder in Griechenland, wo Papadopoulos durch Ioannidis ersetzt werden konnte, ohne daß durch den Wechsel im Amt des Staatschefs die Existenz der Diktatur überhaupt gefährdet gewesen wäre. In Spanien dagegen wandten sich selbst die, die bis zuletzt in bedingungsloser Ergebenheit gegenüber dem Caudillo verharrten, nach seinem Tode vom Regime ab oder hielten seine Fortsetzung ohne den Begründer nicht mehr für möglich.

Gewiß: Franco war nie der Franquismus, sondern immer nur eines seiner Elemente. Es wäre verfehlt, die Existenz der von ihm angeführten Machtkoalition auf sein persönliches Wirken zurückzuführen. Eher schon bedurfte die zu Beginn des Bürgerkrieges sich formierende Koalition der Rechtskräfte, eben wegen ihrer sehr heterogenen Zusammensetzung, einer solchen persönlichen Klammer. Franco machte nicht die Geschichte des Franquismus, aber er entwickelte in einer gegebenen historischen Situation diejenigen Fähigkeiten der Manipulation und des politischen Balancespiels zwischen den Fraktionen, die die Situation von ihm forderte. Sein einziges historisches Verdienst besteht ohne Zweifel darin, daß er es fertigbrachte, bis zu seinem Tode letzte Instanz und Schiedsrichter für politische Kräfte zu bleiben, die er inhaltlich ohnedies nicht beeinflussen konnte. So erschien der Franquismus am Ende seiner Geschichte nur noch als hohle Schale eines politischen Systems, von dem sich die meisten seiner früheren Nutznießer alsbald abwandten. Die rasche Konstituierung der klassischen Franquistischen Rechten in politischen Parteien (vor allem der Alianza Popular), einer politischen Organisationsform, die ihre Repräsentanten noch kurz zuvor als Teufelswerk bezeichnet hatten, spricht Bände. Das Wissen um die Unmöglichkeit, in der alten Weise weiterzumachen, war beim Tode des greisen Diktators so allgemein, daß sich mit Ausnahme weniger, isolierter Scharfmacher niemand mehr daranmachen wollte, die verlorene Sache der Verteidigung des Franquismus zu seiner eigenen zu machen.

Das rasche Voranschreiten der politischen Entwicklung nach dem Tode des Caudillo weist Züge einer politischen Kontinuität auf, die für viele politische Beobachter überraschend kam. Kontinuität natürlich nicht in dem Sinne, wie es den Vertretern des Ancien Régime zupaß käme; sondern als fast bruchlose Fortsetzung der grundsätzlichen politischen Entwicklungsrichtung, die sich schon Jahre vor dem Ableben Francos herauskristallisiert hatte. Sie war gekennzeichnet durch ein rasches, aber gleichmäßiges Erstarken der Opposition auf den verschiedensten Sektoren der Gesellschaft, einschließlich denen, die noch vor wenigen Jahren als Domänen des Regimes galten, und durch ein langsames Zurückweichen des Regimes (soweit man von "dem Regime" überhaupt noch sprechen konnte), das keine Merkmale eines Zusammenbruchs erkennen läßt.

Zu den politischen Überraschungen gehört auch die Standfestigkeit des König Juan Carlos I. Dies umso mehr, als die Zahl der Witze, die zu Francos Zeiten über die intellektuelle Bescheidenheit des designierten Staatschefs und Thronfolgers kursierten, Legion war. Selbst die Monarchisten übten sich in Schwarzseherei, als mit der Ermordung des Ministerpräsidenten und Admirals Luis Carrero Blanco durch baskische Separatisten[1] Ende 1973 jener "Testamentsvollstrecker" beseitigt wurde, der nach dem Willen Francos nach seinem Tode die ungebrochene Fortsetzung der Diktatur und ihrer Institutionen unter einem neuen Sachwalter garantieren sollte. Da ein anderer "Testamentsvollstrecker", der das uneingeschränkte Vertrauen des Heeres und der politischen Rechten besaß, nicht vorhanden war, forderten die Monarchisten nach dem Attentat immer massiver, Franco solle schon zu Lebzeiten seinen Nachfolger entweder krönen lassen oder aber in der einen oder anderen Weise direkt an den Staatsgeschäften beteiligen, um nach seinem Tode einen Bruch in der politischen Entwicklung zu vermeiden und die Monarchie nicht als eine von mehreren möglichen politischen Alternativen, sondern als bereits etabliertes und funktionierendes System erscheinen zu lassen[2]. Franco ging indes auf solche Pressionen nicht ein; er veranstaltete sogar das für den "Principe" blamable Schauspiel, ihn während seiner (Francos) Erkrankung im Jahre 1973 als amtierenden Staatschef einzusetzen und ihm diese Funktion wenige Wochen später mit einem Federstrich wieder zu entwinden. Der Thronfolger erschien der Öffentlichkeit als beliebig ein- und absetzbare Figur[3].

Hinzu kam, daß seine Stellung selbst im monarchistischen Lager nicht unumstritten war. Traditionelle Monarchisten warfen ihm Verrat an seinem Vater, dem legitimen Thronprätendenten Don Juan, vor; von den in totale Opposition zum Franquismus (aus politischen ebenso wie aus dynastischen Gründen) gegangenen Carlisten, die sich heute um Don Carlos Hugo de Borbón Parma scharen, ganz zu schweigen.Trotz wohlwollender Haltung gegenüber seinem Sohn leistete der Graf von Barcelona keinen endgültigen Thronverzicht und hielt sich als royalistische Alternative in der Reserve, falls das "Unternehmen Juan Carlos" (Gonźalez-Doria) scheitern sollte. Für die demokratische Opposition repräsentierte Don Juan seit seinem Aufruf zum Sturz Francos im Jahr 1945 die Möglichkeit einer konstitutionellen Monarchie mit demokratischer Verfassung. Er blieb auch nach der Krönung seines Sohnes Juan Carlos I. gesuchter Gesprächspartner der Opposition; so vereinigte er noch im Juni 1976 an seinem Wohnsitz im portugiesischen Exil Repräsentanten fast aller Oppositionsparteien[4]. Zweck des spektakulären Treffens war, die Unterstützung des legitimen Thronprätendenten für die ablehnende Haltung der Opposition gegenüber dem Referendum zur Verfassungsreform deutlich zu machen. Der Riß zwischen dem König und seinem Vater wurde dadurch noch offenkundiger.

Umso beachtlicher ist das Durchsetzungsvermögen des Königs, der sich schon bald vom Gängelband der franquistischen Hierarchen lösen konnte. Mit Adolfo Súarez verschaffte er sich einen Regierungschef "nach Maß", der die politische Linie des Königs exakt einhielt. Das von Suárez geführte "Kabinett der Kaulquappen" machte seinem anfänglichen Spitznamen keine Ehre und konnte einen politischen Erfolg nach dem anderen an seine Fahnen heften. Entscheidende politische Schritte wie die Generalamnestie für politische Gefangene, Inangriffnahme der Verfassungsreform, Wiederherstellung demokratischer Freiheiten (u.a. Versammlungsfreiheit), Legalisierung der repräsentativen Gewerkschaften und Auflösung der gefürchteten Politischen Polizei (Brigada Politico-Social) konnten ohne militanten Widerstand der Rechten getan werden. Die Linke, deren Führer von Suárez laufend konsultiert wurden (mit Ausnahme der Kommunisten), honorierte den Veränderungswillen der Regierung durch bemerkenswerte Zurückhaltung und setzte in der Coordinación Democrática die Politik des begrenzten Kompromisses mit der zivilisierten Rechten fort.

Daß solche bedeutenden Schritte auf dem Weg zur vollen Wiederherstellung der Bürgerrechte und zur Demokratie von Politikern der zweiten und dritten Garnitur getan werden konnten, blieb nicht ohne Auswirkungen auf die Situation der zentristischen Rechten: Immerhin hatten die Größen der Semi-Opposition wie Fraga, Areilza und Garrigues vor denselben Aufgaben kläglich versagt, die die "Kaulquappen" scheinbar aus dem Handgelenk erledigten. Besonders angeschlagen war Areilza, dem genau das widerfuhr, was ihm Santiago Carrillo bei seinem Amtsantritt prophezeit hatte: Er wurde in sechs Monaten von den Ultras verheizt[5]. Wenig später wurde er auch noch in der Führung der von ihm gegründeten Unión de Centro Democrático von Suárez abgelöst, womit seine politische Karriere beendet schien. Fraga, der sich noch im November 1975 für den einzigen Garanten demokratischer Reformen hielt, stürzte gar so tief, daß er sich im September 1976 zum Zweck des politischen Überlebens einer Allianz anschloß, die ihm ein Jahr zuvor noch Alpträume bereitet hätte. Sie nannte sich FAMO (Federación de Asociaciones del Movimiento) und bestand aus den verschiedenen, von Silva Muñoz, Cruz Martínez Esteruelas, Fernández Cuesta und Fernández de la Mora sowie seinem früheren Intimfeind López Rodó vom Opus Dei geführten Vereinigungen der eindeutig antidemokratischen oder, wie im Falle Silvas, zweifelhaft demokratischen Ultrarechten. Der Umstand, daß ihre sechs Führer allesamt ehemalige Minister Francos sind, brachte der FAMO, die ihren Namen Ende 1976 in "Alianza Popular" (AP) umänderte, im Volksmund den Namen "Frente Impopular" ein. Den Mangel an Popularität hoffte AP durch Geld ersetzen zu können: Ein Bankenkonsortium aus Banesto, Banco de Santander und der Opus-Bank Banco Popular stellte schon 1976 zwei Milliarden Pesetas (100 Mio. DM) als Starthilfe für Alianza Popular bereit[6]; ein finanzielles Engagement, das sich für seine Träger nach der katastrophalen Wahlniederlage der AP freilich als Fehlinvestition erwies.

Immerhin ermöglichte diese glänzende Finanzausstattung Alianza Popular, einen sehr aufwendigen Propagandafeldzug zu führen, der bei den Repräsentanten des "Ancien Régime" zeitweilig die Hoffnung nährte, AP könne bei den Parlamentswahlen die absolute Stimmenmehrheit erringen.

Da mit den ideologischen Werten des Franquismus oder gar den "Prinzipien des

18. Juli" offenbar kein Blumentopf mehr zu gewinnen war, setzte Alianza Popular in ihrer Propaganda fast ausschließlich auf eine unterschwellig vorhandene oder vermutete Kommunistenfurcht bei der Masse der Bevölkerung. Wahlredner der AP malten das Schreckgespenst der kommunistischen Enteignung an die Wand; einer ihrer Anführer (Fernández de la Mora) verkündete landauf, landab, im Falle einer Linksregierung hätten die Spanier nicht nur um ihre Häuschen und Eigentumswohnungen zu fürchten, sondern sogar um ihre Kühlschränke und Fernsehapparate. So war es nur folgerichtig, daß AP-Chef Fraga nach der Legalisierung der Kommunistischen Partei zu Ostern 1977 vom "Staatsstreich" sprach und offen das Heer zur Machtergreifung aufforderte. Damit hatte er die Schraube aber überdreht: Zwar trat ein General aus Protest gegen die Maßnahme der Regierung zurück, auch war verhaltenes Murren in einigen Offizierskasinos zu hören, aber die Spitzen der Streitkräfte beeilten sich, sogleich ihre Loyalität gegenüber König und Regierung zu bekunden. Die völlige Wirkungslosigkeit dieses verzweifelten letzten Versuchs, das Rad der Entwicklung zur Demokratiedoch noch anhalten zu können, erwies sich für AP als schwere politische Niederlage und beeinträchtigte ihre Wahlchancen noch weiter, indem es ihre Isolierung selbst in den Kreisen offenkundig machte, auf die sie sich glaubte stützen zu können.

Die Stärke der Opposition und das beschleunigte Abbröckeln an den Rändern des eigenen Lagers erlaubten der Rechten keine Politik der Konfrontation mehr wie 1936. Außer den ideellen (Kirche) fehlten der Rechten dafür auch die materiellen Bataillone; seit Gründung der Unión Militar Democrática und den Umbesetzungen auf hohen Kommandoposten, insbesondere dem Eintritt Gutiérrez Mellados ins Kabinett, war ja auch auf das Heer "kein Verlaß" mehr. Die Feststellung Ridruejos[7], das Problem des unaufhörlich politisch intervenierenden Heeres lasse sich nicht dadurch lösen, daß man es reduziert und diszipliniert, sondern nur durch Schaffung politischer Organisationen, die nicht durch das Heer ersetzt werden können und die politisch trägen Massen für sich gewinnen, hat sich bewahrheitet.

Die offen faschistische Rechte, die sich nach Francos Tod hauptsächlich in Blas Piñars "Fuerza Nueva", Antonio Giróns Veteranenverband "Asociación de Ex-Combatientes" und der von Mariano Sanchez-Covisa angeführten Terroristenvereinigung "Guerrilleros de Cristo Rey" sammelte, blieb unter diesen Umständen nur noch die Hoffnung, durch die planmäßige Erzeugung eines Klimas der Anarchie und der Unsicherheit größere Teile der Bevölkerung (und vor allem des Heeres) für die Rückkehr zur Diktatur gewinnen zu können. Diesem Ziel dienten die zahlreichen blutigen Anschläge der christköniglichen Mörderbanden, die zunehmend von Terrorspezialisten der "Schwarzen Internationale" (z.B. der berüchtigten argentinischen AAA) unterstützt wurden. Es gilt in Spanien überdies als ausgemachte Sache, daß auch viele der scheinbar von Linksradikalen begangenen Attentate, Entführungen (z.B. der ominösen GRAPO) usw. auf das Konto der "Guerrilleros" gehen. Seit dem Anschlag auf ein Anwaltsbüro in Madrid Anfang 1976, bei dem vier in Arbeitsprozessen hervorgetretene Anwälte ermordet wurden, war die Regierung allerdings bestrebt, der früheren stillschweigenden Duldung dieser Gruppen durch die Polizei ein Ende zu setzen. Auch im Heer konnte die Ultrarechte keine handlungsfähigen Brückenköpfe bilden; die wenigen Versuche offenen Widerstands gegen die politischen Reformen - meist nur von einzelnen Offizieren unternommen - wurden von dem hart zupackenden General Gutiérrez Mellado im Keim erstickt.

Die relative Ruhe, in der sich der Übergang zur Demokratie trotz aller Störversuche vollzog, und die Standhaftigkeit der ersten Regierung Suárez gegenüber den Provokationen der franquistischen Epigonen nahm den Ultras aller Schattierungen viel Wind aus den Segeln. Ihre Mobilisierungsfähigkeit ging drastisch zurück: war es zu Francos Zeiten dem "Movimiento" noch ein leichtes, zu Kundgebungen in Madrid (so zuletzt 1975 auf der Plaza de Oriente) eine halbe Million Menschen heranzukarren, so müssen die Führer der Ultras heute zufrieden sein, wenn sie noch 10.000 Schreier für solche Zwecke auf die Beine bringen können. Seit es dafür keinen bezahlten Urlaub und keine kostenlose Fahrt nach Madrid mehr gibt, hat eben auch die Begeisterung für falangistische Aufmärsche schlagartig nachgelassen.

Für die demokratische Opposition kam die Schwäche der extremen Rechten nach dem Tode Francos nicht unerwartet. Der PSP-Generalsekretär Morodo äußerte sich dem Verfasser gegenüber schon im Frühjahr 1974 folgendermaßen[8]: "Ich glaube, daß angesichts der sozialen und wirtschaftlichen Wandlungsprozesse, die sich in Spanien vollzogen haben, die extreme Rechte stark zurückgedrängt ist und das Heer oder das Finanzkapital in kein neues kriegerisches Abenteuer mehr treiben kann. Noch mehr: Ich glaube nicht, daß ein politischer Wandel - nicht ein sozialer Wandel! - nach dem Tode Francos auf große Widerstände stoßen wird, auch nicht bei der klassischen Rechten. Das Regime wird natürlich seine eigene Nachfolge antreten wollen, wird die stärksten Garantien und Sicherheiten zu erhalten und die Entwicklung zu kontrollieren suchen; aber der politische Wandel in Richtung auf ein pluralistisch-demokratisches System ist unvermeidlich."

Das maßvolle Auftreten der spanischen Linken, das so gar nicht dem Bild entspricht, das die staatliche Propaganda von ihr zu zeichnen pflegte, hat dazu geführt, daß Worte wie Kommunismus und Sozialismus in Spanien nicht mehr als Bürgerschreck taugen.

In gewissen semioppositionellen, aber noch am Regime partizipierenden Kreisen war die Beschäftigung mit der Geschichte und Theorie des spanischen Sozialismus sogar durchaus fashionable geworden. So legte z.B. der aus dem sozialreformerischen Flügel der Falange stammende Manuel Canterero del Castillo schon vor geraumer Zeit eine mit klassischen sozialistischen Inhalten und Strategien sympathisierende Arbeit vor[9].

Als deutlichstes Anzeichen dafür, daß die Wandlungen, die die spanische Linke seit dem Bürgerkrieg erfahren hat, ins Bewußtsein der breiten Masse gedrungen sind, mag die - im demokratischen Lager - inzwischen fast unbegrenzte Bündnisfähigkeit der Kommunisten gelten. Den ersten großen, so lange ersehnten Durchbruch konnten die Kommunisten schon

1974 mit der Gründung der "Junta Democrática" verzeichnen, in der sich so heterogene Kräfte der Opposition wie die liberalen Monarchisten um Calvo Serer, der PCE, die CC.OO. und der PSP zu einer auf mittlere Sicht angelegten Aktionseinheit versammelten, die schon bald in fast jeder größeren spanischen Stadt ihre mehr oder weniger öffentlich arbeitenden Komitees einrichtete. Der PSOE, auf den die Junta-Gründer schon damals gehofft hatten, fühlte sich noch zu schwach, um in der Junta den ihm gebührenden Einfluß ausüben zu können, begründete aber sein Fernbleiben immerhin nicht mehr Mißtrauen gegenüber den Kommunisten, sondern damit, man wolle auf dem Umweg über Calvo Serer nicht Don Juan von Borbón "zum Schiedsrichter einer möglichen demokratischen Situation in Spanien machen"[10]. Die im Juli 1975 vom PSOE als Konkurrenz zur Junta gegründete "Plataforma de Convergencia Democrática", der sich die Izquierda Democrática von Ruiz Giménez, verschiedene sozialdemokratische Kleingruppen und die Carlisten anschlossen, unterschied sich in ihrem politischen Programm (volle Widerherstellung aller demokratischen Rechte) denn auch nur in Nuancen von den entsprechenden Aussagen der Junta[11].

Unter diesen Umständen schien es nur logisch, daß im September 1975 Junta und Plataforma den letzten Schritt vollzogen und die Vereinigung ihrer Parteienverbände zur "Coordinación Democrática" ("Platajunta" genannt) beschlossen[12].

Das, was die Vertreter des Regimes jahrzehntelang am meisten gefürchtet und mit allen Mitteln der Repression und Diversion zu verhindern gesucht hatten, war eingetreten: Die gesamte Opposition trat ihnen als geschlossener Block entgegen und forderte die dem Regime noch verbliebenen Organe der Machtsicherung mit wachsendem Erfolg auf, sich an ihre Seite zu stellen. Ein jahrzehntelanger Kampf gegen den autoritären Staat, für Menschenrechte und Demokratie war damit in sein vorletztes Stadium getreten.

Die Verfassungsreform und die Wahlen vom Juni 1977

Entgegen den ursprünglichen Forderungen der Opposition nach einem "demokratischen Bruch" mit allen institutionellen Strukturen der Diktatur und Einberufung einer Verfassunggebenden Versammlung (etwa nach portugiesischem Muster), setzte die Regierung Suárez darauf, jeden Anschein eines Umsturzes zu vermeiden und die angestrebten verfassungsrechtlichen Änderungen noch im Rahmen der franquistischen Legalität durchzusetzen. So wurde das "Gesetz über die Politische Reform", das die rechtliche Basis aller institutionellen Reformen darstellt, den "Repräsentationsorganen" der Diktatur, also den ständisch aufgebauten Cortes und dem "Nationalrat der Bewegung" zur Abstimmung vorgelegt. Die Cortes nahmen das Gesetz mit 425 gegen 59 Stimmen an und stimmten damit mit überwältigender Mehrheit für ihre Selbstauflösung. Selbst im Nationalrat, der noch stärker als die Cortes von Anhängern der Diktatur beherrscht war und der ein Vetorecht gegenüber Cortes-Beschlüssen besaß, fand das Gesetz mehrheitliche Zustimmung. Es wurde schließlich noch im Dezember 1976 einem Referendum unterworfen, bei dem 95 % der Wähler für die Reform stimmten. Die Linksparteien riefen zwar zur Stimmenthaltung auf, weil sie dem von einer nicht repräsentativen Regierung vorgelegten Gesetz undemokratisches Zustandekommen und Benachteiligung der Linken anlasteten. Da ihre Stimmenthaltungskampagne von der Regierung stark behindert wurde, konnte die Linke die relativ hohe Wahlbeteiligung von 77,7 % nicht verhindern. Eine Analyse des Referendums zeigt allerdings, daß die Stimmenthaltung in den Industriezentren (Barcelona 27 %, Madrid 21 %) und den Minderheitengebieten (im Baskenland durchschnittlich 50 %) am höchsten war.

Das Gesetz, das keinen endgültigen Verfassungscharakter trägt und den neuen Cortes grundlegende Änderungen offenläßt, sieht ein Zweikammersystem vor mit einem Abgeordnetenhaus (Congreso) mit 350 Mitgliedern und einem Senat mit 207 Mitgliedern.

Das Wahlgesetz bestimmt für den Senat ein Mehrheitswahlrecht. Jede Provinz entsendet 4 Senatoren, die Balearen, die Kanarischen Inseln sowie Ceuta/Melilla zusammen 7. Der Wähler hat drei Stimmen, gewählt sind die Kandidaten mit der höchsten Stimmenzahl. Hinzu kommt, daß der König bis zu einem Fünftel der gewählten Senatoren weitere nach eigenem Gutdünken ernennen kann. Dieses stark mehrheitsbildende Wahlrecht macht den Senat zur Domäne des Zentrums und der Rechten.

Für den Kongreß wurde ein modifiziertes Verhältniswahlrecht angenommen, das einen Kompromiß zwischen dem von Fraga geforderten Mehrheitswahlrecht englischen Musters und der von der Opposition gewünschten reinen Verhältniswahl darstellt. Es sieht vor, daß jede Provinz mindestens zwei Abgeordnete entsendet, die restlichen Mandate werden nach dem Bevölkerungsschlüssel vergeben. "Damit wurde die Repräsentation im Abgeordnetenhaus in ganz entscheidender Weise vom Territorialprinzip her gestaltet und politisch verzerrt. In der Provinz Soria etwa entfällt ein Mandat auf 33.500 Einwohner, in Madrid hingegen auf 141.200, während der Mittelwert bei 100.000 liegen dürfte. Das Übergewicht des Landes wurde damit gesichert."[13] Ramón Tamames spricht angesichts der selbst in föderalistischen Systemen unüblichen doppelten Anwendung des Territorialprinzips auf beide Kammern sogar von der "Senatisierung des Kongresses". Zugunsten des Wahlsystems für den Kongreß muß jedoch gesagt werden, daß es den Erwartungen der regionalen Parteien in hohem Maße gerecht wird, wie das Wahlergebnis vom 15. Juni 1977 zeigt. Es könnte damit zu einer Entschärfung des Gegensatzes Regionen-Zentrum beitragen. Der Wahlkampf selbst verlief trotz verschiedener Störversuche der Extremisten beider Seiten in relativer Ruhe. Benachteiligt blieben die Kommunisten, da sie - ebenso wie die demokratischen Gewerkschaften - erst kurz vor der Wahl legalisiert wurden. Immerhin konnte der PCE im Wahlkampf als einzige Partei Kundgebungen mit bis zu 100.000 Teilnehmern organisieren und die Stärke seines Apparates demonstrieren.

Stimmenverteilung der Wahlen vom 15.6.1977

Wahlbeteiligung 77,1 % gültige Stimmen, 1,1 % ungültige

Kongreß:

Parteien	Stimmen in %	Sitze in %	Sitze gesamt
UCD	33,86	47,42	166
PSOE	28,73	33,71	118
PCE	9,22	5,71	19
AP	8,16	4,57	16
PSP	4,32	1,71	6
Pacte Democratic per Catalunya (PDC)	2,85	2,85	11
Partido Nacionalista Vasco	1,69	2,28	8
FDI	1,46	0,28	1
Baskische Linke (EE)			1
Unabhängige Zentristen			2

Senat:

Parteien	Sitze	Parteien	Sitze
Königl. Ernennung	41	PNV	4
AP	2	PSOE	47
UCD	105	Unabh. Linke	23
Unabh. Zentr.	11	PSP	4
PDC	2	PCE	3
FDC	5	Bask. Linke	1

Quelle: Cambio 16, 3.7.1977

Für alle Beobachter unerwartet kam das glänzende Abschneiden des PSOE, der sich mit UCD ein Kopf-an-Kopf-Rennen lieferte. Die Stimmenzahl der Kommunisten entsprach etwa den Erwartungen, während der PSP dahinter zurückblieb; für die Partei Tiernos sicher ein Anstoß mehr, den Anschluß an den PSOE anzustreben.

Völlig überraschend war die verheerende Niederlage der AP, die den Restbeständen des Franquismus allenfalls noch einen Platz im Schmollwinkel zuwies. Die Christdemokraten Ruiz Giménez' und Gil Robles' wurden zwischen UCD und PSOE zerrieben und stellen keine autonome politische Kraft mehr dar. Die gute Repräsentation der Regionen dürfte dagegen zur Ausarbeitung der Autonomiestatute wesentlich beitragen.

Die Stimmen der drei Linksparteien auf der einen und der UCD auf der anderen Seite ergeben eine Situation der Polarisierung, in der sich zwei ungefähr gleich große Blöcke gegenüberstehen. Daß diese Polarisierung mit der von 1936 keine Ähnlichkeit mehr hat, demonstriert sehr anschaulich die vertrauensvolle Zusammenarbeit beider Blöcke in den neuen Cortes (Suárez und Felipe González pflegen sich ständig zu konsultieren).

Die demokratische Opposition hatte nach vierzigjährigem Kampf und unvorstellbaren Opfern ihr erstes Hauptziel, die formale Demokratie, erreicht. Ihre weiteren Anstrengungen werden sich über die Stabilisierung der Demokratie hinaus auf die Verwirklichung der wirtschaftlichen und sozialen Demokratie richten. Die politisch-ökonomische Kräftekonstellation wird ihnen dabei sicher nicht weniger Beharrlichkeit und Phantasie abverlangen als in der Vergangenheit.

ANMERKUNGEN

zu Kapitel I

1 Klaus v. Beyme, Vom Faschismus zur Entwicklungsdiktatur - Machteliten und Opposition in Spanien. München 1971, S. 13

2 Amando de Miguel, La introducción de la sociología en España. In: Estudios de Ciencia Politica y Sociología (Festschrift für Carlos Ollero), Madrid 1972, S. 573

zu Kapitel II

1 1962 erklärte Franco vor Gewerkschaftlern: "Zeigen Sie mir auch nur ein einziges Land in der Welt, das ein klareres, festeres und getreueres Bild der Demokratie bietet als unseres!" Zit. n. El pequeño libro pardo del general. Paris 1972 (Ruedo Ibérico), S. 122

2 So gibt z.B. Ernst Nolte einer seiner Arbeiten den Titel "Der Faschismus in seiner Epoche. Die Action Francaise, der italienische Faschismus, der Nationalsozialismus." (München 1963) Er setzt damit voraus, daß gegenüber dem Beispiel der Achsenmächte weiterentwickelte oder andersgeartete Formen des Faschismus nicht existieren, auch wenn er einräumt, daß der Faschismus als Mentalität noch weiterexistiert: "Der Faschismus als geschlossene und staatenbeherrschende Erscheinung ist 1945 zugrunde gegangen, aber die Mentalität, die ihn kenntlich machte, hat in mancherlei Abschattungen überlebt, und die gesellschaftlichen Dispositionen, die ihm eine stärkere oder geringere Kristallisation ermöglichen, bestehen fort." Ernst Nolte, Vierzig Jahre Theorien über den Faschismus. 2. Auflage Köln/Berlin 1970, S. 71

3 CEDADE erregte erstmals größeres Aufsehen, als es 1974 vergeblich versuchte, in Barcelona einen faschistischen Weltkongreß zu veranstalten. Die Mitglieder sind paramilitärisch organisiert und zählen nach einigen Hundert in ganz Spanien. Eine weitere, offen auftretende faschistische Grupe ist der PENS (Partido Español Nacional-Sindicalista), der Hakenkreuz und Hitlerporträt als Symbole benutzt und hauptsächlich in Katalonien vertreten ist. In der Levante besteht noch der "Movimiento Social Español" (MSE), der sich ebenso wie PENS nationalsozialistisch gibt, aber zahlenmäßig nur geringe Bedeutung hat. In Madrid ist außerdem noch die NS-Studentengruppe FENS (Frente de Estudiantes Nacional-Sindicalistas) aktiv (vorwiegend in Gestalt von Wandschmierereien). Alle diese Gruppen berufen sich ausdrücklich auf Adolf Hitler und José Antonio als historische Vorbilder (in einem Informationsblatt des PENS sogar auf den "Kamerad Oberstleutnant Adolf Eichmann"). Vgl. hierzu auch Cambio 16, Nr. 134/1974.

4 Julio Ruiz de Alda war einer der Mitbegründer der Falange und Gründer der faschistischen Studentenorganisation Sindicato Espanol Universitario (SEU). Vgl. E. Alvarez Puga, Historia de la Falange. Barcelona o.J. (1971), S. 41 u. 52ff.

5 Die 1975 gegründete linksfalangistische Jugendvereinigung "Amanecer" gibt sich sogar große Mühe, in Nr. 2 ihrer Zeitschrift gleichen Namens die Unvereinbarkeit der joséantonianischen Ideologie mit dem Faschismus nachzuweisen

6 Vgl. Juan Linz, a.a.O., S. 255

7 Vgl. Amando de Miguel, Sociología del Franquismo. Barcelona 1975, S. 143-231, sowie ders., Las 9 familias del franquismo. In: Cambio 16, Nr. 164, 6.1.1975

8 Vgl. Juan Linz, a.a.O., S. 264ff.

9 Vgl. Klaus v. Beyme, a.a.O., S. 70

10 Juan Linz, a.a.O., S. 264

11 Vgl. Amando de Miguel, Sociologia del Franquismo, S. 13

12 Siehe Kap. IX, 1.

13 Vgl. A. de Miguel, a.a.O., S. 19f.

14 Ramón Tamames, La República, La Era de Franco. Madrid 1973, S. 494

15 Vgl. Klaus v. Beyme, a.a.O., S. 51ff.

16 Vgl. Max Gallo, a.a.O., S. 135-139

17 Vgl. Bernd Nellessen, José Antonio Primo de Rivera - der Troubadour der spanischen Falange. Schriftenreihe des Instituts für Zeitgeschichte, Nr. 11, Stuttgart 1965, S. 17ff.

18 Zit. nach Karlheinz Deschner, Kirche und Faschismus. Wuppertal 1968, S. 34

19 "In der Tat wird das Erziehungswesen auf allen Ebenen den kirchlichen Behörden unterstellt. Diese Einflußmöglichkeit auf die Jugend ist für die Kirche von entscheidender Bedeutung, sie ist der Prüfstein, an dem ein Regime gemessen wird. Gerade daran hatten sich die Zusammenstöße mit dem Faschismus und Nazismus entzündet, während im franquistischen Spanien nichts dergleichen geschieht. Der Caudillo liefert die Jugend der Kirche aus, was darauf hindeutet (um nicht zu sagen, beweist), daß der Franquismus kein, nach einer Massenbasis (vor allen bei der Jugend) strebendes faschistisches System ist, sondern eine extreme Form traditioneller spanischer Reaktion, die gemäß der Epoche und den allgemeinen Gegebenheiten gewisse Züge des Faschismus entlehnt." Max Gallo, Histoire de l'Espagne Franquiste, Paris 1969, S. 154

20 Vgl. Max Gallo, a.a.O., S. 155ff.

21 Zit. n. Kleines Politisches Wörterbuch, Berlin (DDR) 1973, S. 223. Vgl. hierzu auch Fernando Claudín, La crisis del movimiento comunista. Band 1 (De la Komintern al Kominform), Paris 1970, S. 144ff.

22 Nach der Verhängung des Ausnahmezustands im Baskenland am 25. April 1975 sollen nach Angaben der Stuttgarter Zeitung vom 20. Mai 1975 dort mindestens 2.000 Personen verhaftet worden sein. "Le Monde" erhöhte diese Zahl später auf 3.000. Sie erscheint eher noch zu niedrig, wenn man berücksichtigt, daß zeitweilig die Stierkampfarena von Bilbao als Gefangenenlager benutzt wurde

23 Vgl. Max Gallo, a.a.O., S. 77

24 Vgl. Gabriel Jackson, The Spanish Republic and the Civil War 1931-1939. Princeton 1965, S. 533f.

25 Vgl. Hugh Thomas, The Spanish Civil War. New York 1961, S. 789

26 Vgl. M. Gallo, a.a.O., S. 79

27 Vgl. Jacques Georgel, Le Franquisme-Histoire et Bilan (1939-1969). Paris 1970, S. 202

28 M. Gallo, a.a.O., S. 76

29 Ebenda, S. 77

30 Vgl. Hellmuth Günther Dahms, Der Spanische Bürgerkrieg 1936-1939. Tübingen 1962, S. 327. In einer neueren, nicht minder profranquistischen Arbeit (H. G. Dahms, Francisco Franco - Soldat und Staatschef, Göttingen 1972, S. 59) versteigt sich Dahms sogar zu der infamen Apologie, daß "die eingeleitete Rachejustiz blutige Pogrome verhinderte und so immerhin wilden Ausschreitungen, wie sie Spanien nur zu oft erlebt hat, zuvorkam." Die Sondergerichte Francos verfuhren nach Meinung Dahms nicht anders als die Siegermächte im Zweiten Weltkrieg

31 Vgl. Dokumente des IV. Kongresses des PSOE im Exil, Toulouse 1950, Kap. "Relaciones con España"

32 Vgl. Andres Sorel, Búsqueda, reconstrucción e historia de la guerrilla española del siglo XX, a través de sus documentos, relatos y protagonistas. Paris 1970, S. 30

33 Vgl. Antonio Vilanova, Los olvidados - los exilados españoles en la segunda guerra mundial. Paris 1969, S. 3f.

34 Antonio Vilanova, a.a.O., S. 11

35 Broué/Témime, a.a.O., S. 103

36 Zahlen nach Beyme, a.a.O., S. 103

37 Vgl. J. Georgel, a.a.O., S. 204f.

38 Vgl. Información Española Nr. 123, Dezember 1974

39 Vgl. die Dokumentation "Prisonniers Politiques", Hrsg. CISE, Paris 1973

40 Vgl. Maugri Ciagar/Hannelore Koob, Ferienland Spanien? Ein Bild der Diktatur nach Briefen politischer Gefangener. Hamburg 1974, S. 45-54

41 Ernst Nolte, Die faschistischen Bewegungen. 2. Auflage München 1969, S. 300

42 "Die 1936 begründete Verfassunggebende und Entwicklungsdiktatur entwickelt Schritt um Schritt Bedingungen für das gesellschaftliche und politische Leben, die sie schließlich überflüssig machen werden - so wie die kriegerischen Könige des Mittelalters neben der schmucklosen Burg einen prunkvollen Regierungspalast errichten ließen. Am Ende der Diktatur ... muß die Burg geschleift werden und das politische Leben wird sich ausschließlich im Palast abspielen. Aber solange dieser Augenblick noch nicht gekommen ist, bleibt die Burg als Stützpunkt erhalten, von dem aus schwerwiegendste Entscheidungen getroffen werden können, und auch als Zufluchtsort für den Fall der Krise. Diese Deutung des Fortbestehens der Burg ist nicht im Buchstaben des Gesetzes zu finden, aber ohne jeden Zweifel im Bewußtsein der Spanier und in der Verfassungspraxis." Rodrigo Fernández Carvajal, La Constitución Española. Madrid 1969. S. 87

43 S. E. Finer, Comparative Government. Harmondsworth 1970, S. 571f.

44 Ebenda, S. 579

45 Juan Linz, a.a.O., S. 255

46 Vgl. Nicos Poulantzas, Die politische Krise: Faschismus und Ausnahmestaat. In: Martin Jänicke (Hrsg.), Politische Systemkrisen. Köln 1973, S. 252

zu Kapitel III

1 Amando de Miguel, Sociologia del Franquismo, a.a.O., S. 11

2 Klaus v. Beyme ("Politische Kultur" und "Politischer Stil". Zur Rezeption zweier Begriffe aus den Kulturwissenschaften. In: Theorie und Politik (Festschrift für C.J. Friedrich), Haag 1971, S. 352ff.) mißt diesem Forschungsgegenstand ("politische Regionalfolklore") sogar grundsätzlich spekulativen Charakter bei und betont die Gefahr seiner Verwendung als Residualkategorie, wenn andereErklärungen versagten

3 Vgl. S. Sobrequés Vidal, Historia política y cultural de España. Barcelona 1965, S. 156ff., sowie W.C. Atkinson, Geschichte Spaniens und Portugals, München 1962, S. 120ff.

4 Dieser systemtheoretische Ansatz, wonach Wandlungen in einem Bereich des politisch-sozialen-ökonomischen Gesamtsystems automatisch auch Auswirkungen auf alle anderen Bereiche haben, findet sich u.a. bei D. Lerner, The passing of traditional society, Glencoe 1958

5 Vgl. Daniel Artigues, El Opus Dei en Espana. 1928-1962. Paris 1971, S. 186ff.

6 Vgl. César M. Lorenzo, Les Anarchistes Espagnols et le Pouvoir, 1868-1969. Paris 1969, S. 391

7 Ein Beispiel dafür lieferte der spektakulär kollektive Eintritt der Mitglieder der marxistisch-leninistischen Gruppe "Bandera Roja" in den PCE. Diese relativ einflußreiche, hauptsächlich in Katalonien arbeitende Gruppe löste sich Ende 1974 auf, um den PCE als kommunistische Einheitsorganisation zu stärken. Vgl. Mundo Obrero, 7.1.1975

8 Zit. n. José R. Torregrosa, La juventud española. Conciencia generacional y política. Esplugues de Llobregat 1972, S. 150

9 Torregrosa, a.a.O., S. 140f.

10 Torregrosa, a.a.O., S. 156f.

11 Vgl. Cambio 16, Nr. 177, 28.4.1975

12 Vgl. Klaus v. Beyme, Vom Faschismus ... a.a.O., S. 109

13 Vgl. Dennis Kavanagh, Political Culture. London 1972, S. 45

14 Vgl. Sergio Vilar, Les oppositions à Franco. Paris 1970, S. 106f.

15 Vgl. Amando de Miguel, Sociologia del Franquismo, a.a.O., S. 318. Zur "Informa-

tions"-Politik Arias Salgados vgl. auch Benjamin Welles, Spanien - Ende einer Diktatur? München 1967, S. 106ff.

16 Der Auslandsberichterstattung der Tageszeitungen als erstem, weitgehend liberalisierten Teil des Pressewesens (etwa seit Mitte der sechziger Jahre) kam dabei oftmals eine Schrittmacherfunktion zu. Zeitungen mit demokratischer Grundrichtung benutzten regelmäßig bestimmte weltpolitische Ereignisse, um die Funktionsweise demokratischer Systeme darzustellen und "zwischen den Zeilen" zum Vergleich mit dem eigenen Diktatursystem aufzufordern. Häufig wurden auch konkrete innenpolitische Detailforderungen in die scheinbar neutrale Form der Auslandsberichterstattung verpackt. Wie deutlich diese Sprache verstanden wurde, zeigten gelegentliche Repressionsakte des Regimes, die an dieser Praxis allerdings kaum etwas zu ändern vermochten. So reagierte z.B. der Informationsminister Fraga Iribarne auf den in der Abendzeitung "Madrid" am 30.5.1968 erschienenen, offenbar aus der Feder Calvo Serers stammenden Leitartikel "Rechtzeitig zurücktreten. Nein zum General de Gaulle" mit einer viermonatigen Suspendierung der Zeitung. Vgl. Rafael Calvo Serer, La dictadura de los Franquistas. El "affaire" del "Madrid" y el futuro político. Pais 1973, S. 60-70 und 308f.

17 Vgl. España en síntesis (Hrsg. v. Informationsministerium), Madrid 1964, S. 84f.

18 Vgl. Estudio Económico 1974 (Hrsg. Banco Central), Madrid 1975, S. 122f.

19 Vgl. Miguel Martínez Cuadrado, Anuario Político Español 1969, Madrid 1970, S. 491

20 Vgl. D. Kavanagh, a.a.O., S. 45

21 In diesem Sinne äußerte sich u.a. der PSP-Sekretär Morodo im Mai 1974 gegenüber dem Verfasser. Vgl. "links" Nr. 58, September 1974

zu Kapitel IV

1 Vgl. Kurt Kluxen, Die geistesgeschichtlichen Grundlagen des englischen Parlamentarismus. In: Kurt Kluxen (Hrsg.), Parlamentarismus, 2. Aufl. Köln 1969, S.-99f.

2 So heißt es z.B. noch in dem 1966 aufgelegten "Lexikon für Staat und Politik" (Hrsg. E. Fraenkel und K. D. Bracher, Frankfurt 1966, S. 226): "Opposition im engeren (politologischen) Sinne ist die unter Herrschaft eines parlamentarischen Regierungssystems verfassungsrechtlich anerkannte und verfassungspolitisch notwendige Zusammenarbeit der in parlamentarischen Gruppen (Fraktionen) zusammengefaßten Mitglieder eines Parlaments, die der Regierung weder angehören noch sie stützen, sich jedoch mit ihr zu den gleichen Verfassungsgrundsätzen bekennen

3 Vgl. Ionescu/Madariaga, Die Opposition. München 1971, S. 155-214

4 Vgl. Siegfried Landshut, Formen und Funktionen der parlamentarischen Opposition. In: K. Kluxen, Parlamentarismus, a.a.O., S. 402ff.

5 Vgl. Manuel Ramírez Jiménez, La opposición política. In: Estudios de Ciencia Política y Sociología (Festschrift für Carlos Ollero), Madrid 1972, S. 714f.

6 Vgl. Marios Nikolinakos, Widerstand und Opposition in Griechenland. Darmstadt/-Neuwied 1974, S. 212ff.

7 Es kann festgestellt werden, daß weder die Kommunistische Partei Spaniens (PCE) noch die PSP-Sozialisten ihre heutige Stärke erreicht hätten, wenn sie sich nicht schon frühzeitig zur (mehr oder weniger getarnten) Mitarbeit in den vertikalen Gewerkschaften und berufsständischen Korporationen entschlossen hätten. Vgl. hierzu Régis Debray/Max Gallo, Santiago Carrillo - Spanien nach Franco. Berlin 1975, S. 87f., Hans Werner Franz, Klassenkämpfe in Spanien heute. Frankfurt 1975, S. 65ff., sowie Lothar Maier, Fundamentalopposition in Spanien (M.A.-Diss. Tübingen 1972, S. 158f.)

8 Vgl. Marios Nikolinakos, Widerstand..., a.a.O., S. 15f.

9 So deutet z.B. Nikolinakos (in: Widerstand..., a.a.O., S. 286) die 1973 von Papadopoulos erlassene Amnestie als Mittel seines Kampfes gegen den "harten", von Ioannidis geführten Kern der Junta und zur Absicherung seiner persönlichen Macht. Ziel dieser Maßnahme - ebenso wie des Experiments der Regierung Markezinis - wäre demnach gewesen, die Unterstützung der konservativ-liberalen Kreise gegen diejenige der, auf terroristische Herrschaft fixierten, Putschisten einzutauschen. Nikolinakos betont, die kurze Episode der "Liberalisierung" des Militärregimes sei keine Folge von Widerstandsaktionen gewesen und führt sie ausschließlich auf die Gruppenauseinandersetzungen im Lager des Regimes zurück.

10 Auch die anfänglichen - wenngleich geringfügigen - Liberalisierungen unter der Regierung Caetano nach dem Tode Salazars führen die meisten Autoren ausschließlich auf Gruppenkämpfe innerhalb des Regimes zurück, die sich u.a. in dem wirtschaftsnahen, liberalen Diskussionsforum SEDES manifestierten, aber auch (bis 1972) in der Nationalversammlung, die einigen wenigen liberalen Einzelkämpfern wie Miller Guerra als Forum diente. Vgl. hierzu Joelle Kuntz, Les fusils et les urnes. Le Portugal d'aujourd'hui. Paris 1975, S. 153f., und L. Carandell/E. Barrenechea, Portugal, sí. Madrid 1974, S. 129f.

11 Vgl. Klaus v. Beyme, a.a.O., S. 19f.

12 So interpretierte der damalige Informationsminister Fraga Iribarne das 1966 erlassene Pressegesetz dahingehend, es begründe eine Pressefreiheit, "in der es eine grundlegende Übereinstimmung zwischen den Normen und der Wirklichkeit gibt, in der es Spielregeln gibt, die von den wichtigsten politischen und sozialen Kräften akzeptiert werden, in der die konstruktive, wahrhafte und angemessene Kritik ihre geeigneten Kanäle findet und in der Quellen für die nationale und internationale Berichterstattung existieren, die allen wichtigen sozialen Kräften offenstehen." (Rede Fragas am 15. März 1966 vor den Cortes, zit. n. España 66: Libertad de Prensa e Imprenta (Hrsg. Informationsministerium), Madrid 1966, S. 69f.)

13 In den letzten Lebenswochen Francos hatte sich die Lage der Presse durch pausenlose Suspendierung von Publikationen und hohe Geldstrafen für einzelne Verlage und Journalisten derart zugespitzt, daß sogar liberale Presseleute (wie z.B. Manuel Martín Ferrand, Direktor des "Nuevo Diario") die Wiedereinführung der Vorzensur forderten, um überhaupt noch ein regelmäßiges Erscheinen ihrer Blätter sicherstellen zu können. Vgl. Cambio 16, Nr. 196, 8.9.1975

14 Vgl. Lothar Maier, Mag.-Diss., a.a.O., S. 167

15 Zit. n. Guy Hermet, La Politique dans l'Espagne Franquiste, Paris 1971, S. 95f.

16 So wurde z.B. dem westdeutschen Außenminister Genscher bei dessen Besuch in Madrid im April 1975 eine Gruppe sogenannter "Oppositioneller" vorgestellt, die zum äußersten rechten Flügel der Semi-Opposition gezählt wurden. Allgemein wurde dieses Zusammentreffen eher als Karikatur der vielbeachteten Unterredung des damaligen Außenministers Scheel im Jahre 1970 mit Persönlichkeiten der tatsächli-

chen Opposition (Tierno, Ruiz-Giménez) angesehen; in dem ganzen Vorgang spiegelte sich schon deutlich der Machtverfall des Regimes gegenüber dem Jahr 1970. Vgl. Stuttgarter Zeitung v. 7.4.1975

17 M. Ramírez Jiménez, La oposición..., a.a.O., S. 715

18 Amando de Miguel, Sociología del Franquismo, a.a.O., S. 25

19 M. Ramírez-Jiménez, La oposición..., a.a.O., S. 715

20 Vgl. Sergio Vilar, Les oppositions à Franco. Paris 1970, S. 14

21 Vgl. Jorge Semprun, La oposición política en España, 1956-66. In Horizonte Español 1966 (Hrsg. Ruedo Ibérico), Paris 1966, Bd. II, S. 40

22 Miguel Martínez-Cuadrado (Hrsg.), Anuario Politico Español 1970, Madrid 1971, S. 814f.

23 Vgl. Raúl Morodo, Balance político de 1970: Activación de la oposición. In: Ibérica, 15. April 1971, S. 3f.

zu Kapitel V

1 Vgl. M. Martinez-Cuadrado (Hrsg.), Anuario Politico Español 1969, S. 20

2 Der Oberbefehlshaber der "nationalen" Nordarmee und Mitinitiator des "Alzamiento", General Emilio Mola, soll sogar von der Legion Condor gefordert haben, sie solle beim Einmarsch in Bilbao die Hälfte aller Fabriken zerstören, denn "Spanien habe viel zu viel Industrie und schaffe dadurch nur Unzufriedenheit". Vgl. Klaus A. Maier, Guernica, 26.4.1937. Die deutsche Intervention in Spanien und der "Fall Guernica". Freiburg 1975; zit. b. Die Zeit Nr. 16/9. April 1976

3 Vgl. Max Gallo, Histoire de l'Espagne Franquiste, a.a.O.

4 Zahlen nach Charles W. Anderson, The Political Economy of Modern Spain. Madison 1970, S. 28

5 Vgl. Max Gallo, Histoire..., a.a.O., S. 104

6 Ebenda, S. 104. Diese Entwicklung kam für das Regime nicht ganz unerwünscht, öffnete sie doch der angestrebten Re-Klerikalisierung des Bildungswesens Tür und Tor. Das Opus Dei und andere religiöse Orden bemächtigen sich denn auch alsbald nicht nur der Universitäten, sondern auch des höheren und selbst des mittleren Schulwesens. So standen 1945 noch ganze 119 öffentliche Mittelschulen 684 privaten gegenüber. Von den 97.000 Schülern dieser Institute besuchten über 70.000 religiös geleitete Schulen. Vgl. Enseñanza en España, Colección Ebro, Paris 1970, S. 153

7 Zahlen nach Åke Wedin, Kalla Fakta om Spanien. En koncis och modern faktasammanställning omFrancos Spanien 1939-69. Lund 1969, S. 21

8 Die vormals privaten Eisenbahngesellschaften wurden 1939 nationalisiert. Die Erweiterung und teilweise Elektrifizierung des Netzes wurde vor allem vom ersten Handelsminister Francos, Alfonso Peña Boeuf, betrieben. Vgl. A. de Miguel, Sociologie..., a.a.O., S. 231f.

9 Vgl. Ake Wedin, a.a.O., S. 35

10 Ebenda, S. 39

11 Vgl. P. Broué/E. Témime, Revolution und Krieg in Spanien. Dt. Ausgabe Frankfurt 1968. S. 37

12 Vgl. Un futuro para España: la democracia económica, y politica. Col. Ebro, Paris 1967, S. 31f.

13 Eine plastische Darstellung der Lebensverhältnisse in den "Hungerjahren" findet sich bei Fernando Vizcaino Casas, La España de la posguerra 1939-1953. Anecdotario de los años dificiles. Madrid 1975 (Reihe Espejo de España)

14 Vgl. Un futuro..., a.a.O., S. 30, sowie Max Gallo, Histoire..., a.a.O., S. 100

15 Vgl. Broué/Témime, a.a.O., S. 561

16 Vgl. Klaus v. Beyme, Vom Faschismus..., a.a.O., S. 105

17 Maugri Ciagar/Hannelore Koch, Ferienland Spanien? Ein Bild der Diktatur nach Briefen politischer Gefangener. Hamburg 1974, S. 54f.

18 Vgl. Kepa Salaberri, El Proceso de Euskadi en Burgos. El Sumarisimo 31/69. Paris (Ed. Ruedo Ibérico) 1971, S. 25ff.

19 Ebenda, S. 25

20 Vgl. Max Gallo, a.a.O., S. 193. Andres Sorel (In: Guerrilla española del siglo XX, Paris 1970, S. 81) gibt die Stärke des Heeres mit 800.000 an, was jedoch stark übertrieben scheint

21 Vgl. Gallo, a.a.O., S. 193

22 Ebenda, S. 193

23 Vgl. Dokumente des IX. Parteikongresses des PSOE 1964

24 Vgl. Broué/Témime, a.a.O., S. 668ff.

25 Vgl. Enrique Fuentes, La oposición antifranquista de 1939 a 1955, in: Horizonte Expañol 1966 (Ed. Ruedo Iberico), Paris 1966, Band II, S. 14

26 Max Gallo, Histoire..., a.a.O., S. 130

27 Die "Brigadillas" (falangistische Hilfstruppen der Guardia Civil) setzten sich bei diesem Streik ein besonderes Denkmal: Sie ermordeten eine Anzahl streikender Bergleute durch Sturz in die Grubenschächte der Zeche "Pozo Fumeres" und erregten damit mehr weltweites Aufsehen als der Streik selbst. Vgl. Rodolfo Llopis, Emigración, exilio y perspectivas del manana, Mexiko 1949, S. 9

28 Alle Zahlen nach Andres Sorel, Búsqueda, reconstrucción e historia de la guerrilla española del siglo xx, a través de sus documentos, relatos y protagonistas

29 Vgl. Tomás Cossias, La lucha contra el Maquis en España. Madrid 1956, S. 119

30 Régis Debray/Max Gallo-Santiago Carnilo. Spanien nach Franco. Berlin 1975, S. 87f.

31 Vgl. M. Martinez-Cuadrado, Anuario político espanol 1969, a.a.O., S. 20

32 Vgl. Un futuro para España, a.a.O., S. 37ff.

33 Vgl. hierzu: La investigación cientifica, un mito para el futuro. In: M. Martinez Cuadrado, Anuario Politico Español 1970, Madrid 1971, S. 459ff.

34 So heißt es recht offen im 3. spanischen Entwicklungsplan: "Das INI muß in der Lage sein, mit einiger Beweglichkeit Beteiligungen an Unternehmen aufzunehmen oder abzustoßen, in neue Aktivitäten einzutreten oder sie dem privaten Sektor zu überlassen." Vgl. III. Plan de Desarrollo Ecónomic y Social/Hrsg. Staatskommissariat für den Entwicklungsplan. Madrid 1971, S. 59

35 Vgl. Martin Raisch, Zur wirtschaftlichen Entwicklung in Spanien. In: Das Argument Nr. 24/1963, S. 33

36 Charles W. Anderson, a.a.O., S. 40

37 Reinhard Kühnl, Formen bürgerlicher Herrschaft, a.a.O., S. 130

38 Vgl. Fernando Claudín, Das Concepciones de la vía espanola al socialismo. In: Horizonte Español, Ed. Ruedo Ibérico, Paris 1966, Band II, S. 67

39 Charles W. Anderson, The Political Economy of Modern Spain, a.a.O., S. 31

40 Vgl. Max Gallo, Histoire..., a.a.O., S. 272

41 Vgl. Amando de Miguel, El exodo rural a continuar. In: Mundo, Nr. 1583, September 1970, S. 18

42 Vgl. Jacques Georgel, Le Franquisme. Histoire et Bilan 1939-1969. Paris 1970, S. 336

43 Vgl. J. Georgel, a.a.O., S. 336

44 Fernando Morán, Sobre el Semidesarrollo. In: Estudios de Ciencia Politica y Sociologia, Madrid 1972, S. 579

45 Die einzige Ausnahme bildeten die im Austausch gegen Stationierungsrechte geleisteten Zahlungen der US-Regierung seit 1953, die allerdings zum größten Teil in Form von "Militärhilfe" gegeben wurde. Die Gesamtsumme belief sich 1954 auf 226 Mill. Dollar. Vgl. Walter Haubrich/Carsten Moser, Francos Erben - Spanien auf dem Weg in die Gegenwart. Köln 1976, S. 41, sowie Benjamin Welles, Spanien - Ende einer Diktatur? München 1967, S. 330-337

46 1956 betrug das "salario minimo" (der staatlich festgelegte Mindestlohn) 36 Ptas. pro Tag, während zur gleichen Zeit der Erzbischof von Sevilla den Mindestbedarf einer vierköpfigen Familie auf 120 Ptas. pro Tag bezifferte. Vgl. J. Georgel, a.a.O., S. 335

47 Vgl. Martin Raisch, a.a.O., S. 34f.

48 Vgl. Max Gallo/Régis Debray - Santiago Carrillo, a.a.O., S. 88f.

49 Der PSOE-Präsident Indalecio Prieto hatte noch vor dem III. Exilkongreß seiner Partei 1948 erklärt: "Es gibt keinen anderen Weg, als den Wünschen der westlichen Großmächte zu dienen und uns auf das zu beschränken, was diese Mächte uns

zugestehen wollen." (Vgl. Dokumente zum III. Kongreß des PSOE im Exil, Toulouse 1948). Er merkte erst Jahre später, daß das einzige, was die Westmächte zugestehen wollten, die Fortsetzung des Franquismus war.

50 Vgl. Historia del Partido Comunista de España (Hrsg. ZK des PCE). Warschau 1960, S. 236ff.

51 Vgl. Historia del Partido Comunista de España, a.a.O., S. 238-244, sowie Gallo, Histoire, a.a.O., S. 251ff.

52 Gallo, a.a.O., S. 251ff.

53 Vgl. Hans Werner Franz, Klassenkämpfe in Spanien heute. Frankfurt 1975, S. 30

54 Der Zeitraum von 1950-55, in dem sich die Zahl der Industriearbeiter verdoppelte

55 Vgl. José-Maria Maravall, El desarrollo economico y la clase obrera. Barcelona 1970, S. 26

56 Dies fand besonders deutlichen Ausdruck im Rückgang der Religiosität bei der Arbeiterschaft. Vgl. hierzu Georgel, a.a.O., S. 302

57 "Die 'dynastische Elite', also die autoritäre und traditionale Macht, duldet nur ungern die Arbeiterorganisationen. Sofern diese existieren, handeln sie gewöhnlich auf sehr niedriger Ebene, sind wenig repräsentativ und können sogar Instrumente zur politischen Kontrolle der Arbeiter sein. Staat und Unternehmer verhalten sich gleichermaßen paternalistisch gegenüber der Welt der Arbeit. Folglich gelten Arbeitskonflikte als unverträglich mit der paternalistischen Sicht der Gesellschaft... Nach dem herrschenden Wertsystem ist die Gesellschaft ein harmonisches Ganzes, an dem jeder Teil über einige, von oben her eingerichtete, organische Funktionen teilnimmt." José-Maria Maravall, a.a.O., S. 30

58 Vgl. Benjamin Welles, a.a.O., S. 147ff.

59 Vgl. Ignacio Gallego, El partido de masas que necestiamos. Paris 1971, S. 16ff.

60 Vgl. Bernhard Schütze, Rekonstruktion der Freiheit. Die politischen Oppositionsbewegungen in Spanien. Frankfurt 1969, S. 38f.

61 Exilregierung und Exil-Cortes stützten ihre Legitimität auf den Artikel 59 der Verfassung von 1931, der vorsieht, daß die Cortes aus eigenem Recht zusammentreten, wenn vom Staatspräsident innerhalb einer bestimmten Frist nach der Auflösung keine Neuwahlen angesetzt werden. Tatsächlich waren aber nur noch wenige Abgeordnete der Cortes von 1936 übriggeblieben, die bereit und in der Lage waren, die Fortexistenz der Republik zu simulieren.

62 Vgl. Enrique Fuentes, La oposicion antifranquista..., a.a.O., S. 25

63 Vgl. Jacques Georgel, a.a.O., S. 336ff.

64 Vgl. Martin Raisch, a.a.O., S. 36, und Charles Anderson, a.a.O., S. 149f.

65 Quelle: J. Muñoz, Santiago Roldán, J.-L. Garcia Delgado, La Economia Española 1970. Madrid 1971, S. 28

66 Vgl. Julián Quijada/Hans W. Rachdorf, Zur sozio-ökonomischen Entwicklung Spaniens (Teil I), In: Sozialistische Politik Nr. 23/1973, S. 9

67 "The plan was predominately a political instrument, serving collaborative purposes, rather than a device for assigning priorities and allocating resources." Anderson, a.a.O., S. 206

68 Vgl. Klaus v. Beyme, Vom Faschismus, a.a.O., S. 157

69 Vgl. hierzu auch Salvador Giner, La estructura social de Espana. In: Horizonte Español 1972 (Ruedo Iberico), Paris 1972, S. 8

70 Vgl. Anderson, a.a.O., S. 216

71 Ebenda, S. 240

72 Vgl. hierzu Ramón Tamames, Los monopolios en España. 7. Aufl. Bilbao 1970, S. 18

73 Ebenda, S. 15

74 Ebenda, S. 21-23

75 Vgl. Lázaro Mancha, La gran empresa en España. In: Información Española Nr. 58/1971

76 Quijada/Rachdorf, a.a.O., S. 34

77 Er betraf zudem kaum Fortschrittsindutrien (anders als in der Republik) und wies stellenweise sogar halbkoloniale Züge auf. Als Beispiel dafür kann der Kupferminensektor (Rio Tinto und Gulf Oil) gelten: Er beruhte auf der - noch - billigen Arbeitskraft, arbeitete mit veralteten Methoden und exportierte den Rohstoff in großen Mengen, statt ihn zur Grundlage entsprechender nationaler Industrien zu machen. Vgl. Alfonso C. Comin, Noticia de Andalucia. Madrid 1970, S. 164

78 Vgl. Martinez-Cuadrado, Anuario Politico Español 1970, a.a.O., S. 495

79 Vgl. Banco Central, Estudio Económico 1974. Madrid 1974, S. 125

80 Zahlen nach Desarrollo Nr. 345, 12. September 1971 (Wirtschaftspolit. Wochenzeitung, Barcelona)

81 Vgl. Muñoz/Roldan/Garcia-Delgado, La Economia..., a.a.O., S. 96

82 Banco Central, Estudio Económico..., a.a.O., S. 126

83 Text nach M. Martinez-Cuadrado, Anuario Politico Español 1969, a.a.O., S. 491

84 Vgl. Spanien-Sonderbeilage im "Handelsblatt", 29.1.1975

85 Ebenda, S. 9

86 Vgl. Rachdorf/Quijada, a.a.O., S. 15

87 Quelle: Muñoz/Roldán/Garcia-Delgado, a.a.O., S. 49

88 Vgl. Banco Central, Estudio Económico 74, a.a.O., S. 107

89 Die Zeit, Nr. 17, 18. April 1975

90 Vgl. Banco Central, a.a.O., S. 118

91 Vgl. Banco Central, a.a.O., S. 118f.

92 Ebenda, S. 120

93 Vgl. Anderson, a.a.O., S. 149f.

94 Vgl. Cuadernos para el Dialogo, Sondernummer über die Auswanderung, Mai 1974, S. 6

95 Martinez-Cuadrado, Anuario Político Español 1969, a.a.O., S. 390

96 Cuadernos para el Dialogo, a.a.O., S. 23

97 Vgl. III. Plan de Desarrollo, a.a.O., S. 28, sowie Banco Central, Estudio..., a.a.O., S. 125

98 Vgl. Forum Europa, Nr. 1, April/Mai 1976

99 Vgl. Anton Dieterich, Spanien entsende und empfängt Gastarbeiter. In: StZ, 11.5.71, sowie Spanien: Gastarbeiter aus Nordafrika, in: Die Zeit Nr. 49, 30.11.73. Nach Schätzungen des marokkanischen Generalkonsuls befanden sich 1973 allein in Barcelona 10.000 marokkan. "Gastarbeiter". Davon hatten genau 355 eine Arbeitserlaubnis. Vgl. Exprés Español Nr. 33, Juni 1973

100 Vgl. u.a. Berichte in "Der Spiegel" Nr. 36/27. Aug. 1973 und Exprés Español, Nr. 37, Okt. 1973, sowie Carsten R. Moser, Tourismus und Entwicklungspolitik - Dargestellt am Beispiel Spanien, Hamburg 1972

101 Vgl. Walter Haubrich/Carsten Moser, Francos Erben - Spanien auf dem Weg in die Gegenwart. Köln 1975, S. 306. Etwas abweichende (höhere) Zahlen gibt z.T. Banco Central, Estudio Económico '74, a.a.O., S. 122, obwohl sich Haubrich/Moser darauf beziehen

102 Haubrich/Moser, a.a.O., S. 253

103 Vgl. hierzu auch Anderson, a.a.O., S. 42

104 Vgl. Banco Central, Estudio 74, a.a.O., S. 154

105 Vgl. Rudolf Meidner, Fackföreningsrörelsen och offentliga sektorn. Stockholm 1974, S. 33

106 Vgl. Amando de Miguel, Sociologia..., a.a.O., S. 75f.

107 Haubrich/Moser (a.a.O., S. 252) zitierte hinzu den ehemaligen Staatssekretär im Finanzministerium, Fernández Ordonez, der feststellte, das Thema Steuerreform werde "vor der Einführung demokratischer Strukturen nicht behandelt werden können, weil eine Steuerreform von den Cortes gebilligt werden muß. Da diese Kammer jedoch noch von den Ultra-Rechten kontrolliert wird, würde jedes Projekt steckenbleiben".

108 Vgl. José Oneto, Arias entre dos crisis, 1973-1975, Madrid 1975, S. 149-162, sowie Cambio 16, Nr. 156, 11.11.1974

109 Vgl. James O'Connor, Die Finanzkrise des Staates. Frankfurt 1974, S. 52ff.

110 Angaben hierzu im III. Plan de Desarrollo, a.a.O., S. 52-54

166

111 Ein recht anschauliches Beispiel bietet der Umweltschutz, der auch in den immissionsstärksten Industriezweigen und -bezirken fast inexistent ist. Bürgerinitiativen gegen besonders "schmutzige" Industrieansiedlungen kamen zu Lebzeiten Francos nur in wenigen Fällen und unter größten Schwierigkeiten und eine Bewegung gegen den enorm forcierten Bau von Atomkraftwerken kam überhaupt nicht zustande - eine im Vergleich etwa zur Bundesrepublik geradezu idyllische Situation für die betreffenen Wirtschaftszweige

112 Im Madrider "ABC" erhielt verschiedentlich sogar der Conde de Montarco Raum, der sich für die Abschaffung der Arbeitslosenversicherung (!), zumindest aber des von den Unternehmen zu tragenden Anteils, einsetzt

113 Vgl. Amando de Miguel, El exodo rural..., a.a.O., S. 18

114 Vgl. FOESSA (Hrsg.), Informe sociológico sobre la situacion social de España. Madrid 1967, S. 578

115 Rachdorf/Quijada, a.a.O., S. 30f.

116 III. Plan de Desarrollo, a.a.O., S. 150 u. 313

117 Quellen: Martinez-Cuadrado 1969, a.a.O., S. 19, und Salvador Giner, a.a.O., S. 9

118 Giner, a.a.O., S. 11

119 III. Plan de Desarrollo, a.a.O., S. 113

120 III. Plan de Desarrollo, a.a.O., S. 23

121 Vgl. Matinez-Cuadrado 1969, a.a.O., S. 43.
José-Felix Tezanos (Estructuras de clases en la España actual. Madrid 1975, S. 167) gibt auch für 1973 noch 58,56 % an, obwohl die Gesamtzahl der Beschäftigten sich von 1970-73 um über 1 Million erhöhte. Auch die Zahl der Haushalte mit weniger als 5.000 Ptas. Monatseinkommen sank von 26 % im Jahr 1969 auf 8 % 1972, die der Haushalte mit weniger als 10.000 Ptas. Monatseinkommen von 55 % 1969 auf 30 % im Jahr 1972 (Tezanos, a.a.O., S. 179)

122 Vgl. Haubrich/Moser, a.a.O., S. 301

123 Kahn/Wiener, L'an 2000. Paris 1968. Zit. n. Martinez-Cuadrado 1969, a.a.O., S. 28

124 Vgl. Pedro Garcia Lopéz, Materialien zur spanischen Streikbewegung der letzten Jahre. In: Probleme des Klassenkampfes, Nr. 13/1974, S. 141f.

125 Darüber führte I. Weitzmann, Geschäftsführer der Deutschen Handelskammer für Spanien, noch 1975 (Handelsblatt v. 20.1.75) beredte Klage: "Besonders im Falle von Strukturkrisen oder rückläufiger Wirtschaftskonjunktur macht sich die starre Arbeitsgesetzgebung für die Unternehmen sehr unangenehm bemerkbar. Die erforderlichen Genehmigungsverfahren ziehen sich oft über Monate hin und mit einem positiven Entscheid ist nicht zu rechnen, wenn das Unternehmen insgesamt noch Gewinne erwirtschaftet."

126 Vgl. Ramón Tamames, Expansion economique et démocratie. In: Le Monde diplomatique, Februar 1974

127 Vgl. Pinilla de la Heras, Los empresarios y el desarrollo capitalista. El caso catalán. Barcelona 1968, S. 193

128 Vgl. Alfonso C. Comin, Noticia de Andalucía. Madrid 1970, S. 189

129 Vgl. Alfonso C. Comin, Política sindical en la empresa. In: Ruedo Ibérico Nr. 8, 1966, S. 10

130 Anderson, a.a.O., S. 169

131 Respuesta de la clase obrera (unveröffentl. Manuskript) Zit. nach Guy Hermet, La Politique dans l'Espagne Franquiste. Paris 1971, S. 141

132 So behauptet z.B. C.M. Lorenzo (les Anarchistes Espagnols et le Pouvoir, 1868-1969. Paris 1969, S. 84), die CC.OO. seien von "Linksfalangisten" gegründet worden. Eine noch absonderlichere Version gibt Bernhard Schütze (Rekonstruktion der Freiheit. Die politischen Oppositionsbewegungen in Spanien. Frankfurt 1969, S. 84): "die Comisiones Obreras gingen auf eine Kommission zurück, die sich in Vizcaya zur Verteidigung der baskischen Kultur und Sprache gegen den franquistischen Zentralismus konstituierte."

133 Vgl. Arriba, 30.12.1971

134 Marcelino Camacho, Presente y futuro del movimiento sindical. In: Marcha, Montevideo, 22.7.66. Zit. n. Alfonso C. Comin, Politica sindical..., a.a.O., S. 20f.

135 Comisiones Obreras: Grundlegende Dokumente (Hrsg. Auslandsdelegation der CC.OO. in Paris, April 1971, S. 5

136 Vgl. Klaus v. Beyme, Vom Faschismus..., a.a.O., S. 99

137 Vgl. Sergio Vilar, Les oppositions à Franco, a.a.O., S. 67ff.

138 Vgl. Hans Werner Franz, Klassenkämpfe in Spanien heute, a.a.O., S. 34

139 Vgl. J. M. Maravall, a.a.O., S. 95

140 Marios Nikolinakos (Widerstand und Opposition in Griechenland, a.a.O., S. 285) nennt dies die "Politik der Risse und Keile" - das Regime muß allmählich gewisse liberale Öffnungen ("Risse") zulassen, auf die der Widerstand Keile setzt. Diese Strategie hat nach Nikolinakos Ansicht auch überall dort "eine generelle Geltung ..., wo das Militär die Macht übernimmt, ein repressives System etabliert und die Widerstandskräfte schwach sind. Der Hauptgedanke der Strategie der Keile ist, daß der Widerstand die schwachen Punkte des Regimes erkennt und sie ausnutzt, um über punktuelle Angriffe eine breite Basis zu schaffen und somit das System frontal anzugreifen"

141 Noch 1974 hieß es in einem Dokument der UGT: "Es stimmt, daß die UGT viele Jahre lang von Betrieben und Werkstätten, von Bergwerken und Feldern abwesend war, außer in seltenen Ausnahmen, die auf die Region oder Tradition zurückzuführen waren." CC.OO.-UGT: Vor allem Klarheit. In: Hans-Werner Franz/Santiago Tovar, Gewerkschaftsbewegung in Spanien: Auf dem Weg zur Einheit? (Kommentierte Dokumentensammlung) Berlin 1976, S. 119

142 Vgl. M. Martinez-Cuadrado, Anuario Político Español 1970, a.a.O., S. 365, und Alfonso C. Comin, Noticia de Andalucía, a.a.O., S. 216-218. Zum Teil stark abweichende, aber nicht belegte Zahlen gibt Nicolás Sartorius, Der Wiederaufstieg der Arbeiterbewegung. In: Franz/Tovar, Gewerkschaftsbewegung..., a.a.O., S. 36

143 Vgl. J. M. Maravall, a.a.O., S. 52

144 Vgl. Estudio Económico 1974, a.a.O., S. 88f.

145 Ebenda, S. 87

146 Vgl. Lewis Coser, Theorie sozialer Konflikte. Neuwied/Berlin 1972, S. 54

147 Vg. J. M. Maravall, a.a.O., S. 231

148 M. Martinez-Cuadrado, Anuario Político Español 1970, a.a.O., S. 369. Die Zahlen für 1970 sind von der Equipe Martinez-Cuadrados geschätzt.

149 Ebenda, S. 370

150 Vgl. Lothar Maier, Spanien-Agonie der Diktatur? In: Blätter für deutsche und internationale Politik, Nr. 11/1974, S. 1187

151 Vgl. Fernando Morán, Sobre el Semidesarrollo. In: Estudios de Ciencia Politica y Sociologia. Madrid 1972, S. 585

152 Vgl. J. M. Maravall, a.a.O., S. 64

153 Alfonso Comín, A condiçao dos operários na nova sociedade espanhola. In: Uma nova Espanha, Lisboa o.J. (1970), S. 28

154 Amando de Miguel, Entre duas crises. In: Uma nova Espanha, a.a.O., S. 131

155 Vgl. J. M. Maravall, a.a.O., S. 33

156 Marios Nikolinakos, Widerstand und Opposition..., a.a.O., S. 15

zu Kapitel VI

1 Vgl. Joelle Kuntz, Les fusils et les urnes. Le Portugal aujourd'hui. Paris 1975, S. 121ff.

2 Nicolas Sartorius, Wirtschaftliche Entwicklung und Gewerkschaften. In: H. W. Franz/S. Tovar, a.a.O., S. 74f.

3 Vgl. Boletin informativo de la Delegación Exterior de las CC.OO., Nr. 32, Paris 1972

4 Vgl. Nicolás Sartorius, Wirtschaftliche Entwicklung..., a.a.O., S. 42, und H. W. Franz, Klassenkämpfe..., a.a.O., S. 65

5 Vgl. Alfonso C. Comín, Noticia de Andalucia, a.a.O., S. 197

6 Ebenda, S. 198

7 Vgl. E. Martí, Primeras Reflexiones en torno a las elecciones sindicales. In: Nuestra Bandera Nr. 67/1971, S. 16

8 1973 waren führende Mitglieder der Arbeiterkommissionen (unter ihnen Marcelino Camacho, Nicolás Sartorius und der Priester Francisco Garcia Salve) zu Gefängnisstrafen bis zu 20 Jahren verurteilt worden. Das ihnen angelastete "Delikt" war eine "verbotene Versammlung, konkret ein Treffen von Gewerkschaftlern verschie-

dener politischer Orientierung im Kloster von Pozuelo de Alarcón bei Madrid, bei dem die Strategie der CC.OO. diskutiert werden sollte. Festnahmen aus diesem Grunde waren im Franquismus an der Tagesordnung und fast jedem Oppositionspolitiker aus eigenem Erleben vertraut. Die Brutalität des Urteils gegen die zehn Angeklagten im Prozeß 1001 wirft daher ein Schlaglicht auf die Furcht des Regimes vor den CC.OO. Vgl. Lothar Maier, Der Prozeß 1001. In: links, Nr. 44/1973, S. 9

9 Stuttgarter Zeitung, 9.4.1975

10 Vgl. Erich Gerlach, Die spanische Gewerkschaftsbewegung und die Streiks im Frühjahr 1962. In: Das Argument, Nr. 24/1963, S. 40, und Bernhard Schütze, Rekonstruktion..., a.a.O., S. 90ff.

11 Communiqué der III. Generalversammlung der CC.OO. vom Juli 1968. In: Grundlegende Dokumente..., a.a.O., S. 33f.

12 "Piquetes" sind Streikkommandos, in der Regel aus organisierten Arbeitern bestehend, die agitatorische Aufgaben gegenüber noch nicht Streikenden ausführen. In Sevilla z.B. zogen solche, z.T. nach Hunderten zählende Gruppen durch die Stadt und ließen bestreikte Betriebe und Baustellen hinter sich

13 Bericht der Sevillaner Generalversammlung der CC.OO. In: Nuestra Bandera, Nr. 66, 1970/71, S. 30ff.

14 Der Spiegel, Nr. 13/1972

15 Vgl. Cuadernos para el Dialogo Nr. 118/Juli 1973, S. 11, und Equipo de Analisis Laborales, Die wichtigsten Streiks der letzten 35 Jahre. In: Franz/Tovar, a.a.O., S. 59ff. Eine Schilderung des Konflikts aus der Sicht der beteiligten Arbeiter findet sich in: La grève générale de Pampelune. In: Luttes Ouvrières en Espagne 1972-73 (Hrsg. CC.OO.), o.O.u.J. (1974), S. 139-143

16 Vgl. Cambio 16, Nr. 223, 15. März 1976

17 Vgl. Cambio 16, Nr. 236, Juni 1976

18 Vgl. Jerónimo Harnández, Aproximación a la historia de las Comisiones Obreras y de las tendencias forjadas en su seno. In: Cuadernos de Ruedo Ibérico Nr. 39/40, 1973, S. 61

19 Ebenda, S. 62

20 Vgl. Julio Sanz Oller, La larga marcha del movimiento obrero espanol hacía su autonomía. In: Horizonte Español 1972, S. 98

21 Vgl. Antonio Sala/Eduardo Durán, Crítica de la izquierda autoritaria en Cataluña. Paris 1975 (Ruedo Ibérico), S. 209f.

22 Darauf verweist auch Sanz Oller, a.a.O., S. 99

23 Vgl. Sanz Oller, a.a.O., S. 99. Eine detaillierte Kritik am PCE, aber auch eine von gewisser Bitterkeit gezeichnete Darstellungdes mangelnden Durchsetzungsvermögens der ultraautonomistischen Bewegung gibt Sanz Oller in seinem autobiographischen Zeugnis: Entre el fraude y la esperanza - las Comisiones Obreras de Barcelona. Paris 1972 (Ruedo Ibérico)

24 Vgl. Sanz Oller, La larga marcha..., a.a.O., S. 99

25 Vgl. Cambio 16, Nr. 229, 26.4.1976

26 Vgl. Cambio 16, Nr. 238, 28.6.1976

27 Vgl. Franz/Tovar, a.a.O., S. 14

28 Vgl. Cambio 16, Nr. 237, 21.6.1976

29 Zur Entwicklung der Comisiones Campesinas vgl. Ignacio Gallego, Las elecciones sindicales en el campo. In: Mundo Obrero, 30.5.1971. Eine kurze Darstellung dieses stark vernachlässigten Zweiges der autonomen Arbeiterorganisation in Spanien gibt auch H. W. Franz, Klassenkämpfe in Spanien heute, a.a.O., S. 148-151. Zu den Kampfformen der CC.CC., die in ihrem Phantasiereichtum oft den in der Frühzeit der CC.OO. zu beobachtenden gleichen, vgl. Batalla proletaria en el "Marco de Jeréz". In: Nuestra Bandera, Nr. 64/1970, S. 58-64

30 Dieser Auffassung widersprach Juan Martínez Alier in seiner Arbeit: La estabilidad del latifundismo. Paris 1968. Martínez Alier konnte darin jedoch noch nicht die durchweg nach 1968 ausgebrochenen Landarbeiter- und Bauernstreiks in Andalusin, aber auch im Baskenland und in Galicien berücksichtigen. Apathie ist ohnedies kein invarianter Wesenszug der "braceros" (Landarbeiter); schon Pascual Carrión erinnert in seinem klassisch gewordenen Werk: Los Latifundios en España - Su importancia, origen, consecuencias y solución. Madrid 1932 (Nachdruck Esplugues de Llobregat 1972), S. 414f., an die zahlreichen Hungerrevolten, die seit 1840 immer wieder die Latifundienregionen erschütterten

31 Vgl. Alfonso C. Comín, Noticia de Andalucía, a.a.O., S. 43

32 Vgl. Salvador Giner, a.a.O., S. 16

33 Vgl. Klaus v. Beyme, Vom Faschismus..., a.a.O., S. 163

34 Fernando Rodríguez Ocaña, Candidato de los trabajadores. Barcelona 1975, S. 8 u. 175

35 Ebenda, S. 141-146

zu Kapitel VII

1 Vgl. Santiago Carrillo, Después de Franco, qué? Paris 1965, S. 91f.

2 Santiago Carrillo in: Régis Debray/Max Gallo, Santiago Carrillo, Spanien nach Franco. Berlin 1975, S. 157 (Franz. Originalausgabe Demain l'Espagne. Paris 1974)

3 Vgl. Laura Rivas, El movimiento estudiantil. In: VII Congreso del PCE (Zusammenstellung der Referate des VII. Parteitags des PCE), Bukarest 1972, S. 149ff., und Bernhard Schütze, Widerstand an Spaniens Universitäten. In: Kursbuch 13, Frankfurt 1968, S. 18ff.

4 Picasso unterstützte die Partei auch finanziell; seine Spenden sollen teilweise Millionenhöhe erreicht haben

5 Ein Beispiel für die Militanz solcher ständischen Organisationen stellt der Ärztestreik in Madrid im August/September 1971 dar, an dem 527 Mediziner teilnahmen und bei dem es neben Gehaltsfragen um die Struktur des Gesundheitswesens über-

haupt ging (vgl. Información Española, Nr. 62, September 1971)
Unter den Anwälten hatten sich starke oppositionelle Formationen schon früher herausgebildet, da dieser Berufsstand mit den Herrschaftsstrukturen des Regimes in direktere Berührung kam und auch selbst direkter unterdrückt wurde als andere (z.B. die starke Einschränkung der Verteidigerrechte in politischen Prozessen). Bei einem nationalen Anwaltskongreß in León im Juni 1970 wurden Resolutionen verabschiedet, in denen u.a. volle Amnestie für politische Gefangene, Abschaffung der Sondergerichtsbarkeit, Wiederherstellung der Verteidigerrechte u.a.m. gefordert wurde (vgl. Martínez-Cuadrado 1970, a.a.O., S. 607ff.). Dieser Bewegung schlossen sich später selbst die Richter an: Bei einem Kongreß in Barcelona im Februar 1976 forderten mehrere hundert Richter ein "gerechteres und repräsentativeres" Justizsystem für Spanien. Das Strafrecht dürfe kein Instrument der politischen Unterdrückung sein, und die Regierung solle sich nicht in die personelle Besetzung der Gerichte einmischen. Vgl. Stuttgarter Zeitung, 9.2.1976

6 Vgl. Santiago Carrillo, Libertad y socialismo. Paris 1971, S. 28

7 Santiago Carrillo, Nuevos enfoques a problemas de hoy. Paris 1967, S. 17f.

8 Vgl. Santiago Carrillo, La lucha por el socialismo hoy. Paris 1969, S. 42ff.

9 Kennzeichnend für die Rhetorik der Partei vor dem "Wirtschaftswunder" sei hier ein Passus aus einem Aufsatz Santiago Carrillos aus dem Jahr 1961 wiedergegeben: "Die Diktatur General Francos ist in tiefer Zersetzung begriffen... Eine Reihe von Anzeichen deutet darauf hin, daß das Land einer revolutionären Krise entgegenschreitet... Die internationale Lage des Franco-Regimes verschlechtert sich..." (S. Carrillo, Eine Partei in der Illegalität und ihre Verbindung zu den Massen. In: Probleme des Friedens und des Sozialismus, Berlin (DDR) 1961, Nr. 4, S. 297f.)

10 Debray/Gallo/Carrillo, a.a.O., S. 173

11 Auf die von Carrillo gegebene Existenzgarantie für die privaten Klein- und Mittelbetriebe wurde schon hingewiesen

12 Vgl. S. Carrillo, Después de Franco..., a.a.O., S. 121

13 S. Carrillo, Después..., a.a.O., S. 121

14 Vgl. La Enseñanza en España. Paris 1970

15 Vgl. VIII. Congreso del PCE, a.a.O., S. 17ff.

16 S. Carrillo, Libertad y socialismo, a.a.O., S. 36

17 Vgl. S. Carrillo, La lucha..., a.a.O., S. 18

18 Anton Dieterich, Der einigende Tod des Pedro Patiño. Stuttgarter Zeitung, 28.9.1971

19 Vgl. S. Carrillo, Después..., a.a.O., S. 80f.

20 Vgl. Federico Melchor, Comunistas y Católicos. In: Nuestra Bandera, Nr. 56/57, 1967, S. 83ff.

21 Schon im Parteiprogramm von 1954 hieß es: "Mit Rücksicht auf die religiösen Gefühle eines großen Teiles der Bevölkerung wird der Staat den Gottesdienst unterstützen müssen." Vgl. Historia del Partido Comunista de España. Warschau 1960, S. 250

22 Vgl. S. Carrillo, Nuevos enfoques.., a.a.O., S. 116-140

23 Benjamin Welles, a.a.O., S. 241

24 Eine besonders eindringliche Schilderung der Zustände in den Gefängnissen und Folterkellern der Franquisten gibt Melquesidez Rodríquez Chaos (24 años en la carcel. Paris 1968), der ohne Unterbrechung 24 Jahre Haft absaß

25 Lobato verließ als eines der letzten führenden Parteimitglieder Ende Juli 1976 das Gefängnis. Er hatte nach fünf Verurteilungen zwischen 1940 und 1970 insgesamt 26 Jahre im Gefängnis zugebracht. Vgl. Cambio 16, Nr. 243, 2.8.197

26 Vgl. Guy Hermet, Los comunistas en Espana. Paris 1972, S. 124

27 Vgl. L. V. Pnomariova, La Formación del PSU de Catalunya. México 1966, S. 52; sowie El Problema Nacional Catalá, 2. Teil. Hrsg. Nous Horitzons, o.O. (Mexico) 1961, S. 78

28 Vgl. die Aussagen des PSUC-Generalsekretärs Gregorio López Raimundo in Cambio 16, Nr. 238, 28.6.1976

29 Debray/Gallo/Carrillo, a.a.O., S. 99

30 Vgl. López Raimundo in Cambio 16, Nr. 238, a.a.O.

31 Text des Status in El Problema Nacional Catalá, a.a.O., S. 58

32 Vgl. Arthur P. Whittaker, Spain and the defense of the west. New York 1961, S. 180

33 Vgl. Benjamin Welles, a.a.O., S. 241

34 Vgl. Guy Hermet, Los comunistas en Espana. A.a.O., S. 100f.

36 Ebenda, S. 101

36 Vgl. Cambio 16, Nr. 219, 16.2.1976. Anfang 1977 war diese Zahl auf 150.000 angestiegen.

37 Debray/Gallo/Carrillo, a.a.O., S. 12

38 Hermet, Los comunistas..., a.a.O., S. 93f.

39 Hermet (Los comunistas..., a.a.O., S. 94) vertritt im Gegensatz hierzu, aber unter Berufung der PCE-Funktionäre, die Ansicht, der Sender stehe nicht in Osteuropa. Da er sich in Westeuropa aber auch nicht befinden kann, käme als Standort allenfalls noch Algerien in Frage, was wegen des zeitweiligen Sympathisierens der algerischen Regierung mit dem PCE (m-l) nicht wahrscheinlich ist

40 Dies betonen u.a. auch Welles ("... die Beeinflussung der Arbeiterschaft durch REI ist evident", a.a.O., S. 252) und Schütze, a.a.O., S. 64f.

41 Vgl. Ignacio Gallego, El partido de masas que necesitamos. Paris 1971, S. 10

42 Ebenda, S. 10f.

43 Eine Übersicht über diese Blätter geben P. Gavira/J. Ruiz, Prensa Obrera. In: Información Española, Nr. 71, März 1972

44 Vgl. Gallego, a.a.O., S. 10

45 Der PCE dürfte die erste Kommunistische Partei gewesen sein, in deren Exekutivausschuß (Politbüro) ein gläubiger, praktizierender Katholik aufgenommen wurde (der Soziologe Alfonso Carlos Comín)

46 Insgesamt sollen zur Bezahlung sowjetischer Rüstungslieferungen an die Republik 510 079 529 Gramm Gold in die Sowjetunion transferiert worden sein. Die Empfangsbestätigung der Sowjetregierung wurde von den Hinterbliebenen des letzten republikanischen Ministerpräsidenten Dr. Negrín nach dessen Tod der Franco-Regierung übergeben. Vgl. Broué/Témime, a.a.O., S. 466f.

47 Vgl. Fernando Claudín, Las relaciones sovieticofranquistas. Crónica de una normalización inconclusa. In: Horizonte Español 1972, Paris 1972, S. 274

48 Vgl. Fernando Claudín, La crisis del P.C. de España. In: Cuadernos de Ruedo Ibérico Nr. 26/27, August-November 1970

49 Santiago Carrillo, Nuevos enfoques..., a.a.O., S. 52ff.

50 Vgl. Mundo Obrero Nr. 16/1968. Zit. n. Claudín, La crisis..., a.a.O., S. 124

51 Debray/Gallo/Carrillo, a.a.O., S. 124

52 Vgl. Informaciones, 15.9.1972

53 Vgl. Santiago Carrillo, La lucha por el socialismo..., a.a.O., S. 95

54 Ebenda, S. 82

55 Vgl. Conferencia Internacional de los Partidos Comunistas y Obreros, Moscú 1969. Hrsg. Ed. Paz y Socialismo, Prag 1969, S. 391

56 Ebenda, S. 393

57 Vgl. KP Spaniens gegen Bannflüche. In: Wiener Tagebuch, Dezember 1973, S. 4

58 Zit. n. Proletarischer Internationalismus? In: Wiener Tagebuch, April 1974, S. 9

59 Zit. n. Neues Deutschland, 30.6./1.7.1976

60 Vgl. Fernando Claudín, La crisis..., a.a.O., S. 68

61 Ebenda, S. 70

62 Vgl. Mundo Obrero, 30.9.1970

63 Vgl. Cambio 16, Nr. 219, 16.2.1976

64 Vgl. Rafael Fernández, Ocho notas sobre la política internacional del PC de España. In: Ruedo Ibérico Nr. 39/40, Januar 1973

65 Vgl. Nuestra Bandera Nr. 61, März/April 1969, S. 65

66 Vgl. S. Carrillo, Libertad..., a.a.O., S. 68

67 Vgl. Informaciones, 2.9.1971

68 Text in Mundo Obrero Nr. 16, 17.9.1971

69 Vgl. Mundo Obrero Nr. 23, Dezember 1971

70 Vgl. Rafael Fernández, a.a.O., S. 82

71 Vgl. B. Welles, a.a.O., S. 249

72 Vgl. Friedrich-W. Schlomann/Paulette Friedlingstein, Die Maoisten - Pekings Filialen in Westeuropa. Frankfurt 1970, S. 238 (antikommunistische, offenbar mit Geheimdienstmaterial angereicherte Arbeit). Außerdem Guy Hermet, Los comunistas..., a.a.O., S. 67

73 Ebenda

74 Schlomann/Friedlingstein, a.a.O., S. 239

75 Vgl. Schlomann/Friedlingstein, a.a.O., S. 239

76 Programm der KP Spaniens Marxisten-Leninisten PCE(m-l). Verlag Roter Morgen, o.O.u.J., S. 68

77 Ebenda, S. 69

78 1971 wurde sogar die Demission aller gewählten Betriebsräte und das Zurückgehen auf Untergrundausschüsse (Comisiones clandestinas) gefordert. Vgl. Boicot a las elecciones sindicales! In: Vanguardia Obrera Nr. 55, April 1971

79 Vgl. Unidad si, pero con quién? In: Acción Nr. 1, März 1971

80 Ebenda

81 "Acción" (ebenda) empfiehlt: "In jedem Ort, in dem sich ein (!) Sympathisant des FRAP findet, muß ein Basiskomitee gegründet werden..."

82 So hatte z.B. die Ermordung eines Geheimpolizisten am 1. Mai 1973 maßgeblich zur Bildung der ultrareaktionären Carrero-Blanco-Regierung beigetragen und zur Verhaftung von über 150 Oppositionellen geführt. Vgl. Jaime Martín, Une nouvelle étape de la lutte populaire. In: Le Monde diplomatique, Februar 1974

83 Vgl. Cambio 16, Nr. 219, 16.2.1976

84 Vgl. Mundo Obrero, 7.1.1975

85 Vgl. Cambio 16, Nr. 244, 9.8.1976

zu Kapitel VIII

1 Vgl. Stuttgarter Zeitung, 29.5.1976

2 Vgl. Dokumente des IX. Parteitags des PSOE, Toulouse 1964

3 Vgl. Dokumente des VIII. Parteitags des PSOE, Toulouse 1962

4 Vgl. B. Welles, a.a.O., S. 261ff.

5 Vgl. Dokumente des X. Parteitags des PSOE, Toulouse 1967

6 Vgl. Dokumente des IX. Parteitags des PSOE, a.a.O. Ungenaue und z.T. irreführende Darstellungen der Alianza Sindical geben Schütze, a.a.O., S. 47, und Ciagar/Koob, a.a.O., S. 128

7 Vgl. José Moll-Marqués, La escisión del PSOE. In: Exprés Español, Nr. 29, Februar 1973

8 Ebenda

9 Vgl. La 1[a] Asamblea de Cataluña. In: Información Española Nr. 65, November 1971

10 Vertrauliches Zirkular der Agrupación Socialista Madrileña vom August 1972

11 Rundschreiben Llopis' und vier weiterer Mitglieder des Exekutivausschusses vom 28.6.1972 an die Gebietsgruppen des PSOE

12 Interne Sammlung von Briefen und Dokumenten der ASM

13 Francisco Bustelo trat aus dem Exekutivausschuß des PSOE Anfang 1976 aus Protest gegen die nach seiner Ansicht zu erechtsgerichtete Politik dieses Gremiums wieder aus

14 So z.B. in einem Brief Llopis' an den Verfasser vom 9. März 1972

15 Vgl. Paul Preston, Los orígenes del cisma socialista: 1917-31. In: Cuadernos de Ruedo Ibéricos Nr. 49/50, Januar-April 1976, S. 12ff.

16 Vgl. Dokumente zum XI. Parteitag des PSOE. Toulouse 1970

17 Vgl. Fidelidad a las ideas y lealtad al Partido. (Schrift zum X. Parteitag des PSOE) Toulouse 1967, S. 11

18 Ebenda

19 Zit. n. Haubrich/Moser, a.a.O., S. 120

20 Ebenda

21 Vgl. Exprés español Nr. 49, Oktober 1974

22 Noch 1970, beim XI. Parteitag, erklärte der Exekutivausschuß in seinem Rechenschaftsbericht: "Unsere Partei war, ist und wird im wesentlichen die Partei der Arbeiterklasse sein. Was man von anderen Parteien der Internationale nicht behaupten kann." Vgl. Dokumente zum XI. Parteitag des PSOE, Toulouse 1970

23 Vgl. Dokumente zum X. Parteitag des PSOE, Toulouse 1970

24 Vgl. Cambio 16, Nr. 217, 2.2.1976

25 Vgl. Dokumente zum III. Parteitag des PSOE, Toulouse 1948

26 Vgl. Benjamin Welles, a.a.O., S. 234. Demgegenüber hielt Whittaker (a.a.O., S. 180) noch 1961 die Sozialisten für die stärkste Oppositionsgruppe, allerdings ohne exakte Angaben über Mitgliederzahlen zu machen

27 Vgl. Bernhard Schütze, a.a.O., S. 44

28 Vgl. Dokumente zum IX. Parteitag des PSOE. Toulouse 1967

29 So konnte eine PSOE-Delegation z.B. auf dem Saarbrücker SPD-Parteitag 1971 gegen Widerstände eine scharf antifranquistische, den PSOE unterstützende Resolution durchsetzen

30 Vgl. Friedhelm Merz/Victor Cunha Rego, Testfall Portugal - Freiheit für den Sieger. Zürich 1976, S. 124f. und 187ff.

31 Vgl. Sergio Vilar, a.a.O., S. 90ff.

32 Vgl. Discurso del Secretario General, Raúl Morodo. In: III. Congreso del PSP. Madrid 1976, S. 44

33 Raúl Morodo in Ibérica, Nr. 8/9. New York, September 1971

34 Vgl. Arthur P. Whittaker, a.a.O., S. 174

35 Vgl. Manuel Pizán, El Poder y la Oposición (Sammlung von Interviews mit politischen Persönlichkeiten). Barcelona 1970, S. 85ff.

36 Eine von Rudeo Ibérico (Nr. 8, August/September 1966) lancierte Meldung, derzufolge die ASO vom Internationalen Bund der Metallgewerkschaften 1,5 Millionen Sfr. erhalten habe, wird den PSP-Vertretern heftig bestritten. Der Betrag soll zur Gänze an verschiedenen sozialdemokratischen Splittergruppen gegangen sein, die alles andere als gewerkschaftliche Arbeit damit betrieben hätten

37 Vgl. Cambio 16, Nr. 236, 14.6.1976

38 Ebenda

39 Vgl. Cambio 16, Nr. 229, 24.6.1976

40 Vgl. Cambio 16, Nr. 235, 7.6.1976

41 Enrique Tierno Galván, Antología de Marx. Madrid 1975

42 Vgl. Discurso del Secretario General, Raúl Morodo..., a.a.O., S. 48

43 Tierno in Cambio 16, Nr. 234, 31.5.1976

44 Discurso del Presidente, Enrique Tierno Galván. In: III. Congreso del PSP..., a.a.O., S. 12

45 E. Tierno Galván, Sí, a la democracia, sí, al orden publico. Sonderdruck von "Criba", Nr. 53, Juni 1971

46 Ebenda

47 Vgl. Discurso del Presidente, a.a.O., S. 19

48 Discurso del Presidente..., a.a.O., S. 24

49 Ebenda, S. 25

50 Vgl. Información Española Nr. 123, Dezember 1974

51 Discurso del Presidente..., a.a.O., S. 28

52 Discurso del Secretario General..., a.a.O., S. 64

53 Vgl. Discurso del Presidente..., a.a.O., S. 35

zu Kapitel IX

1 Bernhard Schütze, a.a.O., S. 109

2 Vgl. Haubrich/Moser, a.a.O., S. 41

3 1971 hatte Madrid dem Vatikan offiziell Verhandlungen über ein neues Konkordat vorgeschlagen, das den veränderten Bedingungen Rechnung tragen sollte. Ein gemeinsamer Text, der die Abschaffung der beiderseitigen Privilegien und ein neues System der materiellen Unterstützung der Kirche durch den Staat vorsah, blieb aber in den Verhandlungen stecken, die 1973 - schon vor der Añoveros-Krise - den toten Punkt erreichten. Vgl. Informaciones, 6.6.1974

4 Vgl. Información Española, Nr. 106, Dezember 1973

5 Vgl. Max Gallo, a.a.O., S. 331

6 Vgl. La lutte de classes en Espagne entre 1939 et 1970. In: Les Temps Modernes, Nr. 310, Mai 1972

7 Vgl. Jacques Georgel, Le Franquisme..., a.a.O., S. 302

8 Vgl. Información Española, Nr. 106, Dezember 1973

9 Ebenda

10 Vgl. Le Monde, 1. Januar 1972

11 Vgl. Ya, 22.5.1974

12 Zu dem zeitweilig recht hemdsärmelig ausgetragenen Streit zwischen diesen beiden Exponenten des ultrarechten bzw. demokratischen Flügels der Kirche vgl. Cambio 16, Nr. 189, 21.7.1975

13 Vgl. Cambio 16, Nr. 159, 2.12.1974

14 Vgl. Informaciones, 21.7.1975

15 Zit. n. Guy Hermet, La Politique dans l'Espagne Franquiste, a.a.O., S. 146

16 Vgl. Ramón Bayod, Iglesia y Sindicatos en España. Madrid 1969, S. 60ff.

17 Vgl. Raúl Morodo, Portugal y España: Incidencias políticas. In: Cambio 16, Nr. 13, 1974

18 Dies unterstreicht auch Hermann Oehling in: La función política del ejército, Madrid 1967, S. 253f. (Eine Arbeit, die im übrigen einen bemerkenswerten Eiertanz um jeden konkreten Bezug zur spanischen Situation herum darstellt.)

178

19 Vgl. S. E. Finer, The man on horseback. The role of the military in politics. 2. Aufl. London 1967, S. 69

20 Vgl. Werner Krauss, Spanien 1900-1965. Beitrag zu einer modernen Ideologiegeschichte. München/Salzburg 1972, S. 185f.

21 Vgl. Antonio Cordón, Las tradiciones liberales del ejército español. In: Nuestra Bandera Nr. 59, 1968, S. 85ff.

22 Zur Sozialstruktur des spanischen Heeres vgl. Julio Busquets Bragulat, El militar de carrera en España. Estudio de Sociologia militar. Barcelona 1971. Busquets ist selbst Offizier und war 1975/76 als mutmaßliches Mitglied der Unión Militar Democrática inhaftiert

23 Vgl. La Revuelta de los Capitanes. In: Nuestra Bandera Nr. 66, 1970/71, S. 21f.

24 Vgl. Manuel Diez-Alegría, Ejército y sociedad. Madrid 1972, S. 53ff.

25 Vgl. Stuttgarter Zeitung, 14.10.1975

26 Vgl. Die Zeit, Nr. 34, 15.8.1975

27 Vgl. Dagens Nyheter, 28.7.1974

28 Wiener Tagebuch, Nr. 11/1975

29 Le Monde, 13.8.1975

30 Vgl. Cambio 16, Nr. 193, 18.8.1978

31 Vgl. Stuttgarter Zeitung, 11.3.1976

32 Vgl. Stuttgarter Zeitung, 24.9. und 4.10.1976

33 Vgl. Cambio 16, Nr. 252, 4.10.1976

34 Vgl. Informaciones, 29.5.1974

35 Vgl. Cambio 16, Nr. 243, 2.8.1976

36 Ob Adolfo Suárez als Nachfolger Areilzas im Vorsitz der UCD und als Regierungschef denselben Weg gehen wird, bleibt abzuwarten. Spanischen Presseberichten vom Mai 1977 zufolge soll Spanien bereits über Atomsprengkörper verfügen. Das zum Bau erforderliche Plutonium sei aus den Atomkraftwerken des Landes im Laufe der Jahre abgezweigt worden. Vgl. Informaciones, 2.5.1977

37 Vgl. Joaquín Bardavío, La estructura del poder en España. Madrid 1969, S. 218ff.

38 Vgl. Haubrich/Moser, a.a.O., S. 148

zu Kapitel X

1 Eric J. Hobsbawm, Anmerkungen über den Nationalismus. In: Wiener Tagebuch Nr. 7/8, Juli/August 1972

2 Mikel Erdera, Conciencia nacional y conciencia de clase. In: Realidad, Nr. 22, Januar 1972

3 Vgl. Elena de la Souchère, Le développement des particularismes nationaux. In: Le Monde diplomatique. Februar 1974

4 Vgl. José-Maria Fontana, Abel en tierra de Caín. El separatismo y el problema arario hoy. Barcelona 1968, S. 30ff.

5 Vgl. FOESSA, Informe..., a.a.O., S. 1305

6 Rundfunk und Fernsehen in Katalonien bringen zunehmend Sendungen in katalanischer Sprache; seit 1975 existiert auch wieder eine katalanische Tageszeitung in Barcelona ("Avui")

7 Vgl. Antonio Figueruelo, Cataluna: Crónica de una frustración. Madrid 1970, S. 279

8 Ebenda

9 Vgl. Kenneth Medhurst, Unterdrückung und Widerstand im Baskenland. In: Pogrom (Hrsg. Gesellschaft f. bedrohte Völker), Nr. 19, 1973, S. 11

10 Ebenda

11 So versuchte z.B. der katalanische Demograph Maluquer i Sostres 1964 anhand körperlicher Messungen an Rekruten eines Jahrgangs Merkmale festzustellen (vor allem höheres Körpergewicht), die nur katalanischen Rekruten zu eigen seien, um damit die Existenz einer "katalanischen Rasse" (!) zu behaupten. Ihm entging, daß die Hälfte der katalanischen Wehrpflichtigen selbst "xarnegos" waren. Vgl. Figueruelo, a.a.O., S. 286

12 Vgl. Robert A. Dahl, Tipos de régimen y oposición, a.a.O., S. 28ff.

13 Vgl. William C. Atkinson, Geschichte Spaniens und Portugals. München 1962, S. 396

14 Vgl. Dolores Ibárruri, España, estado multinacional. Paris 1971, S. 54ff.

15 Vgl. Sergio Vilar, les oppositions..., a.a.O.

16 Vgl. Cambio 16, Nr. 207, 24.11.1975

17 Die katalanischen Oppositionsparteien waren an der "Coordinación Democrática" nicht beteiligt, bauten aber die "Asamblea" parallel zu den Strukturen der CD um zum "Consell de Forces Politiques de Catalunya".

18 In der spanischen Einkommensstatistik nehmen die drei baskischen Provinzen (Guipúzcoa, Alava und Vizcaya) die ersten drei Plätze vor den übrigen 47 Provinzen ein. Vgl. Stanley G. Payne, Nacionalismo vasco. De sus orígenes a la ETA. Barcelona 1974, S. 299f.

19 Ebenda, S. 327

20 Carlos Seco Serrano, Vorwort zu Payne, Nacionalismo vasco, a.a.O., S. 29

21 Vgl. K. Medhurst, a.a.O., S. 19

22 Vgl. Federico de Arteaga, ETA y el proceso de Burgos. Madrid 1971, S. 215

23 Vgl. Payne, Nacionalismo vasco..., S. 318; Arteaga, a.a.O., S. 224, sowie J. Ithurria, Euzkadi - Das Land der Basken und seine Probleme. In: Aus Politik und Zeitgeschichte (Beilage zu "Das Parlament"), Nr. 18/75, 3. Mai 1975, S. 27

24 Zitiert nach F. Sarraill, La Cuestión Vasca (Hrsg. von der ETA vor der VI. Generalversammlung), o.O.u.J., Kap. III

25 Zigor, Por Euzkadi!, In: Realidad Nr. 22, Januar 1972, S. 16. "Zigor" ist nach Angaben von Arteaga mit Pedro Aquizu Leizarreta identisch; dieser soll 1968 an der Ermordung des Geheimpolizisten Melitón Manzanas in San Sebastian beteiligt gewesen sein

26 Vgl. Combate (Organ der LCR), Nr. 1, März 1971

27 Vgl. hierzu Bericht eines dissidenten ETA-Flügels in SAIOAK Nr. 3, 1970/71, S. 27ff.

28 Nach einer Phase scheinbarer Verhandlungsbereitschaft (vgl. Cambio 16, Nr. 246, 23.8.1976) gingen die "milis" der nationalistischen ETA-V (so benannt nach der V. Versammlung) mit der Ermordung des baskischen Kronratsmitglieds Araluce y Villar wieder zum offenen Terrorismus über. die "milis" sollen fast nur noch aus Studenten und Intellektuellen bestehen. Vgl. Cambio 16, Nr. 254, 18.10.76

29 Vgl. Kepa Salaberri, El proceso de Euskadi..., a.a.O., sowie Angel Ruiz Ayúcar, Crónica Agitada de ocho años tranquilos (1963-1970). Madrid 1974, S. 219ff. (Profranquistische Kampfschrift gegen die demokratische Opposition)

30 José Viale Moutinho, Introducção ao nacionalismo galego. Porto 1973, S. 106

31 Ebenda, S. 87f.

32 Vgl. Santiago Alvarez, Sobre Galicia. Paris 1968. S. 46

33 Eine verbreitete Form der Landpacht ist in Galicien der "foro": Ein Stück Land wird auf längere Zeit (evtl. mehrere Generationen) zu einem bestimmten Jahreszins verpachtet und fällt dann mit allen Verbesserungen und Investitionen an den Besitzer zurück. Zusammen mit dem Minifundismus (die durchschnittliche Hofgröße liegt bei 1,5 ha) machte dieses Pachtsystem jede wirksame Mechanisierung unmöglich. Während z.B. die Zahl der Mähdrescher in ganz Spanien sich schon 1966 auf 14.590 belief, gab es davon in Galicien ganze 4. Vgl. Alvarez, a.a.O., S. 51

34 Vgl. Galicia y su desarrollo económico. Bilbao 1968

35 Vgl. Klaus v. Beyme, Vom Faschismus zur Entwicklungsdiktatur, a.a.O., S. 94f.

36 Vgl. Le Monde diplomatique, Oktober 1971

zu Kapitel XI

1 Vgl. Julen Agirre, Aktion Ogro. Wie und warum Carrero Blanco starb. Berlin 1975. (Julen Agirre gilt in Kreisen der spanischen Ultralinken als Pseudonym für José Miguel Beñarán Ordeñana ("Argala"), der am Attentat auf Carrero Blanco maßgeblich beteiligt war und zum militärischen Flügel "los milis" der ETA V. gehört.)

2 Vgl. Fernando González-Doria, Franquismo sin Franco? Madrid 1974, S. 143ff. und

161ff.

3 Vgl. Lothar Maier, Spanien - Agonie der Diktatur? a.a.O., S. 1180

4 Vgl. Cambio 16, Nr. 238, 28.6.1976

5 Vgl. Cambio 16, Nr. 244, 9.8.1976

6 Vgl. Cambio 16, Nr. 251, 27.9.1976

7 Vgl. Dionisio Ridruejo, Escrito en España. Buenos Aires 1964, S. 146. Ridruejo, Begründer der "Unión Social Demócrata Española" (USDE) starb im Juli 1975

8 Interview mit Raúl Morodo. In: links, Nr. 58, September 1974

9 Manuel Cantarero del Castillo, Tragedia del socialismo español. Un estudio de los procesos socialistas en España. 2. Aufl. Barcelona 1975

10 Vgl. Boletin de la UGT, Nr. 354, Dezember 1974

11 Vgl. Rathfelder/Stein/Vogel, Alle oder keiner! Comisiones obreras - neue Arbeiterbewegung in Spanien. Berlin 1976, S. 134

12 Vgl. Mundo Obrero, Nr. 29/September 1975

13 Vgl. Carlos Huneeus/Dieter Nohlen, Der Regimewechsel in Spanien. In: Der Bürger im Staat, Nr. 2/1977

LITERATURVERZEICHNIS

Agirre, Julen: Aktion OGRO. Wie und warum Carrero Blanco starb. Berlin 1975

Almond, Gabriel/Verba, Sidney: The Civic Culture. Political Attitudes and Democracy in 5 Nations. Princeton 1963

Alvarez, Santiago: Sobre Galicia. Pari 1968

Anderson, Charles W.: The Political Economy of Modern Spain. Policy-Making in an Authoritarian System. Madison 1970

Arteaga, Federico de: ETA y el proceso de Burgos. Madrid 1971

Artigues, Daniel: El Opus Dei en España. 1928-1962. Paris 1971

Atkinson, William C.: Geschichte Spaniens und Portugals. München 1962

Ayúcar, Angel Ruiz: Crónica agitada de ocho años tranquilos (1963-1970). Madrid 1974

Bardavío, Joaquín: La estructura del poder en Espana. Madrid 1969

Bayod, Ramón: Iglesia y Sindicatos en Espana. Madrid 1969

Beyme, Kalsu v.: Vom Faschismus zur Entwicklungsdiktatur - Machtelite und Opposition in Spanien. München 1971

Beyme, Klaus v.: "Politische Kultur" und "Politischer Stil". Zur Rezeption zweier Begriffe aus den Kulturwissenschaften. In: Theorie und Politik (Festschrift für C.J. Friedrich), Haag 1971

Broué, P./Témime, E.: Revolution und Krieg in Spanien. Frankfurt 1968

Calvo Serer, Rafael: La dictadura de los Franquistas. El "affaire" del "Madrid" y el futuro político. Paris 1973

Cantarero del Castillo, Manuel: Tragedia del socialismo español. Un estudio de los procesos socialistas en España. 2. Aufl. Barcelona 1975

Carandell, L./Barrenechea, F.: Portugal, sí. Madrid 1974

Carrillo, Santiago: Después de Franco, qué? Paris 1965

Carrillo, Santiago: Eine Partei in der Illegalität und ihre Verbindung zu den Massen. In: Probleme des Friedens und des Sozialismus. Berlin (DDR) 1961

Carrillo, Santiago: La lucha por el socialismo hoy. Paris 1969

Carrillo, Santiago: Libertad y socialismo. Paris 1971

Carrillo, Santiago: Nuevos enfoques a problemas de hoy. Paris 1967

Carrillo, Santiago: Eurocomunismo y Estado. Madrid 1977

Ciagar, Maugri/Koob, Hannelore: Ferienland Spanien? Ein Bild der Diktatur nach Briefen politischer Gefangener. Hamburg 1974

Claudín, Fernando: Dos concepciones de la via española al socialismo. In: Horizonte Español 1966. Paris 1966

Claudín, Fernando: La crisis del movimiento comunista. Bd. 1. Paris 1970

Claudín, Fernando: Las relaciones sovieticofranquistas. Crónica de una normalización inconclusa. In: Horizonte Español 1972. Paris 1972

Clemenz, Manfred: Staatsfaschistische Tendenzen im Spätkapitalismus. In: Kursbuch 31,1973

Comín, Alfonso C.: A condição dos operários na nova sociedade espanhola. In: Uma nova Espanha. Lisboa o.J. (1970)

Comín, Alfonso C.: Noticia de Andalucia. Madrid 1970

Comín, Alfonso C.: Política sindical en la émpresa. In: Ruedo Ibérico Nr. 8, 1966

Comisiones Obreras: Grundlegende Dokumente. Hrsg. Auslandsdelegation der CC.OO. Paris 1971

Conferencia Internacional de los Partidos Comunistas y Obreros, Moscú 1969. Hrsg. Ed. Paz y Socialismo. Prag 1969

III. Congreso del PSP. Madrid 1976

VIII. Congreso del PCE. Bukarest 1972

Cordón, Antonio: Las tradiciones liberales del ejército español. In: Nuestra Bandera, Nr. 59, 1968

Coser, Lewis: Theorie sozialer Konflikte. Neuwied/Berlin 1972

Cossías, Tomás: La lucha contra el Maquis en España. Madrid 1956

Dahl, Robert A.: Political Opposition in Western Democracies. New Haven 1966

Dahl, Robert A.: Tipos de régimen y oposición. In: Boletín de Clencia Política, Nr. 11/12, April 1973. Madrid

Dahms, Hellmuth Günther: Der Spanische Bürgerkrieg 1936-1939. Tübingen 1962

Dahms, Hellmuth Günther: Francisco Franco - Soldat und Staatschef. Göttingen 1972

Dankelmann, Otfried: Franco zwischen Hitler und den Westmächten. Berlin (DDR) 1970

Debray, Régis/Gallo, Max/Carrillo, Santiago: Spanien nach Franco. Berlin 1975

Deschner, Karlheinz: Kirche und Faschismus. Wuppertal 1968

Díez-Alegría, Manuel: Ejército y sociedad. Madrid 1972

Dokumente des III. Kongresses des PSOE im Exil. Toulouse 1948

Dokumente des IV. Kongresses des PSOE im Exil. Toulouse 1950

Dokumente des IX. Kongresses des PSOE 1964. Toulouse 1964

Dokumente zur Entwicklung in Chile. Offenbach 1973

La Enseñanza en España (Hrsg. Colección Ebro). Paris 1970

Los Emigrantes: Sondernummer Cuadernos para el Dialogo, Mai 1974

Erdera, Mikel: Conciencia nacional y conciencia de clase. In: Realidad, Nr. 22, Januar 1972

España 66: Libertad de Prensa e Imprenta. Hrsg. Informationsministerium. Madrid 1966

España en síntesis. Hrsg. Informationsministerium. Madrid 1964

Estudio Económico 1974. Hrsg. Banco Central. Madrid 1975

Fernández, Rafael: Ocho notas sobre la política internacional del PC de España: In: Ruedo Ibérico Nr. 39/40, Januar 1973

Fernández-Carvajal, Rodrigo: La Constitución Española. Madrid 1969

Fidelidad a las ideas y lealtad al Partido. Schrift zum X. Parteitag des PSOE. Toulouse 1967

Figueruelo, Antonio: Cataluña: Crónica de una frustración. Madrid 1970

Finer, S. E.: Comparative Government. Harmondsworth 1970

Finer, S. E.: The man on horseback. The role of the military in politics. 2. Aufl. London 1967

FOESSA (Hrsg.): Informe sociológico sobre la situación social de España. Madrid 1967

Fontana, José-Maria: Abel en tierra de Caín. El separatismo y el problema agrario, hoy. Barcelona 1968

Franz, Hans Werner/Tovar, Santiago (Hrsg.): Gewerkschaftsbewegung in Spanien: auf dem Weg zur Einheit? Berlin 1976

Franz, Hans Werner: Klassenkämpfe in Spanien heute. Frankfurt 1975

Fuentes, Enrique: La oposición antifranquiste de 1939-1955. In: Horizonte Espanol 1966 (Hrsg. Ruedo Ibérico). Paris 1966, Band II

Gallego, Ignacio: El partido de masas que necesitamos. Paris 1971

Gallo, Max: Histoire de l'Espagne Franquiste. Paris 1969

García Lopez, Pedro: Materialien zur spanischen Streikbewegung der letzten Jahre. In: Probleme des Klassenkampfes Nr. 13/1974

Gavira, Pedro/Ruiz, Suan: Prensa Obrera. In: Información Española Nr. 71, März 1972.

Georgel, Jacques: Le Franquisme, Histoire et Bilan (1939-1969). Paris 1970

Germani, Gino: La socializzazione politica dei giovani nei regimini fascisti Italia e Spagna. In: Quaderni di sociologia, Nr. 18/1969

Giner, Salvador: La estructura social de España. In: Horizonte Español 1972 (Hrsg. Ruedo Ibérico). Paris 1972

Glucksmann, André: Der alte und der neue Faschismus. In: Neuer Faschismus, neue Demokratie. Berlin 1972

González-Doria, Fernando: Franquismo sin Franco? Madrid 1974

Haubrich, Walter/Moser, Carsten: Francos Erben - Spanien auf dem Weg in die Gegenwart. Köln 1976

Heras, Pinilla de las: Los empresarios y el desarrollo capitalista. El caso catalán. Barcelona 1968

Hermet, Guy: La Politique dans l'Espagne Franquiste. Paris 1971

Hermet, Guy: Los comunistas en España. Paris 1972

Historia del Partido Comunista de Espana (Hrsg. ZK des PCE). Warschau 1960

Hobsbawm, Eric J.: Anmerkungen über den Nationalismus. In: Wiener Tagebuch Nr. 7/8, Juli/August 1972

Jackson, Gabriel: The Spanish Republic and the Civil War 1931-39. Princeton 1965

Ibárruri, Dolores: España, estado multinacional. Paris 1971

Ionescu, Ghita/Madariaga, Isabel de: Die Opposition. Ihre politische Funktion in Vergangenheit und Gegenwart. München 1971

Ithurría, J.: Euzkadi - Das Land der Basken und seine Probleme. In: Aus Politik und Zeitgeschichte (Beilage zu "Das Parlament"), Nr. 18/1975

Kavanagh, Dennis: Political Culture. London 1972

Kleines Politisches Wörterbuch. Berlin (DDR) 1973

Kluxen, Kurt: Die geistesgeschichtlichen Grundlagen des englischen Parlamentarismus. In: K. Kluxen (Hrsg.), Parlamentarismus. 2. Aufl. Köln 1969

KP Spanien gegen Bannflüche. In: Wiener Tagebuch, April 1974

Krauss, Werner: Spanien 1900-1965. Beitrag zu einer modernen Ideologiegeschichte. München/Salzburg 1972

Kuhn, Axel: Das faschistische Herrschaftssystem und die moderne Gesellschaft. Hamburg 1973

Kuhn, Hansmartin: Der lange Marsch in den Faschismus. Zur Theorie der Institutionen in der bürgerlichen Gesellschaft. Berlin 1974

Kühnl, Reinhard: Formen bürgerlicher Herrschaft. Liberalismus - Faschismus. Hamburg 1971

Kuntz, Joëlle: Les fusils et les urnes. Le Portugal d'aujour d'hui. Paris 1975

La lutte de classes en Espagne entre 1939 et 1970. In: Les Temps Modernes, Nr. 310, Mai 1972

Landshut, Siegfried: Formen und Funktionen der parlamentarischen Opposition. In: K. Kluxen, Parlamentarismus, op. cit.

La Revuelta de los Capitanes. In: Nuestra Bandera Nr. 66, 1970/71

Lerner, D.: The passing of traditional society. Glencoe 1958

Lexikon für Staat und Politik. Hrsg. E. Fraenkel und K. D. Bracher. Frankfurt 1966

Linz, Juan: An authoritarian regime: Spain. In: E. Allardt/S. Rokkan, Mass Politics. London 1970

Lipset, Seymour Martin: Der "Faschismus", die Linke, die Rechte und die Mitte. In: E. Nolte, Theorien über den Faschismus

Lipset, S. M./Rokkan, S.: Party Systems and Voter Aliguments: Cross-National Perspectives. New York 1967

Llopis, Rodolfo: Emigración, exilio y perspectivas del mañana. Mexico 1949

Lorenzo, César M.: Les Anarchistes Espagnols et le Pouvoir, 1868-1969. Paris 1969

Maier, Klaus A.: Guernica, 26.4.1937. Die deutsche Intervention in Spanien und der "Fall Guernica". Freiburg 1975

Maier, Lothar: Fundamentalopposition in Spanien (Mag. Diss.). Tübingen 1972

Maier, Lothar: Spanien - Agonie der Diktatur? In: Blätter für deutsche und internationale Politik Nr. 11/1974

Mancha, Lázaro: La gran empresa en España. In: Información Española Nr. 58/1971

Maravall, José-Maria: El desarrollo económico y la clase obrera. Barcelona 1970

Martín, Jaime: Une nouvelle étape de la lutte populaire. In: Le Monde diplomatique, Februar 1974

Martínez-Cuadrado, Miguel: Cambio Social y Modernización Política. Anuario político espanol 1969. Madrid 1970

Martínez-Cuadrado, Miguel (Hrsg.): Anuario Político Español 1970. Madrid 1971

Medhurst, Kenneth: Unterdrückung und Widerstand im Baskenland. In: Pogrom, Nr. 19, 1973

Meidner, Rudolf: Fackföreningsrörelsen och offentliga sektorn. Stockholm 1974

Melchor, Federico: Comunistas y Católicos. In: Nuestra Bandera Nr. 56/57, 1967

Melià, Josep: Qué es la reforma política? Barcelona 1977

Merz, Friedhelm/Cunha Rego, Victor: Testfall Portugal. Freiheit für den Sieger. Zürich 1976

Miguel de, Amando: El exodo rural va a continuar. In: Mondo Nr. 1583, September 1970

Miguel, Amando de: Entre duas crises. In: Uma nova Espanha, Lisboa o.J. (1970)

Miguel, Amando de: Las 9 familias del Franquismo. In: Cambio 16, Nr. 164, 6.1.1975

Miguel, Amando de: Sociología del Franquismo. Barcelona 1975

Milbrath, Lester W.: Political Participation. 5. Aufl. Chicago 1971

Moll-Marqués, José: La escisión del PSOE. In: Expres Español Nr. 29, Februar 1973

Moore, Barrington: Soziale Ursprünge von Diktatur und Demokratie. Die Rolle der Grundbesitzer und Bauern bei der Entstehung der modernen Welt. Frankfurt 1969

Morán, Fernando: Sobre el Semidesarrollo. In: Estudios de Ciencia Política y Sociología, Madrid 1972

Morodo, Raúl: Balance político de 1970: Activación de lo oposición. In: Ibérica, 15.4.1971

Morodo, Raúl: Portugal y España: Incidencias Politicas. In: Cambio 16, Nr. 13, 1974

Moser, Carsten: Tourismus und Entwicklungspolitik - Dargstellt am Beispiel Spanien. Hamburg 1972

Muñoz, Juan/Roldán, Santiago/García-Delgado, J.-L.: La Economia Española 1970. Madrid 1971

Nellessen, Bernd: José Antonio Primo de Rivera - der Troubadour der spanischen Falange. Schriftenreihe des Instituts für Zeitgeschichte, Nr. 11/Stuttgart 1965

Nikolinakos, Marios: Faschismus und Kapitalismus in Griechenland. In: Detlef Horster/-M. Nikolinakos (Hrsg.), Ist die Epoche des Faschismus beendet? Frankfurt 1971

Nikolinakos, Marios: Widerstand und Opposition in Griechenland. Darmstadt/Neuwied 1974

Nolte, Ernst: Der Faschismus in seiner Epoche. Die Action Française, der italienische Faschismus, der Nationalsozialismus. München 1963

Nolte, Ernst: Die faschistischen Bewegungen. 2. Aufl. München 1969

Nolte, Ernst: Vierzig Jahre Theorien über den Faschismus. 2. Aufl. Köln/Berlin 1970

O'Connor, James: Die Finanzkrise des Staates. Frankfurt 1974

Oehling, Hermann: La función política del ejército. Madrid 1967

Oneto, José: Arias entre dos crisis, 1973-75. Madrid 1975

Payne, Stanley G.: La Revolución Española. Barcelona 1972

Payne, Stanley G.: Nacionalismo vasco. De sus orígenes a la ETA. Barcelona 1974

El Pequeño Libro Pardo del General: ed. Ruedo Ibérico. Paris 1972

Pizán, Manuel: El Poder y la Oposición. Barcelona 1970

III. Plan de Desarrollo Económico y Social. Hrsg. Staatskommissar für den Entwicklungsplan. Madrid 1971

Ponomariova, L. V.: La formación del PSU de Catalunya. México 1966

Poulantzas, Nicos: Die politische Krise: Faschismus und Ausnahmestaat. In: Martin Jänicke (Hrsg.), Politische Systemkrisen. Köln 1973

Preston, Paul: Los orígenes del cisma socialista: 1917-31. In: Cuadernos de Ruedo Ibérico, Nr. 49/50, Januar/April 1976

Priester, Karin: Anmerkungen zum Thema italienischer Faschismus. In: Blätter für deutsche und internationale Politik,Nr. 8/1974

Prisonniers Politiques. Dokumentation. Hrsg. CISE. Paris 1973

El Problema Nacional Catalá (2. Teil) (Hrsg. Nous Horitzons) o.O. (México) 1961

Programm der KP Spaniens (Marxisten-Leninisten) PCE(m-L), Verlag Roter Morgen, o.O.u.J.

Proletarischer Internationalismus? In: Wiener Tagebuch, April 1974

Puga Alvarez, E.: Historia de la Falange. Barcelona o.J. (1971)

Quijada, Julián/Rachdorf, Hans: Zur sozio-ökonomischen Entwicklung Spaniens (Teil I). In: sozialistische Politik Nr. 23/1973

Raisch, Martin: Zur wirtschaftlichen Entwicklung in Spanien. In: Das Argument Nr. 24/1963

Ramírez Jiménez, Manuel: La oposición política. In: Estudios de Ciencia Politica y Sociología (Festschrift für Carlos Ollero). Madrid 1972

Rathfelder/Stein/Vogel: alle oder keiner! Comisiones obreras - neue Arbeiterbewegung in Spanien. Berlin 1976

Ridruejo, Dionisio: Escrito en España. Buenos Aires 1964

Rivas, Laura: El movimiento estudiantil. In: VIII. Congresso del PCE, Bukarest 1972

Rodríguez Chaos, Melquesidez: 24 años en la carcel. Paris 1968

Rosal, Amaro del: Cincuentenario del PCE: In: Nuestra Banderra Nr. 66, 1970/71

Salaberri, Kepa: El Proceso de Euskadi en Burgos. El Sumarísimo 31/69. Paris (Ruedo Ibérico) 1971

Semprún, Jorge: La oposición política en España, 1956-66. In: Horizonte Español (Hrsg. Ruedo Ibérico), Paris 1966, Band II

Sobrequés Vidal, S.: Historia política y cultural de España. Barcelona 1965

Sorel, Andres: Búsqueda, reconstrucción e historia de la guerrilla española del siglo XX, a través de sus documentos, relatos y protagonistas. Paris 1970

Souchère, Elena de la: Le développement des particularismes nationaux. In: Le Monde diplomatique, Fabruar 1974

Spanien - Daten, Informationen, Analysen. Sonderbeilage zum "Handelsblatt", 29.1.1975

Schlomann, Friedrich-Wilhelm/Friedlingstein, Paulette: Die Maoisten - Pekings Filialen in Westeuropa. Frankfurt 1970

Schütze, Bernhard: Rekonstruktion der Freiheit. Die politischen Oppositionsbewegungen in Spanien. Frankfurt 1969

Schütze, Bernhard: Widerstand an Spaniens Universitäten. In: Kursbuch 13, Frankfurt 1968

Tamames, Ramón: Expansion economique et démocratie. In: Le Monde diplomatique, Februar 1974

Tamames, Ramón: La República, La Era de Franco. Madrid 1973

Tamames, Ramón: Los monopolios en España. 7. Aufl. Bilbao 1970

Tamames, Ramón: Adónde Vas, España? Barcelona 1977

Tanter, Raymond/Midlarsky, Manus: Revolutionen: eine quantitative Analyse. In: Empirische Revolutionsforschung (Hrsg. Klaus v. Beyme), Opladen 1973

Tierno Galván, Enrique: Antología de Marx. Madrid 1975

Tierno Galván, Enrique: Sí, a la democracia, sí, al orden público. Sonderdruck von "Criba", Nr. 53, Juni 1971

Tierno Galván, Enrique: Democracia, socialismo y libertad. Madrid 1977

Thomas, Hugh: The Spanish Civil War. New York 1961

Torregrosa, José R.: La juventud española. Conciencia generacional y política. Esplugues de Llobregat 1972

La Ultraderecha Española. In: Información Española, Nr. 98, Juni 1973

Un futuro para Espana: la democracia económica y política. Col. Ebro, Paris 1967

Viale Moutinho, José: Introdução ao nacionalismo galego. Porto 1973

Vilanova, Antonio: Los olvidados - los exilados españoles en la segunda guerra mundial. Paris 1969

Vilar, Sergio: Evolution oder Bruch? Spanien nach Franco. In: Blätter für deutsche und internationale Politik Nr. 11/1975

Vilar, Sergio: Les oppositions à Franco. Paris 1970

Vizcaíno Casas, Fernando: La España de la posguerra 1939-1953. Anecdotario de los años difíciles. Madrid 1975

Wedin, Åke: Kalla Fakta om Spanien. En koncis och modern faktsammanställning om Francos Spanien 1939-69. Lund 1969

Welles, Benjamin: Spanien - Ende einer Diktatur? München 1967

Whittaker, Arthur P.: Spain and the Defense of the West. Allie or Liability? New York 1961

Der Regimewandel in Spanien versteht sich als Rückkehr zur parlamentarischen Demokratie. Die historische Erfahrung Spaniens mit dem Parlamentarismus bildet deshalb einen wichtigen Anknüpfungspunkt für den demokratischen Neubeginn und die verfassungspolitische Debatte um die neue spanische Grundordnung. Verfassungstheorie, Verfassungspolitik und politische Praxis untersucht die gründliche Studie von

Dieter Nohlen

Spanischer Parlamentarismus im 19. Jahrhundert

„Régimen parlamentario" und parlamentarische Regierung

Heidelberger Politische Schriften. Herausgegeben von Dolf Sternberger. Band 4
1970 – XII, 307 Seiten – broschiert 53,50 DM – ISBN 3-445-00731–4

„Die Untersuchung des spanischen politischen Systems im 19. Jahrhundert hat die Aufmerksamkeit der Forscher im deutschsprachigen Raum bis jetzt wenig beansprucht. Die detaillierte Studie – zu der kein spanisches Pendant existiert – bemüht sich, die Frage nach Mißerfolg parlamentarischer Institutionen in Spanien aufzuwerfen. Dabei nimmt zu Recht die Erforschung der Verfassungsproblematik z. Zt. der „Restauración" (d. h. die Wiedereinführung des monarchistischen Systems im Jahre 1874) die zentrale Stellung im Buche ein (II. Teil). Eingehend untersucht N. die von Antonio Cánovas del Castillo ausgearbeitete Verfassung von 1876 und den Einfluß des britischen Modells. Die entscheidenden Organe der britischen Verfassung (Krone, Parlament, Kabinettsregierung und Zweiparteiensystem) sollten in das spanische System aufgenommen werden. Schwierigkeiten ergaben sich, als die Frage nach der Souveränitätsausübung aufgeworfen wurde. Cánovas war der festen Auffassung, die Monarchie sei durch die historische Entwicklung zu einer gewichtigeren Gewalt im Staate geworfen. Minutiös wird vom Vf. dargelegt, wie Cánovas mittels einer unzureichenden Interpretation der britischen Verfassungsgeschichte seine Überzeugung legitimieren wollte: aus der Beschreibung der britischen Verfassungswirklichkeit – wie z. B. Walter Bagehot sie vorgenommen hatte – interpretierte er irrtümlicherweise die Königliche Gewalt als prärogative Gewalt und als Grundformel des britischen Systems. Die Absage an den Parlamentarismus in Spanien ist demzufolge vor allem der Tatsache zuzuschreiben, daß das alte Modell der konstitutionellen Monarchie nicht aufgelöst wurde, sondern vielmehr durch „neue Formen und Mechanismen" eher stabilisiert und verhärtet wurde. Die mit großer Sachkenntnis geschriebene Analyse regt zur weiteren Erforschung der Problematik an."

Das Historisch-Politische Buch, XIX/4, 1971.

VERLAG ANTON HAIN MEISENHEIM
Postfach 180 · D 6554 Meisenheim